CARDIOLOGIA DE EMERGÊNCIA EM FLUXOGRAMAS

CARDIOLOGIA DE EMERGÊNCIA EM FLUXOGRAMAS

2ª edição
revisada e atualizada

EDITORES
ALEXANDRE DE MATOS SOEIRO
TATIANA DE CARVALHO ANDREUCCI TORRES LEAL
MÚCIO TAVARES DE OLIVEIRA JR.
ROBERTO KALIL FILHO

Copyright © Editora Manole Ltda., 2018, por meio de contrato com os editores.

A edição desta obra foi financiada com recursos da Editora Manole Ltda., um projeto de iniciativa da Fundação Faculdade de Medicina em conjunto e com a anuência da Faculdade de Medicina da Universidade de São Paulo – FMUSP.

Editora gestora Sônia Midori Fujiyoshi
Editora Juliana Waku
Projeto gráfico e editoração eletrônica Departamento Editorial da Editora Manole
Ilustrações Mary Yamazaki Yorado
Capa Plinio Ricca

Dados Internacionais de Catalogação na Publicação (CIP)
(Câmara Brasileira do Livro, SP, Brasil)

Cardiologia de emergência em fluxogramas / Alexandre de Matos Soeiro ... [et al.]. -- 2. ed. rev. e atual. -- Barueri : Manole, 2018.

Outros autores: Tatiana de Carvalho Andreucci Torres Leal, Múcio Tavares de Oliveira Junior, Roberto Kalil Filho
Parcerias: Medicina USP, HC-FMUSP, InCor.
Bibliografia
ISBN: 978-85-204-5604-0

1. Cardiologia 2. Emergências médicas 3. Medicina de urgência I. Soeiro, Alexandre de Matos. II. Leal, Tatiana de Carvalho Andreucci Torres. III. Oliveira Junior, Múcio Tavares de. IV. Kalil Filho, Roberto.

18-07454	CDD-616.12

Índices para catálogo sistemático:
1. Emergências clínicas em cardiologia : Medicina
616.12

Todos os direitos reservados.
Nenhuma parte deste livro poderá ser reproduzida, por qualquer processo, sem a permissão expressa dos editores. É proibida a reprodução por xerox.
A Editora Manole é filiada à ABDR – Associação Brasileira de Direitos Reprográficos.

1ª Edição – 2015
2ª Edição – 2018

Editora Manole Ltda.
Avenida Ceci, 672 – Tamboré
06460-120 – Barueri – SP – Brasil
Tel.: (11) 4196-6000 – Fax: (11) 4196-6021
www.manole.com.br
info@manole.com.br

Impresso no Brasil | *Printed in Brazil*

A Medicina é uma área do conhecimento em constante evolução. As precauções de segurança padronizadas devem ser seguidas, porém novas pesquisas e experiências clínicas podem merecer análises e revisões. Alterações em tratamentos medicamentosos ou decorrentes de procedimentos tornam-se necessárias e adequadas. Os leitores são aconselhados a conferir as informações sobre produtos fornecidas pelo fabricante de cada medicamento a ser administrado, verificando a dose recomendada, o modo e a duração da administração, bem como as contraindicações e os efeitos adversos dos medicamentos. É responsabilidade do médico, com base na sua experiência e no conhecimento do paciente, determinar as dosagens e o melhor tratamento aplicável a cada situação. Nem os editores ou os autores assumem responsabilidade por quaisquer prejuízos ou lesões a pessoas ou propriedades.

Sobre os editores

Alexandre de Matos Soeiro
Médico Cardiologista Assistente e Supervisor da Unidade Clínica de Emergência do Instituto do Coração do Hospital das Clínicas da Faculdade de Medicina da Universidade de São Paulo.

Tatiana de Carvalho Andreucci Torres Leal
Médica Cardiologista Assistente da Unidade Clínica de Emergência do Instituto do Coração do Hospital das Clínicas da Faculdade de Medicina da Universidade de São Paulo.

Múcio Tavares de Oliveira Jr.
Diretor da Unidade Clínica de Emergência do Instituto do Coração do Hospital das Clínicas da Faculdade de Medicina da Universidade de São Paulo (FMUSP). Professor Colaborador da FMUSP.

Roberto Kalil Filho
Professor Titular da Disciplina de Cardiologia da Faculdade de Medicina da Universidade de São Paulo (FMUSP). Presidente do Conselho Diretor do Instituto do Coração do Hospital das Clínicas da FMUSP (InCor-HC-FMUSP). Diretor Geral do Centro de Cardiologia do Hospital Sírio-Libanês. Diretor da Divisão da Cardiologia Clínica. Chefe do Departamento de Cardiopneumologia da FMUSP.

Sobre os coeditores

Bruno Biselli
Médico Assistente da Unidade de Emergência do Instituto do Coração do Hospital das Clínicas da Faculdade de Medicina da Universidade de São Paulo (InCor-HC-FMUSP). Médico da Equipe de Transplante Cardíaco do Hospital Sírio-Libanês. Especialista em Transplante e Insuficiência Cardíaca pelo InCor-HC-FMUSP. Especialista em Cardiologia pela Sociedade Brasileira de Cardiologia.

Leonardo Jorge Cordeiro de Paula
Coordenador Médico da Clínica Médica do Pronto-socorro do Hospital Municipal Moysés Deutsch – M'Boi Mirim. Médico Assistente da Unidade Clínica de Emergência do Instituto do Coração do Hospital das Clínicas da Faculdade de Medicina da Universidade de São Paulo (InCor-HC-FMUSP). Cardiologista da UPA e Coordenador do Módulo de Emergências da Pós-graduação em Cardiologia para Médicos do Hospital Israelita Albert Einstein. Médico Intervencionista do Serviço de Hemodinâmica do InCor-HC-FMUSP. Especialista em Cardiologia e Hemodinâmica pelo InCor-HC-FMUSP. Membro do "Brazilian Chapter" da American College of Cardiology (ACC). Autor da I Diretriz de Telecardiologia no Cuidado de Pacientes com Síndrome Coronariana Aguda e Outras Doenças Cardíacas.

Rony Lopes Lage
Médico Assistente da Unidade Clínica de Emergência do Instituto do Coração do Hospital das Clínicas da Faculdade de Medicina da Universidade de São Paulo (InCor-HC-FMUSP).

Priscila Gherardi Goldstein
Médica Assistente da Unidade Clínica de Emergência do Instituto do Coração do Hospital das Clínicas da Faculdade de Medicina da Universidade de São Paulo (InCor-HC-FMUSP).

Viviane Felgueiras Ruiz
Médica Assistente da Unidade Clínica de Emergência do Instituto do Coração do Hospital das Clínicas da Faculdade de Medicina da Universidade de São Paulo (InCor-HC-FMUSP).

Thiago Luis Scudeler
Graduado pela Faculdade de Medicina da Universidade de São Paulo (FMUSP). Especialista em Clínica Médica pelo Hospital das Clínicas da FMUSP e pela Sociedade Brasileira de Clínica Médica. Especialista em Cardiologia pelo Instituto do Coração do Hospital das Clínicas da FMUSP (InCor-HC-FMUSP) e pela Sociedade Brasileira de Cardiologia. Doutorando em Cardiologia pelo InCor-HC-FMUSP. Médico do Departamento de Emergência do InCor-HC--FMUSP e do Hospital Israelita Albert Einstein.

Sobre os colaboradores

Adriana de Andrade Ramos Nogueira
Analista Chefe do Laboratório de Análises Clínicas do InCor-HC-FMUSP.

Adriano Ossuna Tamazato
Residência em Clínica Médica na Irmandade da Santa Casa de Misericórdia de São Paulo. Residência em Cardiologia no InCor-HC-FMUSP. Residência em Cardiologia Intervencionista no InCor-HC-FMUSP.

Alberto Cukier
Professor Livre-Docente da Disciplina de Pneumologia da FMUSP.

Alessandra Rogério
Analista de laboratório. Doutora em Ciências da Saúde (área de concentração: Cardiologia).

Alessandro Mariani
Membro do Grupo de Transplante Pulmonar do InCor-HC-FMUSP. Pós--graduando nível doutorado da Disciplina de Cirurgia Torácica e Cardiovascular da FMUSP.

Alex Tadeu Ribeiro Borges
Médico Plantonista da Unidade de Emergência do InCor-HC-FMUSP. Médico Plantonista da Unidade de Terapia Intensiva do InCor-HC-FMUSP. Médico Plantonista da Unidade de Terapia Intensiva do Hospital Santa Casa de Misericórdia de São Paulo. Médico Plantonista da Unidade de Emergência e Unidade Coronariana do Hospital Nipo-Brasileiro.

Alexandre Moreto Trindade
Médico Colaborador da Disciplina de Pneumologia do InCor-HC-FMUSP.

Aline Siqueira Bossa
Coordenadora de Pesquisa Clínica da Unidade de Emergência do InCor-HC--FMUSP.

Ally Nader Roquetti Saroute
Médico pela FMUSP. Residência Médica em Cardiologia no InCor-HC--FMUSP. Especialização em Valvopatias pelo InCor-HC-FMUSP.

Ana Carolina de Rezende
Coordenadora do Projeto de Telemedicina do InCor-HC-FMUSP.

Ana Cristina Sayuri Tanaka
Médica Assistente da Unidade de Cardiologia Pediátrica e Cardiopatias Congênitas do Adulto do InCor-HC-FMUSP.

André Gustavo Santos Lima
Residência em Cardiologia pelo InCor-HC-FMUSP. Residência em Clínica Médica pela Universidade Federal de São Paulo. Médico Coordenador e Diarista da Unidade de Recuperação de Cirurgia Cardíaca & Hemodinâmica do Hospital Dom Hélder. Médico Cardiologista da Universidade de Pernambuco. Especialista em Ecocardiografia pela Sociedade Brasileira de Cardiologia.

Andrea Cangiani Furlani
Especialista em Clínica Médica pelo HC-FMUSP. Especialista em Cardiologia pelo InCor-HC-FMUSP. Médico Plantonista da Unidade Clínica de Emergência do InCor-HC-FMUSP. Médico Residente em Ecocardiografia do InCor-HC--FMUSP.

Antonildes Nascimento Assunção Jr.
Cardiologista. Especialista em Tomografia Computadorizada e Ressonância Magnética Cardiovascular e Doutorando em Cardiologia pelo InCor-FMUSP. Research *Fellow* no Brigham and Women's Hospital – Harvard University.

Antônio Carlos Pereira Barretto
Professor Livre-Docente da FMUSP. Professor Associado do Departamento de Cardiopneumologia da FMUSP. Diretor do Serviço de Prevenção e Reabilitação Cardiovascular do InCor-HC-FMUSP.

Antônio Fernando Barros de Azevedo Filho
Médico Preceptor de Cardiologia do InCor-HC-FMUSP.

Antônio Fernando Diniz Freire
Residência em Clínica Médica no Hospital das Clínicas da Universidade Federal de Minas Gerais. Residência em Cardiologia no InCor-HC-FMUSP. Residente de Hemodinâmica no InCor-HC-FMUSP. Instrutor do curso Advanced Cardiovascular Life Support – ACLS.

Antônio Sérgio de Santis Andrade Lopes
Pós-graduando da Unidade Clínica de Valvopatias do InCor-HC-FMUSP. Médico Cardiologista pelo InCor-HC-FMUSP.

Augusto Hiroshi Uchida
Especialização em Cardiologia pelo InCor-HC-FMUSP. Doutor em Cardiologia pela FMUSP. Médico Assistente do InCor-HC-FMUSP.

Bárbara Maria Ianni
Professora Livre-Docente pela FMUSP. Médica da Unidade Clínica de Miocardiopatias do InCor-HC-FMUSP.

Bianca Stefanello
Médica Hematologista do InCor-HC-FMUSP.

Breno de Alencar Araripe Falcão
Doutor em Cardiologia pela FMUSP. Cardiologista Intervencionista do Hospital Sírio-Libanês e do InCor-HC-FMUSP.

Bruna Bernardes Henares
Médica Clínica e Cardiologista do Centro de Acompanhamento da Saúde e *Check-Up* do Hospital Sírio-Libanês. Residência de Clínica Médica na Irmandade da Santa Casa de Misericórdia de São Paulo. Residência de Cardiologia no InCor--HC-FMUSP. Instrutora de BLS pelo Laboratório de Treinamento e Simulação em Emergências Cardiovasculares do InCor-HC-FMUSP. Título de Especialista em Cardiologia pela Sociedade Brasileira de Cardiologia.

Bruna Romanelli Scarpa
Médica Residente de Cardiologia pelo InCor-HC-FMUSP. Residência em Clínica Médica pelo HC-FMUSP. Graduação em Medicina pela FMUSP.

Bruno de Souza Paolino
Médico Plantonista da Unidade de Emergência do InCor-HC-FMUSP. Doutorando em Cardiologia pela FMUSP. Residência em Cardiologia pela Universidade do Estado do Rio de Janeiro. Graduação em Medicina pela UERJ.

Bruno Garcia Tavares
Médico Cardiologista da Unidade de Emergência do InCor-HC-FMUSP.

Bruno Guedes Baldi
Doutor em Ciências pela FMUSP. Médico Assistente da Divisão de Pneumologia do InCor-HC-FMUSP.

Caio de Assis Moura Tavares
Médico formado pela FMUSP. Residência em Clínica Médica no HC-FMUSP. Residência em Cardiologia no InCor-HC-FMUSP. Médico Preceptor da Cardiologia no InCor-HC-FMUSP.

Caio Marcos de Moraes Albertini
Clínica Médica, Cardiologia e Estimulação Cardíaca Artificial. Doutoramento em Cirurgia Torácica e Cardiovascular pela FMUSP.

Carlos Alberto Pastore
Professor Livre-Docente da FMUSP. Diretor da Unidade Clínica de Eletrocardiografia de Repouso do InCor-HC-FMUSP.

Carlos Eduardo Rochitte
Professor Livre-Docente e Doutor pela FMUSP. Coordenador de Ensino, Pesquisa e Desenvolvimento do Setor de Ressonância Magnética e Tomografia Computadorizada Cardiovascular do InCor-HC-FMUSP. Diretor do Setor de Ressonância Magnética e Tomografia Computadorizada Cardiovascular do Hospital do Coração, Associação do Sanatório Sírio.

Carlos Henrique Sartorato Pedrotti
Médico Cardiologista pelo InCor-HC-FMUSP. Médico Cardiologista e Emergencista do Hospital Israelita Albert Einstein.

Carlos Manuel de Almeida Brandão
Cirurgião Cardíaco Coordenador do Serviço de Cirurgia de Emergência do InCor-HC-FMUSP.

Carlos Roberto Ribeiro de Carvalho
Professor Titular do Departamento de Cardiopneumologia da FMUSP. Diretor da Divisão de Pneumologia do InCor-HC-FMUSP.

Carlos Vicente Serrano Jr.
Professor Associado da FMUSP. Diretor da Unidade Clínica de Aterosclerose do InCor-HC-FMUSP.

Carolina Frezzatti de Andrade Neves
Médica Cardiologista e Especialista em Arritmologia Clínica pelo InCor-HC--FMUSP.

Caroline Ferraz de Paula
Psicóloga Clínica. Especialista em Psicologia Hospitalar pelo Conselho Federal de Psicologia. Especialização em Psicologia Hospitalar pelo Hospital do Coração, Associação do Sanatório Sírio. Especializanda em Psicoterapia Dinâmica Breve pela FMUSP.

Célia Maria Cássaro Strunz
Diretora do Laboratório de Análises Clínicas do InCor-HC-FMUSP. Mestrado e Doutorado em Biologia Molecular.

César Higa Nomura
Coordenador Médico de Imagem Cardiovascular do HC-FMUSP. Radiologista do Hospital Israelita Albert Einstein. Diretor do Departamento de Radiologia do InCor-HC-FMUSP.

Charles Mady
Professor Associado do Departamento de Cardiopneumologia da FMUSP. Diretor da Unidade de Miocardiopatias do InCor-HC-FMUSP.

Cinthya Ibrahim Guirao Gomes
Médica Assistente do Departamento de Estimulação Cardíaca Artificial do InCor-HC-FMUSP. Médica Plantonista da Unidade de Terapia Intensiva do Hospital São Paulo - Escola Paulista de Medicina.

Cíntia Gonçalves Fontes Lima
Médica Cardiologista e Especialista em Insuficiência Cardíaca e Transplante Cardíaco pelo InCor-HC-FMUSP.

Claudia Yanet San Martin Bernoche
Doutora em Cardiologia pela FMUSP. Médica Assistente da Unidade de Terapia Intensiva Clínica do InCor-HC-FMUSP. Médica Cardiologista do Hospital Nove de Julho.

Creuza Macedo Goes
Professora Auxiliar de Cardiologia da Universidade Federal do Rio Grande do Norte. Residência em Arritmologia Clínica e Cardiologia pelo InCor-HC--FMUSP. Residência em Clínica Médica pela Irmandande da Santa Casa de Misericórdia de São Paulo.

Cristiano Guedes Bezerra
Cardiologista Intervencionista do InCor-HC-FMUSP e do Hospital Sírio--Libanês. Sócio Titular da Sociedade Brasileira de Hemodinâmica e Cardiologia Intervencionista (SBHCI). Especialista em Cardiologia pelo InCor-HC-FMUSP e pela Sociedade Brasileira de Cardiologia. Especialista em Hemodinâmica e Cardiologia Intervencionista pelo InCor-HC-FMUSP e pela SBHCI.

Cristiano Pisani
Médico Assistente da Unidade de Arritmia do InCor-HC-FMUSP.

Cynthia Aparecida da Silva Rocha
Médica Especialista em Cardiologia Clínica pela Sociedade Brasileira de Cardiologia (SBC). Médica Especializanda em Arritmologia Clínica e Eletrofisiologia Invasiva pelo InCor-HC-FMUSP.

Cyrillo Cavalheiro Filho
Médico Hematologista do InCor-HC-FMUSP.

Daniel Valente Batista
Graduado em Medicina pela Universidade Federal do Ceará. Residência em Clínica Médica pela FMUSP, em Cardiologia pelo InCor-HC-FMUSP. Atualmente faz complementação especializada em Ecocardiografia e é Pesquisador Colaborador junto ao Grupo MASS, ambos no InCor-HC-FMUSP.

Danielle Menosi Gualandro
Doutora em Cardiologia pela USP. Médica Assistente da Unidade Clínica de Medicina Interdisciplinar em Cardiologia do InCor-HC-FMUSP.

Danilo Bora Moleta
Residência em Clínica Médica pela Universidade Federal de São Paulo. Residência em Cardiologia pelo InCor-HC-FMUSP. Médico Plantonista da Unidade de Emergência do InCor-HC-FMUSP.

Debora Yuri Moura Nakamura
Médica Plantonista do Setor de Urgências e Emergências do InCor-HC-FMUSP. Complementação especializada em Ressonância Magnética e Tomografia Cardiovascular pelo InCor-HC-FMUSP. Especialista em Cardiologia pelo InCor-HC-FMUSP.

Denise Hachul
Médica da Unidade de Arritmias do InCor-HC-FMUSP. Coordenadora da Unidade de Síncope. Doutora pela FMUSP. Proficiência em Arritmia Clínica pela Sociedade de Arritmias Cardíacas da Sociedade Brasileira de Cardiologia.

Diogo Arantes B. Pereira Luz
Médico formado pela FMUSP. Residência Médica em Clínica Médica pela Santa Casa de São Paulo. Pós-graduado em Cardiologia Clínica pelo InCor--HC-FMUSP. Médico Preceptor da Cardiologia Clínica do InCor-HC-FMUSP. Especialista em Cardiologia pela Sociedade Brasileira de Cardiologia.

Dirceu Thiago Pessoa de Melo
Especialista em Cardiologia pelo InCor-HC-FMUSP. Pós-graduando do Programa de Doutorado em Cardiologia da FMUSP.

Eberth Alves Machado Neto
Especialista em Clínica Médica pelo HC-FMUSP. Especialista em Cardiologia pelo InCor-HC-FMUSP. Médico Plantonista da Unidade Clínica de Emergência do InCor-HC-FMUSP. Médico Residente do Serviço de Ecocardiografia do InCor-HC-FMUSP.

Edimar Alcides Bocchi
Professor Associado do Departamento de Cardiopneumologia da FMUSP. Diretor da Unidade de Insuficiência Cardíaca do InCor-HC-FMUSP.

Edivaldo M. Utiyama
Professor Livre-Docente do Departamento de Cirurgia Geral do HC-FMUSP.

Eduardo Leal Adam
Médico da Unidade Clínica de Terapia Intensiva do InCor-HC-FMUSP.

Eduardo Rissi Silva
Médico Cirurgião Geral pela FMUSP.

Elizabeth Sartori Crevelari
Médica Assistente da Unidade de Estimulação Elétrica e Marca-passo da Divisão Cirúrgica do InCor-HC-FMUSP.

Esteban W. Rocca Rivarola
Médico Cardiologista. Título de Especialista em Arritmias pela Sociedade Brasileira de Arritmias Cardíacas. Título de Especialista em Eletrofisiologia Invasiva pela Sobrac. Doutor em Cardiologia pela FMUSP.

Ewandro Luiz Rey Moura
Especialista em Cardiologia pelo InCor-HC-FMUSP. Médico Plantonista da Emergência do InCor-HC-FMUSP. Especializando em Arritmia e Marca-passo pelo InCor-HC-FMUSP.

Fabiana Goulart Marcondes-Braga

Doutora em Ciências pela FMUSP. Médica Assistente do Núcleo de Transplante Cardíaco do InCor-HC-FMUSP.

Fábio Américo Pedreira

Médico do InCor-HC-FMUSP. Médico Ecocardiografista do Grupo Fleury. Médico Especialista em Cardiologia e Ecocardiografia pelo InCor-HC-FMUSP e pela Sociedade Brasileira de Cardiologia. Médico Especialista em Clínica Médica pelo HC-FMUSP.

Fábio Antônio Gaiotto

Pós-doutorado e Doutorado pela FMUSP. Cirurgião do Grupo de Coronariopatias do InCor-HC-FMUSP. Coordenador da Equipe Cirúrgica de Transplante Cardíaco do InCor-HC-FMUSP.

Fábio Augusto Pinton

Especialista em Cardiologia pelo InCor-HC-FMUSP e pela Sociedade Brasileira de Cardiologia. Especialista em Hemodinâmica e Cardiologia Intervencionista pelo InCor-HC-FMUSP e pela Sociedade Brasileira de Hemodinâmica e Cardiologia Intervencionista. Médico da Unidade Clínica de Terapia Intensiva do InCor-HC-FMUSP. Médico do Serviço de Hemodinâmica e Cardiologia Intervencionista do InCor-HC-FMUSP, da Santa Casa de Misericórdia de São Paulo e do Hospital Sírio-Libanês.

Fábio Conejo

Cardiologista Especialista pela Sociedade Brasileira de Cardiologia com atuação em Hemodinâmica pela Sociedade Brasileira de Hemodinâmica e Cardiologia Intervencionista. Formação em Cardiologia e Hemodinâmica pelo InCor-HC-FMUSP. Médico do Serviço de Emergências Cardiológicas do InCor-HC-FMUSP. Cardiologista Intervencionista do Hospital TotalCor São Paulo, Hospital Alemão Oswaldo Cruz, Hospital Sancta Maggiore (Prevent Senior) e Hospital Alvorada.

Fábio Eiji Arimura

Médico Pneumologista Assistente da Unidade Clínica de Emergência do InCor-HC-FMUSP. Médico Assistente do Grupo de Doenças Intersticiais Pulmonares da Divisão de Pneumologia do InCor-HC-FMUSP.

Fábio Fernandes

Médico Assistente do Grupo de Miocardiopatias do InCor-HC-FMUSP. Professor Livre-Docente de Cardiologia da FMUSP.

Fábio Fumagalli Garcia
Especialista em Cardiologia pelo InCor-HC-FMUSP. Especialista em Ecocardiografia pelo Departamento de Imagem Cardiovascular da Sociedade Brasileira de Cardiologia.

Fabio Grunspun Pitta
Médico Cardiologista do InCor-HC-FMUSP.

Felipe Gallego Lima
Médico Assistente da Unidade Coronariana do InCor-HC-FMUSP.

Felipe Lourenço Fernandes
Médico Residente em Cardiologia pelo InCor-HC-FMUSP.

Fernanda Farias Vianna
Cardiologista pela Sociedade Brasileira de Cardiologia. Especialista em Arritmologia pelo InCor-HC-FMUSP. Plantonista do Centro de Arritmia do Hospital Israelita Albert Einstein e da Unidade de Pronto-atendimento do Ibirapuera do Hospital Israelita Albert Einstein.

Fernanda Fatureto Borges
Médica Especialista em Cardiologia pelo InCor-HC-FMUSP e pela Sociedade Brasileira de Cardiologia. Especialista em Ecocardiografia pelo InCor-HC--FMUSP e pelo Departamento de Imagem Cardiovascular da SBC. Doutoranda em Ciências pela FMUSP.

Fernando Arturo Effio Solis
Médico formado pela FMUSP. Cardiologista pelo InCor-HC-FMUSP. Médico Preceptor de Cardiologia no InCor-HC-FMUSP.

Fernando Bacal
Diretor da Unidade Clínica de Transplante Cardíaco do InCor-HC-FMUSP. Professor Livre-Docente em Cardiologia pela FMUSP.

Fernando Ganem
Doutor em Ciências pela FMUSP. Médico da Unidade de Coronariopatia Aguda do InCor-HC-FMUSP. Diretor da Emergência do Hospital Sírio-Libanês.

Fernando Ramos de Mattos
Especialista em Clínica Médica pelo HC-FMUSP. Especialista em Cardiologia pelo InCor-HC-FMUSP e pela Sociedade Brasileira de Cardiologia. Pesquisador Colaborador da Unidade de Aterosclerose do InCor-HC-FMUSP. Médico Plantonista do Pronto-atendimento do Hospital Israelita Albert Einstein. Médico Instrutor em Cardiologia do Centro de Simulação Realística do Hospital Israelita Albert Einstein.

Fernando Reis Menezes
Médico Plantonista da Unidade Clínica de Emergência do InCor-HC-FMUSP. *Fellow* da Unidade Coronária do InCor-HC-FMUSP e Plantonista da UCO do InCor-HC-FMUSP.

Filomena Regina Barbosa Gomes Galas
Professora Associada da FMUSP. Médica Supervisora da Unidade de Terapia Intensiva Cirúrgica e do Serviço de Anestesiologia do InCor-HC-FMUSP. Médica Coordenadora da UTI Cardiológica do Hospital Sírio-Libanês. Médica Coordenadora da UTI do Instituto do Câncer do Estado de São Paulo.

Flávio Tarasoutchi
Diretor da Unidade de Valvopatias do InCor-HC-FMUSP. Professor Livre--Docente em Cardiologia pela FMUSP. Professor Colaborador da Disciplina de Cardiopneumologia da FMUSP.

Francisco Carlos da Costa Darrieux
Doutor em Cardiologia pela FMUSP. Médico Assistente e Diretor da Unidade Clínica de Arritmia do InCor-HC-FMUSP.

Frederico Leon Arrabal Fernandes
Médico Assistente da Disciplina de Pneumologia do InCor-HC-FMUSP. Médico Responsável pelo Laboratório de Função Pulmonar do Instituto do Câncer do Estado de São Paulo.

Gabriel Barros Aulicino
Médico Cardiologista. Especialista em Insuficiência Cardíaca e Transplante Cardíaco pelo InCor-HC-FMUSP.

Gabriela Cruz Gouveia Asano
Médica Especialista em Cardiologia pelo InCor-HC-FMUSP e pela Sociedade Brasileira de Cardiologia (SBC). Especialista em Ecocardiografia pelo InCor--HC-FMUSP e Departamento de Imagem Cardiovascular da SBC. Plantonista da Unidade de Emergência do InCor-HC-FMUSP.

George Barreto Miranda
Médico Estagiário da Unidade de Valvopatia do InCor-HC-FMUSP. Especialista em Cardiologia pelo InCor-HC-FMUSP.

Germano Emílio Conceição Souza
Doutor em Cardiologia pela FMUSP. Coordenador do Núcleo de Insuficiência Cardíaca e Transplante Cardíaco do Hospital Alemão Oswaldo Cruz. Médico Assistente do Núcleo de Insuficiência Cardíaca do InCor-HC-FMUSP.

Glaucylara Reis Geovanini
Médica Assistente na Emergência do InCor-HC-FMUSP. Especialista em Cardiologia. Membro Habilitado pelo Departamento de Estimulação Cardíaca Artificial. *Fellow* em Medicina do Sono pelo Laboratório do Sono do InCor--HC-FMUSP. Doutoranda pela Universidade de São Paulo. Instrutora do ACLS pelo InCor-HC-FMUSP.

Graziela dos Santos Rocha Ferreira
Título de Especialista em Cardiologia pela Sociedade Brasileira de Cardiologia. Título de Especialista em Medicina Intensiva pela Associação de Medicina Intensiva Brasileira. Título de Especialista em Clínica Médica e Medicina de Urgência pela Sociedade Brasileira de Clínica Médica. Médica Supervisora da Unidade Clínica de Emergência do InCor-HC-FMUSP. Médica da Unidade de Terapia Intensiva Cardiológica do Hospital Sírio-Libanês. Médica Assistente da Unidade de Terapia Intensiva do Hospital do Servidor Público Estadual de São Paulo.

Guilherme Eler de Almeida
Médico Colaborador da Disciplina de Pneumologia do InCor-HC-FMUSP.

Guilherme Sobreira Spina
Professor Colaborador Médico da FMUSP. Coordenador da Liga de Combate à Febre Reumática da FMUSP. Médico Assistente da Unidade Clínica de Valvopatia do InCor-HC-FMUSP.

Haroldo Heitor Ribeiro Filho
Residência em Cardiologia Clínica pelo InCor-HC-FMUSP. Especialista em Cardiologia Clínica pela SBC. Médico Estagiário em Arritmia Clínica, Eletrofisiologia e Estimulação Cardíaca Artificial pelo InCor-HC-FMUSP.

Helena de Almeida Martins de Souza
Graduação na FMUSP. Residência em Clínica Médica no HC-FMUSP. Residência em Cardiologia no InCor-HC-FMUSP. Preceptora da Cardiologia no InCor-HC-FMUSP.

Sobre os colaboradores

Henrique Nogueira Mendes
Graduação na FMUSP. Residência em Clínica Médica no HC-FMUSP. Residência em Cardiologia no InCor-HC-FMUSP. Preceptor da Cardiologia no InCor-HC-FMUSP.

Horacio Gomes Pereira Filho
Cardiologista. Especialista em Métodos Gráficos pelo InCor-HC-FMUSP e em Ergometria pela SBC. Médico Assistente da Unidade Clínica de Eletrocardiologia de Repouso do InCor-HC-FMUSP.

Iascara Wozniak de Campos
Especialista em Insuficiência Cardíaca/Transplante Cardíaco pela Unidade Clínica de Transplante Cardíaco do InCor-HC-FMUSP. Médica da Unidade Clínica de Emergência do Pronto-socorro do InCor-HC-FMUSP.

Ilma da Silva Santos
Auxiliar administrativa da Unidade de Emergência do InCor-HC-FMUSP.

Isabela Cristina Kirnew Abud
Graduada em Medicina pela Universidade Federal de São Paulo (Unifesp). Residência em Clínica Médica pela Escola Paulista de Medicina da Unifesp. Residente em Cardiologia no InCor-HC-FMUSP.

Jackson Simomura
Médico Cardiologista Especializando em Arritmia e Marca-passo pelo InCor--HC-FMUSP.

Jaime Paula Pessoa Linhares Filho
Médico Cardiologista pelo InCor-HC-FMUSP. Especializando em Ecocardiografia em Cardiopatias Adquiridas pelo InCor-HC-FMUSP. Pesquisador Colaborador do Grupo MASS InCor-HC-FMUSP.

James Hung
Médico Nefrologista do InCor-HC-FMUSP.

João Bosco Breckenfeld Bastos Filho
Médico graduado pela Universidade Estadual do Ceará (UECE). Especialista em Clínica Médica pelo Hospital Geral de Fortaleza (HGF). Especialista em Cardiologia pelo InCor-HC-FMUSP. Médico da Unidade de Emergência de Cardiologia do InCor-HC-FMUSP.

João Ricardo Cordeiro Fernandes
Médico Assistente da Unidade de Valvopatias do InCor-HC-FMUSP. Cardiologista pelo InCor-HC-FMUSP. Graduação em Medicina pela FMUSP.

José Antônio Franchini Ramires
Graduado em Medicina pela Universidade de São Paulo. Mestrado em Clínica Médica pela FMUSP. Doutorado em Cardiologia pela FMUSP. Professor Titular do InCor-HC-FMUSP.

José Augusto Duncan
Cirurgião Cardiovascular do InCor-HC-FMUSP.

José Carlos Nicolau
Professor Associado-3 da FMUSP. Diretor da Unidade de Coronariopatia Aguda do InCor-HC-FMUSP.

José Leudo Xavier Jr.
Graduação em Medicina pela Faculdade de Medicina da Universidade Federal do Ceará. Médico do Programa Saúde da Família no Interior do Ceará. Residência em Clínica Médica no HC-FMUSP. Residência em Cardiologia no InCor-HC-FMUSP. Residência em Insuficiência Cardíaca e Transplante no InCor-HC-FMUSP.

José Rodrigues Parga Filho
Doutor em Medicina pela FMUSP. Médico Assistente da Seção de Ressonância Magnética e Tomografia Cardiovascular do InCor-HC-FMUSP.

Juliano Sabino de Matos
Cardiologista com Formação e Residência Médica pelo InCor-HC-FMUSP. Médico Preceptor da Cardiologia Clínica do InCor-HC-FMUSP. Plantonista da Unidade de Pronto-atendimento do Hospital Sírio-Libanês.

Kátia Regina da Silva
Pesquisadora da Unidade de Estimulação Elétrica e Marca-passo da Divisão de Cirurgia do InCor-HC-FMUSP.

Laís Vissotto Garchet Santos Reis
Doutora pelo HC-FMUSP. Médica Assistente do Setor de Teste Ergométrico do InCor-HC-FMUSP. Médica do Setor de Métodos Gráficos do Laboratório Fleury.

Leandro Batisti de Faria
Médico Residente de Cirurgia Cardiovascular do InCor-HC-FMUSP.

Leína Zorzanelli
Médica Assistente da Unidade de Cardiologia Pediátrica e Cardiopatias Congênitas do Adulto do InCor-HC-FMUSP. Médica da Equipe de Ecocardiografia Pediátrica e Fetal do Hospital Samaritano e do Grupo Fleury.

Leonardo Nicolau Geisler Daud Lopes
Médico Assistente da Unidade de Terapia Intensiva Clínica do InCor-HC--FMUSP. Médico Assistente da Unidade Coronariana do Hospital Israelita Albert Einstein.

Lucas Colombo Godoy
Médico Preceptor de Cardiologia do InCor-HC-FMUSP.

Lucas José Tachotti Pires
Médico Colaborador da Unidade Clínica de Valvopatias do InCor-HC-FMUSP.

Luciana Fatureto Borges
Médica Especialista em Cardiologia pelo InCor-HC-FMUSP e pela Sociedade Brasileira de Cardiologia (SBC). Especialista em Ecocardiografia pelo InCor--HC-FMUSP e pelo Departamento de Imagem Cardiovascular da SBC.

Luciana Sacilotto
Assistente do Ambulatório de Arritmias do InCor-HC-FMUSP. Especialista em Arritmologia pela Sociedade Brasileira de Arritmias Cardíacas.

Luciano Ferreira Drager
Médico Assistente da Unidade de Hipertensão do InCor-HC-FMUSP. Doutor em Ciências pela FMUSP. Professor Associado do Departamento de Clínica Médica da FMUSP.

Luciano Moreira Baracioli
Médico Assistente da Unidade Clínica de Coronariopatia Aguda do InCor--HC-FMUSP. Doutor em Cardiologia pela FMUSP.

Ludhmila Abrahão Hajjar
Professora Livre-Docente do Departamento de Cardiopneumologia do InCor--HC-FMUSP.

Luís Alberto Oliveira Dallan
Professor Associado da FMUSP. Diretor da Divisão de Cirurgia do Serviço de Coronariopatias do InCor-HC-FMUSP.

Luís Augusto Palma Dallan
Formação em Cardiologia pelo InCor-HC-FMUSP. Título de Especialista em Cardiologia pela SBC/AMB. Instrutor de BLS e ACLS pelo Laboratório de Treinamento e Simulação em Emergências Cardiovasculares do InCor-HC--FMUSP.

Luis Fernando Bernal da Costa Seguro
Médico Assistente do Núcleo de Transplante do InCor-HC-FMUSP.

Luís Roberto Palma Dallan
Formação em Cirurgia Cardiovascular pelo InCor-HC-FMUSP. Médico Emergencista do Serviço de Atendimento Móvel de Urgência (SAMU). Instrutor de BLS pelo Laboratório de Treinamento e Simulação em Emergências Cardiovasculares do InCor-HC-FMUSP.

Luiz Aparecido Bortolotto
Diretor da Unidade de Hipertensão do InCor-HC-FMUSP. Doutor em Ciências pela FMUSP. Professor Livre-Docente da FMUSP. Coordenador do Centro de Hipertensão do Hospital Alemão Oswaldo Cruz.

Luiz Fernando Fagundes de Gouvêa Filho
Médico Cardiologista do Setor de Emergências Cardiológicas do InCor-HC--FMUSP. Especialista em Cardiologia e Estimulação Cardíaca Artificial pelo InCor-HC-FMUSP.

Luiz Mario Baptista Martinelli
Graduado em Medicina pela Faculdade de Medicina de Botucatu da Universidade Estadual de São Paulo. Residência em Clínica Médica e Cardiologia pela FMUSP. Especialista em Cardiologia pela Sociedade Brasileira de Cardiologia. Médico Preceptor da Disciplina de Cardiologia da FMUSP. Médico Plantonista da Unidade de Emergência e da Unidade Clínica de Terapia Intensiva do InCor-HC-FMUSP.

Marcelo Franken
Médico Assistente da Unidade Clínica de Coronariopatias Agudas do InCor-HC--FMUSP. Coordenador da Unidade Coronária do Hospital Israelita Albert Einstein.

Marcelo Luiz Campos Vieira
Professor Livre-Docente em Cardiologia da FMUSP. Presidente da Asociación de Ecocardiografía e Imagen Cardiovascular de la Sociedad Interamericana de Cardiología (ECOSIAC). Diretor Vice-presidente de Ecocardiografia do Departamento de Imagem Cardiovascular da SBC. Médico Assistente do Setor de Ecocardiografia do InCor-HC-FMUSP e do Setor de Ecocardiografia do Hospital Israelita Albert Einstein.

Márcia Fernanda Arantes de Oliveira
Médica Nefrologista do InCor-HC-FMUSP.

Marco Alexander V. Akamine
Médico Plantonista da Unidade Clínica de Emergência do InCor-HC-FMUSP. Especialista em Arritmias e Marca-passo pelo InCor-HC-FMUSP.

Marco Antonio Scanavini Filho
Fellow da Unidade Clínica de Coronariopatias Agudas do InCor-HC-FMUSP. Unidade Coronária do Hospital Sírio-Libanês. Especialista em Cardiologia pela SBC. Especialista em Clínica Médica.

Marcus Vinicius Burato Gaz
Graduado em Medicina pela FMUSP. Especialista em Clínica Médica pelo HC--FMUSP e em Cardiologia pelo InCor-HC-FMUSP. Preceptor da Cardiologia Clínica do InCor-HC-FMUSP e do Time de Resposta Rápida do HC-FMUSP. *Fellow* da Unidade de Aterosclerose do InCor-HC-FMUSP. Médico Plantonista do PA Ibirapuera HIAE e da Telemedicina HIAE.

Maria Antonieta A. A. de Medeiros Lopes
Médica Cardiologista Especializada em Hemodinâmica do InCor-HC-FMUSP.

Maria Carolina Feres de Almeida Soeiro
Médica Assistente do Serviço de Ecocardiografia do InCor-HC-FMUSP. Especialista em Cardiologia e Ecocardiografia pela Sociedade Brasileira de Cardiologia.

Maria Clementina Pinto Giorgi
Médica Assistente da Unidade de Eletrocardiologia e Medicina Nuclear do InCor-HC-FMUSP.

Maria Cristina Cesar
Graduação em Medicina pela Universidade São Francisco (USF). Residência em Clínica Médica pelo Hospital Universitário São Francisco (HUSF). Especialização em Cardiologia pelo InCor-HC-FMUSP.

Maria Margarita Castro Gonzalez
Doutora em Medicina pela FMUSP. Médica Assistente do Laboratório de Treinamento e Simulação em Emergências Cardiovasculares do InCor-HC--FMUSP.

Maria Raquel Massoti
Residente de Cirurgia Cardiovascular do InCor-HC-FMUSP.

Mariana Lins Baptista Guedes Bezerra
Graduada em Medicina pela Universidade Federal da Bahia. Residência em Clínica Médica e Cardiologia pela FMUSP. Especialista em Cardiologia pela Sociedade Brasileira de Cardiologia. Especialista em Ressonância Magnética e Tomografia Computadorizada Cardiovascular pelo Hospital do Coração. Médica Plantonista da Unidade de Emergência e da Unidade Clínica de Terapia Intensiva do InCor-HC-FMUSP.

Mariana Pinto Wetten
Médica Cardiologista da Unidade de Emergência do InCor-HC-FMUSP.

Marina Hoff de Lima Tonin
Médica Cardiologista e Especialista em Insuficiência Cardíaca e Transplante Cardíaco pelo InCor-HC-FMUSP.

Marta Vidigal Reis Lara
Médica Cardiologista pelo InCor-HC-FMUSP. Ex-Médica Plantonista da Unidade de Emergência do InCor-HC-FMUSP.

Martino Martinelli Filho
Professor Livre-Docente da FMUSP. Diretor da Unidade Clínica de Estimulação Cardíaca Artificial do InCor-HC-FMUSP.

Massahiko Akamine
Médico Assistente do Departamento de Cirurgia Geral da FMUSP.

Mauricio Scanavacca
Professor Livre-Docente pela FMUSP. Diretor da Unidade de Arritmias Cardíacas do InCor-HC-FMUSP.

Max Grinberg
Professor Livre-Docente pela FMUSP.

Micheli Zanotti Galon
Formação em Cardiologia Intervencionista e Hemodinâmica pelo InCor--HC-FMUSP. Médica Assistente da Unidade de Emergências do InCor-HC--FMUSP. Médica do Serviço de Cardiologia Intervencionista e Hemodinâmica do InCor-HC-FMUSP.

Miguel Nassif Jr.
Especialista em Cardiologia pelo InCor-HC-FMUSP. Preceptor da Cardiologia Clínica do InCor-HC-FMUSP. Médico do Serviço de Emergência e Pronto--atendimento do Hospital Sírio-Libanês.

Milena Frota Macatrão-Costa
Doutora pela FMUSP. Médica Assistente da UTI Clínica do InCor-HC-FMUSP. Especialista em Cardiologia pela Sociedade Brasileira de Cardiologia e em Terapia Intensiva pela AMIB.

Milena Ribeiro Paixão
Especialista em Valvopatias pela FMUSP e em Cardiologia pela Sociedade Brasileira de Cardiologia.

Mônica Samuel Avila
Médica Cardiologista Assistente do Núcleo de Transplante Cardíaco do InCor--HC-FMUSP. Médica Assistente do Programa de Transplante Cardíaco do Hospital Sírio-Libanês.

Nana Miura Ikari
Diretora da Unidade de Cardiologia Pediátrica e Cardiopatias Congênitas do Adulto do InCor-HC-FMUSP.

Natali Schiavo Giannetti
Especialista em Cardiologia pela Sociedade Brasileira de Cardiologia. Especialista em Coronariopatia Aguda pelo InCor-HC-FMUSP. Médica Assistente da Unidade Coronariana do InCor-HC-FMUSP.

Natália Quintella Sangiorgi Olivetti
Residência em Clínica Médica pela Universidade do Estado do Rio de Janeiro e em Cardiologia pelo InCor-HC-FMUSP. Especialista em Cardiologia pela Sociedade Brasileira de Cardiologia. Médica Cardiologista do Pronto-socorro do InCor-HC--FMUSP. Especialização em Arritmologia Clínica no InCor-HC-FMUSP.

Odilson Marcos Silvestre
Médico Cardiologista. Pós-graduando da FMUSP.

Olívia Meira Dias
Docente na Pós-graduação em Urgências e Emergências do Hospital Israelita Albert Einstein. Médica Assistente do Setor de Pronto Atendimento do InCor--HC-FMUSP. Médica do Laboratório de Função Pulmonar do Hospital Sírio--Libanês.

Patrícia Bandeira M. R. Germano
Residência em Cardiologia pelo InCor-HC-FMUSP. Especialização em Arritmologia Clínica pelo InCor-HC-FMUSP. Título de Especialista em Cardiologia pela Sociedade Brasileira de Cardiologia. Médica Assistente do Pronto-socorro do InCor-HC-FMUSP. Médica Cardiologista e Arritmologista atuando em Brasília/DF.

Patrícia Feitosa Frota dos Reis
Médica Cardiologista. Graduação em Medicina pela Universidade de Fortaleza (UNIFOR). Residência em Clínica Médica pelo HC-FMUSP. Residência em Cardiologia pelo InCor-HC-FMUSP. Especialização em Ecocardiografia Adulto em andamento pelo InCor-HC-FMUSP.

Patrícia Oliveira Guimarães
Fellow em Pesquisa Clínica na Universidade de Duke (EUA). Residência em Cardiologia pelo InCor-HC-FMUSP. Doutoranda em Cardiologia pelo InCor--HC-FMUSP.

Paulo Manuel Pêgo-Fernandes
Professor Titular do Departamento de Cardiopneumologia da FMUSP. Diretor da Divisão de Cirurgia Torácica do InCor-HC-FMUSP.

Pedro Alves Lemos Neto
Diretor do Serviço de Hemodinâmica e Cardiologia Intervencionista do InCor--HC-FMUSP. Professor Livre-Docente do HC-FMUSP.

Pedro Felipe Gomes Nicz
Médico Assistente da Unidade de Emergência do InCor-HC-FMUSP. Especialização em Hemodinâmica e Cardiologia Intervencionista (InCor--HC-FMUSP). Residência Médica em Cardiologia (InCor-HC-FMUSP). Residência Médica em Clínica Médica (HC-FMUSP).

Pedro Vieira Linhares
Residência em Cardiologia pelo InCor-HC-FMUSP. *Fellow* em Arritmia Clínica, Eletrofisiologia e Estimulação Cardíaca Artificial pelo InCor-HC-FMUSP.

Pedro Yuri Paiva Lima

Graduado em Medicina pela Universidade Federal do Ceará (UFC). Residência em Clínica Médica pelo HC-FMUSP e em Cardiologia no InCor-HC-FMUSP. Especialização em Arritmia Clínica e Marca-passo pelo InCor-HC-FMUSP. Plantonista do Pronto-socorro do InCor-HC-FMUSP.

Rachel Bragato Pardini

Especialista em Cardiologia pelo InCor-HC-FMUSP. Médica Plantonista da Unidade Clínica de Emergência do InCor-HC-FMUSP. Especialista em Clínica Médica no Hospital Municipal Carmino Cariccho. Residente do Serviço de Ecocardiografia do InCor-HC-FMUSP.

Rafael Medeiros Carraro

Médico Assistente da Disciplina de Pneumologia do InCor-HC-FMUSP. Pneumologista da Equipe de Transplante Pulmonar do InCor-HC-FMUSP.

Raíza Colodetti

Residência em Clínica Médica pela Santa Casa de Misericórdia de São Paulo. Residência em Cardiologia pelo InCor-HC-FMUSP. *Fellow* na Unidade de Coronariopatia Aguda do InCor-HC-FMUSP.

Remo Holanda de Mendonça Furtado

Médico Assistente da Unidade Clínica de Coronariopatia Aguda do InCor--HC-FMUSP. Médico Pós-graduando (doutorado direto) pela FMUSP.

Renato Silveira Leal

Médico Assistente da Clínica Cirúrgica III do Departamento de Cirurgia do -HC-FMUSP.

Ricardo Mingarini Terra

Professor Doutor da Disciplina de Cirurgia Torácica da FMUSP. Coordenador do Serviço de Cirurgia Torácica do Instituto do Câncer do Estado de São Paulo.

Ricardo Ribeiro Dias

Doutor em Medicina pela FMUSP. Médico Responsável pelo Núcleo Cirúrgico de Miocardiopatias e Doenças da Aorta do InCor-HC-FMUSP.

Rinaldo Focaccia Siciliano

Doutor em Ciências da Saúde pela FMUSP. Médico Assistente da Unidade de Controle de Infecção do InCor-HC-FMUSP e da Divisão de Moléstias Infecciosas e Parasitárias do HC-FMUSP.

Roberto Costa
Professor Associado da Disciplina de Cirurgia Cardiovascular da FMUSP. Diretor da Unidade Cirúrgica de Estimulação Elétrica e Marca-passo do InCor--HC-FMUSP.

Roberto Rocha Correa Veiga Giraldez
Professor Livre-Docente do Departamento de Cardiopneumologia do InCor--HC-FMUSP. Médico Assistente da Unidade Clínica de Coronariopatias Agudas do InCor-HC-FMUSP.

Rodrigo Athanazio
Médico Assistente do Serviço de Pneumologia do InCor-HC-FMUSP.

Roney Orismar Sampaio
Professor Colaborador do Departamento de Cardiopneumologia da FMUSP. Doutor em Medicina pela FMUSP. Médico Assistente da Unidade de Cardiopatias Valvares do InCor-HC-FMUSP.

Samia Zahi Rached
Médica Assistente do Serviço de Pneumologia do InCor-HC-FMUSP.

Sandrigo Mangini
Doutor em Cardiologia pela FMUSP. Médico Assistente da Unidade de Transplante Cardíaco do InCor-HC-FMUSP.

Sérgio Augusto Mezzalira Martins
Médico Membro Habilitado em Estimulação Cardíaca Artificial pelo Departamento de Estimulação Cardíaca Artificial da SBCCV. Médico Assistente do Núcleo de Arritmias Cardíacas da Unidade Clínica de Marca-passo do InCor-HC-FMUSP.

Sérgio Jallad
Médico Assistente da Divisão Clínica do InCor-HC-FMUSP. Médico Plantonista da Unidade de Emergência do InCor-HC-FMUSP.

Sérgio Timerman
Doutor em Medicina. Diretor do Laboratório de Treinamento e Simulação em Emergências Cardiovasculares do InCor-HC-FMUSP.

Silvia H. G. Lage
Professora Associada da FMUSP. Diretora da Unidade Clínica de Terapia Intensiva do InCor-HC-FMUSP.

Sílvia Moreira Ayub Ferreira
Médica Assistente da Unidade de Transplante Cardíaco do InCor-HC-FMUSP.

So Pei Yeu
Graduado em Medicina pela Faculdade de Medicina de Marília (FAMEMA). Residência em Clínica Médica pela Universidade Federal de São Paulo (Unifesp). Médico Cardiologista pelo InCor-HC-FMUSP. Atual Preceptor da Residência de Cardiologia do InCor-HC-FMUSP.

Stefano Garzon Dias Lemos
Graduado em Medicina pela Universidade Estadual Paulista (Unesp). Residência em Clínica Médica pelo HC-FMUSP. Residência em Cardiologia pelo InCor--HC-FMUSP. Residente de Hemodinâmica do InCor-HC-FMUSP.

Talia Falcão Dalçóquio
Cardiologista Assistente da Unidade Coronariana do InCor-HC-FMUSP.

Tania M. Varejão Strabelli
Doutora em Ciências pela FMUSP. Especialista em Doenças Infecciosas e Parasitárias pelo Hospital das Clínicas da FMUSP. Presidente da Subcomissão de Controle de Infecção Hospitalar do InCor-HC-FMUSP.

Tarso Augusto Duenhas Accorsi
Doutorando em Cardiologia pela FMUSP. Médico Assistente da Unidade Clínica de Valvopatias do InCor-HC-FMUSP.

Thais Chang Valente
Residência em Clínica Médica na Irmandade na Santa Casa de Misericórdia de São Paulo. Residência em Cardiologia no InCor-HC-FMUSP. Residência em Cardiologia Intervencionista no InCor-HC-FMUSP.

Thaysa Moreira Santos
Especialista em Clínica Médica pela Santa Casa de Misericórdia de São Paulo. Especialista em Cardiologia pelo InCor-HC-FMUSP. Médica Plantonista da Unidade Clínica de Emergência do InCor-HC-FMUSP. Médica Residente em Ecocardiografia do InCor-HC-FMUSP.

Thiago Aragão Leite
Graduação na FMUSP. Residência em Clínica Médica no HC-FMUSP. Residência em Cardiologia no InCor-HC-FMUSP. Preceptor da Cardiologia no InCor-HC-FMUSP.

Thiago Arthur Oliveira Machado
Médico do Serviço de Check-Up do Hospital Sírio-Libanês. Médico do Núcleo de Cardiologia do Hospital Samaritano de São Paulo. Cardiologista pelo InCor-HC--FMUSP. Título de Cardiologista pela Sociedade Brasileira de Cardiologia.

Thiago Lins Fagundes de Sousa
Médico Colaborador da Disciplina de Pneumologia do InCor-HC-FMUSP.

Thiago Marques Mendes
Médico pela FMUSP. Especialista em Clínica Médica pelo HC-FMUSP. Cardiologista pelo InCor-HC-FMUSP. Ex-preceptor da Residência de Cardiologia do InCor-HC-FMUSP. Especialista em Transplante Cardíaco e Insuficiência Cardíaca Avançada pelo InCor-HC-FMUSP. Atualmente é Médico Clínico e Cardiologista no Hospital Israelita Albert Einstein. Professor Convidado da Pós-graduação em Cardiologia do Instituto de Ensino Albert Einstein.

Thiago Midlej Brito
Cardiologista pela Sociedade Brasileira de Cardiologia e pelo InCor-HC-FMUSP. Médico Plantonista da Unidade Clínica de Emergência do InCor-HC-FMUSP. Cardiologista do Hospital Alemão Oswaldo Cruz. Pós-graduando da Unidade Clínica de Hipertensão do InCor-HC-FMUSP.

Thiago Nunes Pereira Leite
Médico Cardiologista pelo InCor-HC-FMUSP. Médico Pesquisador da Unidade de Coronariopatia Crônica do InCor-HC-FMUSP. Doutorando em Cardiologia pela FMUSP.

Thiago Ovanessian Hueb
Cardiologista pelo InCor-HC-FMUSP. Formação em Arritmia Clínica e Marca-passo pelo InCor-HC-FMUSP. Pós-graduando pela Unidade de Estimulação Cardíaca Artificial do InCor-HC-FMUSP. Plantonista da Unidade de Emergência do InCor-HC-FMUSP.

Vander Weyden Batista de Sousa
Especialista em Clínica Médica pela Universidade de Pernambuco. Especialista em Cardiologia pela Universidade de Pernambuco. Médico Plantonista da Unidade de Recuperação de Cirurgia Cardíaca e Hemodinâmica do Hospital Dom Hélder.

Vanessa Monteiro da Silva
Analista-chefe da Seção de Hemostasia. Doutora em Ciências da Saúde. Área de concentração: Cardiologia.

Vitor Emer Egypto Rosa
Médico Cardiologista pela Sociedade Brasileira de Cardiologia. Pós-graduando da Unidade Clínica de Valvopatias do InCor-HC-FMUSP.

Viviane Tiemi Hotta
Doutora em Cardiologia pela FMUSP. Médica da Unidade Clínica de Miocardiopatias do InCor-HC-FMUSP. Médica do Setor de Ecocardiografia do Fleury Medicina e Saúde.

Walkiria Samuel Avila
Professora Livre-Docente da FMUSP. Médica Chefe do Serviço de Cardiopatia e Gravidez do InCor-HC-FMUSP.

Wallyson Pereira Fonseca
Residência em Cardiologia pelo InCor-HC-FMUSP. Especializando em Arritmia Clínica, Eletrofisiologia e Estimulação Cardíaca Artificial pelo InCor--HC-FMUSP.

William Azem Chalela
Professor Colaborador da FMUSP. Médico Supervisor do Laboratório de Estresse Cardiovascular do Serviço de Medicina Nuclear e Imagem Molecular do InCor-HC-FMUSP.

Wilson Mathias Jr.
Professor Livre-Docente em Cardiopneumologia da FMUSP. Diretor da Equipe Médica de Ecocardiografia do InCor-HC-FMUSP. Coordenador do Serviço de Diagnóstico em Cardiologia do Hospital São Luiz – Grupo Fleury. *Fellow* da American Heart Association e da American Society of Echocardiography.

Ximena Ferrugem Rosa
Graduação em Medicina na Universidade Federal do Rio Grande do Sul. Residência Médica em Clínica Médica no Hospital Nossa Senhora da Conceição. Residência Médica em Cardiologia no InCor-HC-FMUSP. Preceptoria da Cardiologia do InCor-HC-FMUSP.

Sumário

Apresentação XXXIX

Seção I: Síndromes coronárias agudas

1 Abordagem de dor torácica na emergência 3
Alexandre de Matos Soeiro, Patrícia Feitosa Frota dos Reis, Fernando Ramos de Mattos,
Carlos Henrique Sartorato Pedrotti, Múcio Tavares de Oliveira Jr.

2 Medicações utilizadas em pacientes com síndrome coronária aguda 6
Talia Falcão Dalçóquio, Thiago Arthur Oliveira Machado, Marcelo Franken

3 Síndrome coronária aguda sem supradesnível do segmento ST 10
Natali Schiavo Giannetti, Luciano Moreira Baracioli

4 Síndrome coronária aguda com supradesnível do segmento ST 14
José Carlos Nicolau, Remo Holanda de Mendonça Furtado

5 Síndrome coronária aguda em pacientes com insuficiência renal crônica... 17
Tatiana de Carvalho Andreucci Torres Leal, Thiago Aragão Leite, James Hung,
Márcia Fernanda Arantes de Oliveira

6 Síndrome coronária aguda em pacientes jovens 18
Alexandre de Matos Soeiro, Luiz Mario Baptista Martinelli, Carlos Vicente Serrano Jr.,
Roberto Rocha Correa Veiga Giraldez

7 Síndrome coronária aguda em pacientes diabéticos 19
Alexandre de Matos Soeiro, Maria Carolina Feres de Almeida Soeiro,
Múcio Tavares de Oliveira Jr., Ludhmila Abrahão Hajjar

8 Síndrome coronária aguda em pacientes em uso de anticoagulação oral. 20
Alexandre de Matos Soeiro, Antônio Fernando Diniz Freire, Carlos Vicente Serrano Jr.

9 Infarto agudo do miocárdio em pacientes com coronariografia
normal 24
Alexandre de Matos Soeiro, Ana Carolina de Rezende, Múcio Tavares de Oliveira Jr.

10 Síndrome coronária aguda e trombofilias 25
Marco Antonio Scanavini Filho, Fernando Ganem, Luciano Moreira Baracioli

Sumário

11 Avaliação de risco de sangramento em síndrome coronária aguda........... 27
Alexandre de Matos Soeiro, Stefano Garzon Dias Lemos, Ilma da Silva Santos,
Carlos Vicente Serrano Jr.

12 Choque cardiogênico pós-infarto agudo do miocárdio............................ 30
Fernando Reis Menezes, Bruno de Souza Paolino, Fernando Ganem

13 Complicações mecânicas pós-infarto agudo do miocárdio 32
Leonardo Jorge Cordeiro de Paula, Priscila Gherardi Goldstein, Fábio Antônio Gaiotto

14 Manejo de arritmias ventriculares pós-infarto agudo do miocárdio........ 34
Viviane Felgueiras Ruiz, Felipe Gallego Lima

15 Manejo de introdutores arteriais e suas complicações............................ 36
Cristiano Guedes Bezerra, Micheli Zanotti Galon, Fábio Conejo,
Breno de Alencar Araripe Falcão

16 Profilaxia de nefropatia por contraste... 41
Thais Chang Valente, Adriano Ossuna Tamazato, André Gustavo Santos Lima,
Vander Weyden Batista de Sousa, Tatiana de Carvalho Andreucci Torres Leal

Seção II: Valvopatias

1 Avaliação inicial do portador de doença cardíaca valvar na emergência 47
Tarso Augusto Duenhas Accorsi, Flávio Tarasoutchi

2 Surto agudo de febre reumática 53
Fábio Américo Pedreira, Guilherme Sobreira Spina

3 Abordagem de pacientes com estenose mitral na emergência................... 57
Vitor Emer Egypto Rosa, José Leudo Xavier Jr., Ally Nader Roquetti Saroute

4 Abordagem de pacientes com insuficiência mitral na emergência........... 59
Lucas José Tachotti Pires, Lucas Colombo Godoy, Max Grinberg

5 Abordagem de pacientes com estenose aórtica na emergência.................. 60
João Ricardo Cordeiro Fernandes, Roney Orismar Sampaio

6 Abordagem de pacientes com insuficiência aórtica na emergência 62
Antônio Sérgio de Santis Andrade Lopes, Flávio Tarasoutchi

7 Endocardite infecciosa... 64
Rinaldo Focaccia Siciliano, Milena Ribeiro Paixão, Priscila Gherardi Goldstein

8 Manejo da anticoagulação em pacientes com valvopatias....................... 67
Odilson Marcos Silvestre, Leonardo Jorge Cordeiro de Paula, Isabela Cristina Kirnew Abud

9 Trombose de prótese valvar 70
Eduardo Leal Adam, Tarso Augusto Duenhas Accorsi

Seção III: Arritmias

1 Medicações utilizadas no tratamento de arritmias na emergência 75
Carolina Frezzatti de Andrade Neves, Natália Quintella Sangiorgi Olivetti,
Leonardo Jorge Cordeiro de Paula, José Antônio Franchini Ramires

2 Abordagem de pacientes com síncope na emergência 77
Luciana Sacilotto, Denise Hachul

3 Manejo das extrassístoles ventriculares na emergência 81
Mariana Lins Baptista Guedes Bezerra, Natália Quintella Sangiorgi Olivetti,
Fernanda Farias Vianna, Alexandre de Matos Soeiro, Francisco Carlos da Costa Darrieux

4 Fibrilação atrial 82
João Bosco Breckenfeld Bastos Filho, Thiago Nunes Pereira Leite,
Francisco Carlos da Costa Darrieux

5 Taquicardias supraventriculares 85
Patrícia Bandeira M. R. Germano, Pedro Felipe Gomes Nicz, Esteban W. Rocca Rivarola,
Alexandre de Matos Soeiro

6 Taquicardias ventriculares 89
Cristiano Pisani, Mauricio Scanavacca

7 Bradicardias 94
Luciana Fatureto Borges, Leonardo Jorge Cordeiro de Paula,
Cynthia Aparecida da Silva Rocha

8 Cardioversão elétrica sincronizada 97
Alexandre de Matos Soeiro, Diogo Arantes B. Pereira Luz, Aline Siqueira Bossa,
Sérgio Jallad

9 Indicação de ablação de emergência 98
Rachel Bragato Pardini, Esteban W. Rocca Rivarola

Seção IV: Marca-passo

1 Avaliação inicial do paciente com marca-passo definitivo
na emergência 101
Creuza Macedo Goes, Glaucylara Reis Geovanini

2 Deslocamento e fratura de eletrodo de marca-passo 103
Luiz Fernando Fagundes de Gouvêa Filho, Haroldo Heitor Ribeiro Filho,
Tatiana de Carvalho Andreucci Torres Leal

3 Exaustão de bateria do gerador do marca-passo 105
Thiago Ovanessian Hueb, Cinthya Ibrahim Guirao Gomes, Martino Martinelli Filho

4 Abordagem do paciente com cardiodesfibrilador implantável 106
Sérgio Augusto Mezzalira Martins, Martino Martinelli Filho

Sumário

5 Avaliação e tratamento do paciente com cardiodesfibrilador implantável
submetido à terapia elétrica.. 107
Marco Alexander V. Akamine, Henrique Nogueira Mendes

6 Infecções de dispositivos cardíacos eletrônicos implantáveis 108
Roberto Costa, Caio Marcos de Moraes Albertini, Miguel Nassif Jr.,
Elizabeth Sartori Crevelari, Kátia Regina da Silva

7 Utilização de marca-passo transcutâneo.......................................111
Patrícia Oliveira Guimarães, Rony Lopes Lage, Alexandre de Matos Soeiro

8 Implante de marca-passo transvenoso...112
Thaysa Moreira Santos, Alexandre de Matos Soeiro

Seção V: Insuficiência cardíaca

1 Abordagem inicial do paciente com insuficiência cardíaca 117
Danielle Menosi Gualandro, Múcio Tavares de Oliveira Jr.

2 Drogas endovenosas utilizadas em pacientes com insuficiência cardíaca 120
Juliano Sabino de Matos, Germano Emílio Conceição Souza,
Antônio Carlos Pereira Barretto, Fabio Grunspun Pitta

3 Miocardites agudas 122
Sandrigo Mangini, Fábio Fernandes, Charles Mady

4 Insuficiência cardíaca sistólica descompensada.............................124
Felipe Lourenço Fernandes, Antônio Fernando Barros de Azevedo Filho,
Pedro Yuri Paiva Lima, Múcio Tavares de Oliveira Jr.

5 Insuficiência cardíaca diastólica descompensada........................... 126
Marina Hoff de Lima Tonin, Cíntia Gonçalves Fontes Lima, Sílvia Moreira Ayub Ferreira

6 Manejo e desmame de inotrópicos.. 129
Danielle Menosi Gualandro, Luis Fernando Bernal da Costa Seguro,
Múcio Tavares de Oliveira Jr.

7 Paciente chagásico na emergência 131
Fábio Fumagalli Garcia, Bárbara Maria Ianni

8 Assistência circulatória mecânica na emergência................................. 132
Bruno Biselli, Mariana Pinto Wetten, Ludhmila Abrahão Hajjar

Seção VI: Doenças do pericárdio

1 Pericardites agudas.. 137
Dirceu Thiago Pessoa de Melo, Fábio Fernandes

2 Pericardiocentese na emergência 140
Luís Roberto Palma Dallan, Luís Augusto Palma Dallan, Luís Alberto Oliveira Dallan

Seção VII: Doenças da aorta

1 Dissecção aguda de aorta.. 145
Maria Raquel Massoti, José Augusto Duncan, Ricardo Ribeiro Dias

2 Pacientes com aneurisma de aorta... 148
Leandro Batisti de Faria, José Augusto Duncan, Carlos Manuel de Almeida Brandão,
Ricardo Ribeiro Dias

Seção VIII: Geral

1 Ressuscitação cardiopulmonar...151
Bruna Bernardes Henares, Luís Augusto Palma Dallan, Luís Roberto Palma Dallan,
Maria Margarita Castro Gonzalez, Sérgio Timerman

2 Edema agudo de pulmão.. 156
Priscila Gherardi Goldstein, Múcio Tavares de Oliveira Jr.

3 Monitorização hemodinâmica 158
Jackson Simomura, Milena Frota Macatrão-Costa,
Leonardo Nicolau Geisler Daud Lopes, Silvia H. G. Lage

4 Choque séptico em paciente cardiopata.................................... 160
Bruna Romanelli Scarpa, Ximena Ferrugem Rosa, Claudia Yanet San Martin Bernoche

5 Ventilação não invasiva na unidade de emergência................... 162
Graziela dos Santos Rocha Ferreira, Filomena Regina Barbosa Gomes Galas,
Olívia Meira Dias

6 Distúrbios hidroeletrolíticos no paciente cardiopata 163
Helena de Almeida Martins de Souza, Marcus Vinicius Burato Gaz,
Alexandre de Matos Soeiro

7 Intoxicação cumarínica 164
Alex Tadeu Ribeiro Borges, Bianca Stefanello,
Maria Antonieta A. A. de Medeiros Lopes, Cyrillo Cavalheiro Filho

8 Manejo de pacientes em uso de novos anticoagulantes orais na
emergência... 166
So Pei Yeu, George Barreto Miranda, Eberth Alves Machado Neto,
Alexandre de Matos Soeiro

9 Dor abdominal no cardiopata 170
Eduardo Rissi Silva, Renato Silveira Leal, Massahiko Akamine, Edivaldo M. Utiyama

10 Cardiopata gestante... 173
Tatiana de Carvalho Andreucci Torres Leal, Gabriela Cruz Gouveia Asano,
Walkiria Samuel Avila

Sumário   XXXVII

11 Infecções de ferida operatória em cirurgias cardiovasculares 179
    Milena Ribeiro Paixão, Rinaldo Focaccia Siciliano
12 Cardiopatias congênitas no adulto 183
    Ana Cristina Sayuri Tanaka, Leína Zorzanelli, Nana Miura Ikari
13 Disfunção e choque do ventrículo direito 186
    Caio de Assis Moura Tavares, Daniel Valente Batista, Alexandre de Matos Soeiro

Seção IX: Hipertensão arterial sistêmica
1   Abordagem do paciente hipertenso na emergência 193
    Fernanda Fatureto Borges, Thiago Midlej Brito, Luciano Ferreira Drager,
    Luiz Aparecido Bortolotto
2   Encefalopatia hipertensiva 198
    Andrea Cangiani Furlani, Raíza Colodetti, Maria Cristina Cesar, Luciano Ferreira Drager

Seção X: Transplante cardíaco
1   Indicações e avaliação do paciente para transplante 203
    Fabiana Goulart Marcondes-Braga, Fernando Bacal, Edimar Alcides Bocchi
2   Avaliação inicial do paciente transplantado cardíaco na emergência 207
    Luis Fernando Bernal da Costa Seguro, Sandrigo Mangini
3   Febre no paciente transplantado cardíaco 210
    Bruno Biselli, Fernando Bacal, Tania M. Varejão Strabelli
4   Rejeição aguda de transplante cardíaco 213
    Gabriel Barros Aulicino, Mônica Samuel Avila, Fernando Bacal
5   Infecções pulmonares no paciente transplantado cardíaco 216
    Danilo Bora Moleta, Tania M. Varejão Strabelli
6   Infecções gastrointestinais no paciente transplantado 220
    Ewandro Luiz Rey Moura, Iascara Wozniak de Campos,
    Fabiana Goulart Marcondes-Braga
7   Manejo de imunossupressores em emergência 222
    Thiago Marques Mendes, Fernando Arturo Effio Solis, Mônica Samuel Avila

Seção XI: Exames complementares
1   Eletrocardiograma na emergência 227
    Horacio Gomes Pereira Filho, Carlos Alberto Pastore
2   Ecocardiograma na emergência 242
    Maria Carolina Feres de Almeida Soeiro, Viviane Tiemi Hotta,
    Marcelo Luiz Campos Vieira, Wilson Mathias Jr.

XXXVIII

3 Teste ergométrico 244
Marta Vidigal Reis Lara, Laís Vissotto Garchet Santos Reis, Augusto Hiroshi Uchida

4 Angiotomografia computadorizada de coronárias 246
Antonildes Nascimento Assunção Jr., José Rodrigues Parga Filho, César Higa Nomura

5 Ressonância magnética cardíaca 247
Debora Yuri Moura Nakamura, Antonildes Nascimento Assunção Jr.,
Carlos Eduardo Rochitte

6 Cintilografia miocárdica 249
Pedro Vieira Linhares, Jaime Paula Pessoa Linhares Filho, Wallyson Pereira Fonseca,
Maria Clementina Pinto Giorgi, William Azem Chalela

7 Cateterismo cardíaco e cinecoronariografia 250
Leonardo Jorge Cordeiro de Paula, Caroline Ferraz de Paula, Fábio Augusto Pinton,
Pedro Alves Lemos Neto

8 Biomarcadores de risco cardiovascular 254
Célia Maria Cássaro Strunz, Vanessa Monteiro da Silva, Alessandra Rogério,
Adriana de Andrade Ramos Nogueira

Seção XII: Pneumopatias

1 DPOC exacerbada 259
Samia Zahi Rached, Guilherme Eler de Almeida, Carlos Roberto Ribeiro de Carvalho

2 Tromboembolismo pulmonar agudo 263
Fábio Eiji Arimura, Frederico Leon Arrabal Fernandes, Alexandre Moreto Trindade,
Thiago Lins Fagundes de Sousa, Guilherme Eler de Almeida

3 Asma 269
Rodrigo Athanazio, Guilherme Eler de Almeida, Alberto Cukier

4 Transplantado pulmonar 273
Rafael Medeiros Carraro

5 Doenças pulmonares intersticiais 275
Bruno Guedes Baldi, Ricardo Mingarini Terra

6 Hemoptises 277
Olívia Meira Dias, Bruno Guedes Baldi, Carlos Roberto Ribeiro de Carvalho

7 Abordagem do derrame pleural e toracocentese 279
Olívia Meira Dias, Alessandro Mariani, Bruno Garcia Tavares,
Paulo Manuel Pêgo-Fernandes

Apresentação

A medicina contemporânea se baseia cada vez mais em condutas diretas, práticas, de fácil utilização e com resultados bem estabelecidos. As rotinas adotadas em diferentes especialidades e as doses de uma infinidade de novos medicamentos devem estar sempre presentes e à disposição de médicos e de profissionais que trabalham em diversos setores e, principalmente, em serviços de emergência, nos quais o tempo pode ser crucial no prognóstico do paciente avaliado.

Nesse contexto, a utilização de diretrizes e, principalmente, de fluxogramas, com a possibilidade de consulta imediata, torna-se fundamental. Assim, baseados nesses preceitos, formulamos este livro.

Esta obra contém os algoritmos e as tabelas de maior relevância dos capítulos presentes no *Manual de Condutas da Emergência do InCor*, separados por temas principais. Lembramos que a leitura dos fluxogramas e das tabelas não substitui o manual, que possui uma riqueza maior de detalhes. Além disso, os fluxogramas e as tabelas são exclusivos da Unidade de Emergência do InCor, adaptados à população atendida no local e, por vezes, baseados na experiência da própria instituição.

Esperamos que aproveitem as informações aqui contidas e que elas possam ser aplicadas com sucesso em diferentes situações clínicas, tornando este guia indispensável na prática médica diária. Sem dúvida alguma, essa seria a maior certeza de sucesso deste livro.

Os Editores

Seção

Síndromes coronárias agudas

A dor torácica é uma das queixas mais encontradas em serviços de emergência no mundo todo. No entanto, a prevalência de síndrome coronária aguda (SCA) perfaz cerca de 12,8 a 14,6% desse total. Apesar disso, aproximadamente 30 a 60% dos pacientes com dor torácica são internados para esclarecimento diagnóstico.

Essa avaliação inicial realizada por um médico emergencista envolve sérios desafios. A maioria dos pacientes com dor torácica se apresenta com sintomas e achados clínicos que impossibilitam sua definição diagnóstica imediata. Por outro lado, o médico responsável deve ser capaz de identificar doenças que representem risco ao paciente (SCA, dissecção aguda de aorta, tromboembolismo pulmonar, pneumotórax etc.) sem o expor a testes e internações hospitalares desnecessárias.

Os pacientes com SCA constituem um grupo muito heterogêneo em termos de risco de morte e/ou novos eventos coronarianos. A estratificação de riscos (maior homogeneização) pode melhor guiar nossa conduta: local para se encaminhar o paciente (alta hospitalar, tratamento em enfermaria ou unidade coronária), uso de associações medicamentosas (antiplaquetários e antitrombínicos) ou mesmo escolha de terapia invasiva ou conservadora.

Abordagem de dor torácica na emergência

Alexandre de Matos Soeiro
Patrícia Feitosa Frota dos Reis
Fernando Ramos de Mattos
Carlos Henrique Sartorato Pedrotti
Múcio Tavares de Oliveira Jr.

Tabela 1. Classificação funcional de angina de acordo com a Canadian Cardiovascular Society (CCS)	
Classe I	Angina apenas em atividades vigorosas
Classe II	Atividade moderada, como subir mais de um lance de escadas, provoca angina
Classe III	Atividade discreta, como subir menos de um lance de escadas, provoca angina
Classe IV	Em qualquer atividade, eventualmente até mesmo em repouso, ocorre angina

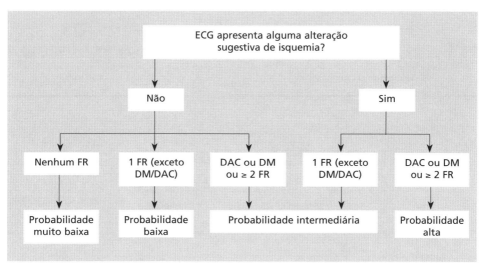

Figura 1. Classificação de probabilidade clínica de síndrome coronária aguda (SCA). ECG: eletrocardiograma; FR: fator de risco; DM: diabetes melito; DAC: doença arterial coronária.

Tabela 2. Escore HEART	
História	Fatores de risco
Dor tipo D: 0 ponto	0: 0 ponto
Dor tipo C: 1 ponto	1 ou 2: 1 ponto
Dor tipo A/B: 2 pontos	≥ 3 ou aterosclerose manifesta: 2 pontos
Eletrocardiograma	Troponina
Normal: 0 ponto	Normal: 0 ponto
ARV: 1 ponto	1-3 x LSN: 1 ponto
Infradesnível ST: 2 pontos	≥ 3: 2 pontos
Idade	Resultado
< 45: 0 ponto	0-3 pontos: baixa probabilidade de SCA
45-65: 1 ponto	≥ 4 pontos: alta probabilidade de SCA
> 65: 2 pontos	
ARV: alteração da repolarização ventricular; LSN: limite superior da normalidade; SCA: síndrome coronária aguda.	

Tabela 3. Cinética dos principais marcadores de necrose miocárdica			
Marcador/elevação	Início	Pico	Duração
Mioglobina	1 a 2 h	6 a 7 h	24 h
CKMB	3 a 12 h	18 a 24 h	36 a 48 h
Troponina	3 a 12 h	18 a 24 h	10 dias

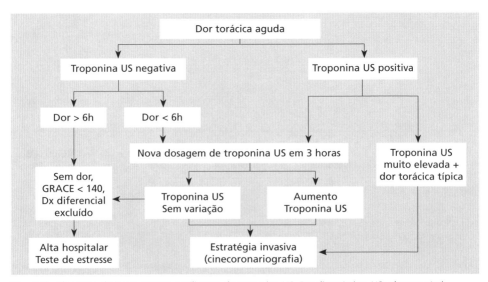

Figura 2. Algoritmo de interpretação e utilização de troponina US. Dx: diagnóstico; US: ultrassensível.

1 ■ Abordagem de dor torácica na emergência

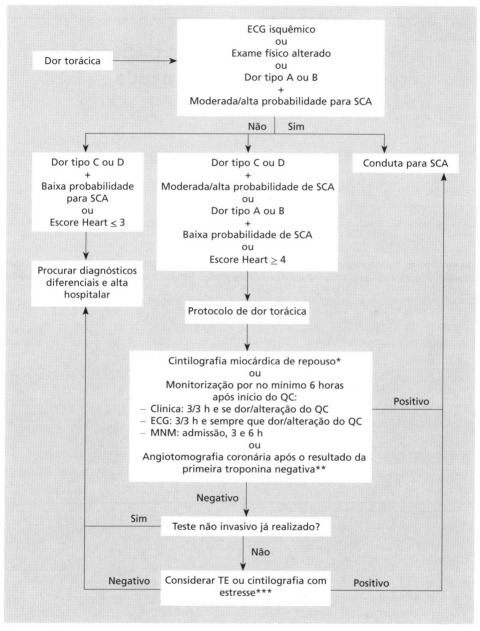

Figura 3. Fluxograma de atendimento de dor torácica no InCor. DAC: doença arterial coronária; ECG: eletrocardiograma; MNM: marcadores de necrose miocárdica; SCA: síndrome coronária aguda; TC: tomografia computadorizada; TE: teste de esforço; QC: quadro clínico.
* Pacientes com dor prolongada na hora da avaliação ou dor de duração > 20 minutos nas últimas 6 horas. ** Pacientes sem aterosclerose conhecida de risco baixo ou intermediário de doença coronária. *** Pacientes com contraindicação ao teste ergométrico (ECG não interpretável, limitação física).

2

Medicações utilizadas em pacientes com síndrome coronária aguda

Talia Falcão Dalçóquio
Thiago Arthur Oliveira Machado
Marcelo Franken

Tabela 1. Indicações de antiagregantes plaquetários

AAS

Dose de ataque: 160-325 mg (todos)

Dose de manutenção de 75-100 mg/dia

Duração: tempo indeterminado (profilaxia secundária)

Clopidogrel

Dose de ataque: 300 ou 600 mg. A dose de ataque não deve ser realizada em indivíduos com idade > 75 anos submetidos a fibrinólise

Dose de manutenção: 75 mg/dia

Duração: 12 meses (ou até 36 meses em casos selecionados)

Prasugrel

Dose de ataque: 60 mg (após anatomia coronária conhecida e com indicação de angioplastia)

Dose de manutenção: 10 mg/dia (5 mg/dia se indivíduo com idade $\geq$ a 75 anos ou < 60 kg)

Contraindicação: AVC ou AIT prévios

Duração: 12 meses (ou até 36 meses em casos selecionados)

Ticagrelor

Dose de ataque: 180 mg

Dose de manutenção: 90 mg, 2x/dia

Duração: 12 meses (ou até 36 meses em casos selecionados)

Inibidores da GP IIb/IIIa

Indicação: após angioplastia com elevada carga trombótica e/ou complicadas.

Via: intracoronária ou intravenosa

Abciximab (0,25 mg/kg em *bolus*, seguida de 0,125 µg/kg/min por 12 h)

Tirofiban (10 µg/kg em *bolus* por 3 min, seguida de 0,15 µg/kg/min por 24 horas)

AIT: ataque isquêmico transitório; AVC: acidente vascular cerebral; GP: glicoproteína.

2 ■ Medicações utilizadas em pacientes com síndrome coronária aguda

Tabela 2. Ajuste da dose do tirofiban utilizado após a angioplastia

Tirofiban 50 mL (1 ampola de 50 mL com 0,25 mg/mL) + SF 0,9%, 200 mL
Concentração da solução: 0,05 mg/mL (50 mcg/mL)

Peso (kg)	Ataque em 3 min (mL)*	Manutenção (mL/h) *
30-37	7	6
38-45	8	8
46-54	10	9
55-62	12	11
63-70	13	12
71-79	15	14
80-87	17	15
88-95	18	17
96-104	20	18
105-112	22	20
113-120	23	21
121-128	25	23
129-137	26	24
138-145	28	26
146-153	30	27

*Em pacientes com ClCr entre 15 e 30 mL/min a dose de ataque e manutenção deve ser reduzida em 50%.

Tabela 3. Anticoagulação na síndrome coronariana aguda

1. Anticoagulação na SCA com supradesnível de ST associado à terapia fibrinolítica

a) Heparina não fracionada

■ Ataque: 60 UI/kg, IV, em *bolus* (máximo: 4.000 UI)

■ Manutenção: 12 UI/kg/hora (máximo: 1.000 UI/hora)

■ Meta: TTPa entre 1,5 a 2,0 vezes o controle

b) Enoxaparina

■ Ataque: 30 mg, IV, em *bolus* (somente em < 75 anos)

■ Manutenção:

    ■ 1 mg/kg de 12/12 h (< 75 anos)

    ■ 0,75 mg/kg de 12/12 h (se > 75 anos)

    ■ 1 mg/kg, 1 vez ao dia (se ClCr < 30 mL/min)

■ Contraindicado se ClCr < 15 mL/min.

c) Fondaparinux

■ Ataque: 2,5 mg, IV, em *bolus*

■ Manutenção: 2,5 mg, SC, 1 vez ao dia

■ Contraindicado se ClCr < 20 mL/min

2. Anticoagulação na SCA com supradesnível de ST associado à angioplastia primária

a) Heparina não fracionada

■ Ataque: 60 UI/kg, IV, em *bolus* (máximo 4.000 UI)

■ Manutenção: 12 UI/kg/h (máximo 1.000 UI/h)

■ Controle: TCA entre 300 e 350 segundos (durante o procedimento)

b) Enoxaparina

■ Ataque: 0,5 mg/kg, IV, em *bolus*

3. Anticoagulação na SCA sem supradesnível de ST

a) Heparina não fracionada

■ Ataque: 60 UI/kg, IV, em *bolus* (máximo: 4.000 UI)

■ Manutenção: 12 UI/kg/hora (máximo: 1.000 UI/hora)

■ Meta: TTPa entre 1,5 e 2,0 vezes o controle

b) Enoxaparina

■ Dose: 1 mg/kg, 12/12h (se ClCr entre 15-30 mL/min: 1 mg/kg, 1 vez ao dia)

■ Em pacientes submetidos a angioplastia: caso a última dose da enoxaparina tenha sido administrada há mais de 8 horas: administrar dose adicional antes do procedimento: 0,3 mg/kg, IV

c) Fondaparinux

■ Dose: 2,5 mg, SC, 1 vez ao dia

■ Se angioplastia: associar durante o procedimento HNF, IV, em *bolus* 85 UI/kg (65 UI/kg, se associado a inibidores da GP IIb/IIIa)

■ Contraindicado se ClCr < 20 mL/min

ClCr: *clearance* de creatinina; GP: glicoproteína; HNF: heparina não fracionada; TCA: tempo de coagulação ativado; TTPa: tempo de tromboplastina parcial ativada.

2 ■ Medicações utilizadas em pacientes com síndrome coronária aguda

Tabela 4. Contraindicações aos fibrinolíticos

Absolutas	Relativas
Doença terminal	Idade funcional >75 anos
Lesão vascular ou neoplasia do sistema nervoso central	Gravidez ou < 1 mês pós-parto
	Punção de vaso não compressível
História prévia de coagulopatia hemorrágica	Hipertensão arterial (> 180/110 mmHg) não responsiva às medidas terapêuticas habituais
Acidente vascular cerebral hemorrágico em qualquer tempo ou isquêmico nos últimos 3 meses	Uso de anticoagulante oral
Importante trauma, cirurgia ou injúria craniana nos últimos 3 meses	Ressuscitação traumática e prolongada
	Doença hepática avançada
Sangramento gastrointestinal ativo	Endocardite infecciosa
Dissecção aguda da aorta	Úlcera péptica ativa
	AVC isquêmico há mais de 3 meses ou outras patologias do SNC não listadas como CI absolutas
	Para SK: exposição prévia (principalmente entre 5 dias e 2 anos) ou reação alérgica

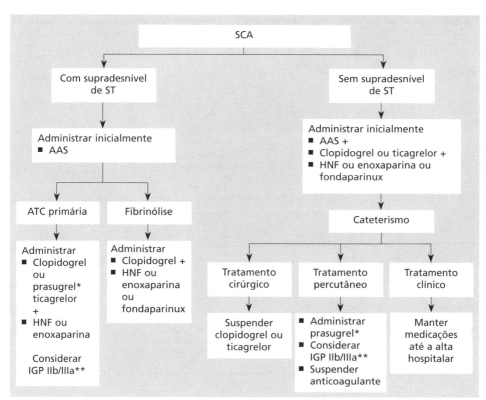

Figura 1. Fluxograma de atendimento de SCA. AAS: ácido acetilsalicílico; ATC: angioplastia coronária; HNF: heparina não fracionada; IGP: inibidor de glicoproteína; SCA: síndrome coronária aguda.
* Somente após conhecimento da anatomia coronária e caso não tenha iniciado clopidogrel ou ticagrelor.
** Em pacientes de baixo risco hemorrágico e com presença de trombos na coronária.

3

Síndrome coronária aguda sem supradesnível do segmento ST

Natali Schiavo Giannetti
Luciano Moreira Baracioli

Tabela 1. Estratificação "pontual" de risco de morte ou IAM nos pacientes com SCASSST			
	Alto	Moderado	Baixo
Variável prognóstica	Pelo menos uma das características seguintes deve estar presente	Nenhuma característica de alto risco, mas com algum dos itens a seguir	Nenhuma característica de risco intermediário ou alto, mas com algum dos itens a seguir
História	Agravamento dos sintomas nas últimas 48 horas. Idade > 75 anos	Idade 70-75 anos Infarto prévio, doença cerebrovascular ou periférica, diabetes melito, cirurgia de revascularização, uso prévio de AAS	
Dor precordial	Dor prolongada (> 20 min) em repouso	Angina de repouso > 20 min, resolvida, com probabilidade de DAC moderada a alta Angina em repouso < 20 min, com alívio espontâneo ou com nitrato	Novo episódio de angina classe III ou IV das CCS nas últimas 2 semanas sem dor prolongada em repouso, mas com moderada ou alta probabilidade de DAC
Exame físico	Edema pulmonar, piora ou surgimento de sopro de regurgitação mitral, B3, novos estertores, hipotensão, bradicardia ou taquicardia		

(continua)

Tabela 1. Estratificação "pontual" de risco de morte ou IAM nos pacientes com SCASSST (*continuação*)			
	Alto	Moderado	Baixo
Eletrocardiografia	Infradesnível do segmento ST ≥ 0,5 mm (associado ou não a angina), alteração dinâmica do ST, bloqueio completo de ramo, novo ou presumidamente novo Taquicardia ventricular sustentada	Inversão da onda T > 2 mm; ondas Q patológicas	Normal ou inalterado durante o episódio de dor
Marcadores séricos de isquemia	Acentuadamente elevados (p. ex., TnTC > 0,1 ng/mL)	Discretamente elevados (p. ex., TnTc entre 0,03 e 0,1 ng/mL)	Normais
min: minuto; TnTC: troponina T convencional; DAC: doença arterial coronária.			

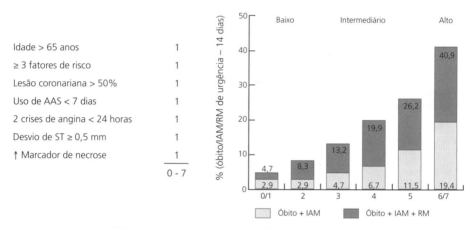

Figura 1. Escore de risco TIMI – baixo risco: 0-2 pontos; médio risco: 3-4 pontos; alto risco: ≥ 5 pontos. IAM: infarto agudo do miocárdio; RM: revascularização miocárdica.

GRACE (0-258 pontos)

Idade	Pontos	Pressão sistólica (mmHg)	Pontos	Killip	Pontos
< 40	0	< 80	63	Classe I	0
40-49	18	80-89	58	Classe II	21
50-59	36	100-119	47	Classe III	43
60-69	55	120-139	37	Classe IV	64
70-79	73	140-159	26	Parada cardíaca na admissão	43
≥ 80	91	160-199	11	Elevação de marcadores	15
		> 200	0	Elevação/depressão ST	30

Frequência cardíaca (bpm)	Pontos	Creatinina (mg/dL)	Pontos
< 70	0	0-0,39	2
70-89	7	0,4-0,79	5
90-109	13	0,8-1,19	8
110-149	23	1,2-1,59	11
150-199	36	1,6-1,99	14
> 200	46	2-3,99	23
		> 4	31

Risco	Pontos	% Morte hospitalar
Baixo	1-108	< 1
Intermediário	109-140	1-3
Alto	> 140	> 3

Figura 2. Escore de risco GRACE.

Tabela 2. Ajuste de dose de HNF

Solução de heparina 25.000 UI + SF 0,9% 500 mL

Meta terapêutica – TTPA entre 50 e 70 segundos

TTPA (segundos)	Bolus	Suspensão da infusão de heparina	Alteração na velocidade de infusão (mL/h)	Repetição do TTPA
< 36	Repetir o bolus conforme descrito	xx	Aumentar 2 mL/h	6 h
36-49	xx	xx	Aumentar 1 mL/h	6 h
50-70	xx	xx	Sem mudança	Rotina
71-80	xx	xx	Reduzir 1 mL/h	Rotina
81-100	xx	30 min	Reduzir 2 mL/h	6 h
101-130	xx	60 min	Reduzir 3 mL/h	6 h
> 130	xx	60 min	Reduzir 6 mL/h	6 h

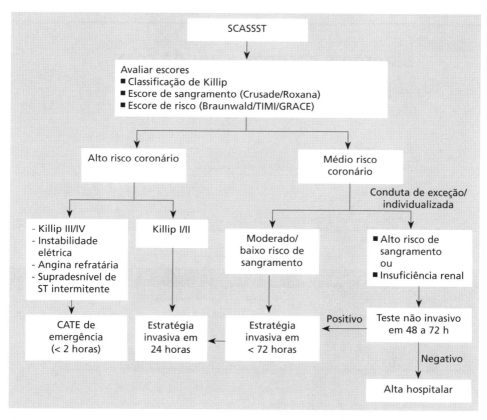

Figura 3. Fluxograma de estratificação coronária em pacientes com SCASSST de médio/alto risco na Unidade de Emergência do InCor. CATE: cateterismo.

4

Síndrome coronária aguda com supradesnível do segmento ST

José Carlos Nicolau
Remo Holanda de Mendonça Furtado

Tabela 1. Doses dos fibrinolíticos utilizados no IAMCSST

Medicação	Dose	Observações
Estreptoquinase	1.500.000 UI diluídos em 100 mL de soro fisiológico 0,9%, EV, infundido em 1 h	Pode causar hipotensão e anafilaxia Não repetir em menos de 1 ano Manter dois acessos venosos calibrosos
Tenecteplase (Metalyse®)	0,5 mg/kg, em *bolus*, EV (máximo de 50 mg)	Não necessita de bomba de infusão Fibrinolítico de escolha na trombólise pré--hospitalar
Alteplase (Actilyse®)	15 mg em *bolus* EV, seguido de infusão de 0,75 mg/kg (máximo de 50 mg) em 30 min e, a seguir, 0,5 mg/kg (máximo de 35 mg) em 1 h	Também utilizado no AVC agudo (doses e critérios de exclusão diferentes do IAMCSST)

AVC: acidente vascular cerebral; EV: endovenoso; IAMCSST: infarto agudo do miocárdio com supradesnível de ST.

Tabela 2. Critérios de contraindicação ao fibrinolítico

Absolutos	Relativos
Sangramento ativo exceto menstruação	Trauma craniano recente (< 1 mês)
Histórico de tumor, aneurisma ou malformação arteriovenosa intracraniana	Cirurgia de médio a grande porte recente (< 1 mês)
AVC isquêmico há menos de 1 ano	Úlcera péptica em atividade ou hemorragia digestiva recente (< 3 semanas)
AVC hemorrágico em qualquer época	Uso prévio de anticoagulante
Suspeita de dissecção de aorta não descartada	Hipertensão grave (PA sistólica > 180 mmHg ou PA diastólica > 110 mmHg) controlada mesmo com farmacoterapia
Hipertensão grave (PA sistólica > 180 mmHg ou PA diastólica > 110 mmHg) não controlada mesmo com farmacoterapia	Gravidez
	Punção lombar recente (< 3 semanas)

AVC: acidente vascular cerebral; PA: pressão arterial.

4 ■ Síndrome coronária aguda com supradesnível do segmento ST

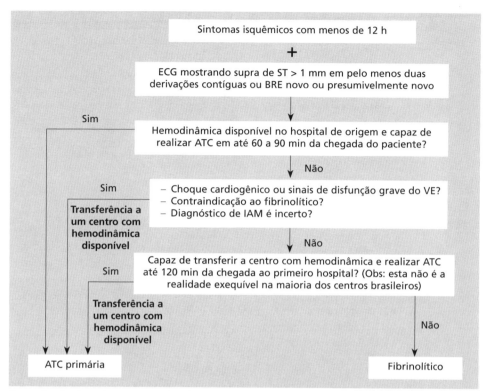

Figura 1. Algoritmo de tratamento do infarto agudo do miocárdio com supradesnível do segmento ST. ATC: angioplastia coronária; BRE: bloqueio do ramo esquerdo; IAM: infarto agudo do miocárdio; VE: ventrículo esquerdo.

Tabela 3. Terapia adjuvante no IAMCSST

Medicamento	Dose	Principais contraindicações	Observações
AAS	200 a 300 mg (dose de ataque) seguido de manutenção de 100 mg/dia	Alergia ou hemorragia digestiva alta	
Clopidogrel	Na fibrinólise: dose de ataque de 300 mg se < 75 anos; 75 mg se > 75 anos ICP primária – dose de ataque de 600 mg; 300 mg se 75 anos ou mais ou risco aumentado de sangramento Manutenção: 75 mg, 1 x/dia	Sangramento importante ativo	Evitar associação com esomeprazol e omeprazol (preferir outros inibidores de bomba de prótons ou ranitidina)
Ticagrelor (Brilinta®)	Ataque de 180 mg, seguido de 90 mg 2 x/dia como manutenção	Evitar em pacientes com risco muito alto para sangramento e pacientes com tendência a bradicardia	Pode causar dispneia transitória em 14% dos pacientes Uso não aprovado para fibrinólise
Prasugrel (Effient®)	60 mg como dose de ataque, seguido de 10 mg, 1 x/dia Cautela em > 75 anos ou peso < 60 kg (sugere-se metade das doses)	Contraindicado em pacientes com AIT ou AVC prévio	Uso somente em casos que vão se submeter a ICP primária
Heparina não fracionada (HNF)	60 U/kg, em *bolus,* seguido de 12 U/kg/h como infusão contínua (pós-fibrinólise) Na ICP primária: 70 a 100 U/kg em *bolus* de acordo com o TCA (tempo de coagulação ativado)	Sangramento ativo Plaquetopenia < 100 mil	Controlar TTPa 6/6 h e manter relação de 1,5 a 2,5
Enoxaparina (Clexane®)	Na fibrinólise: 30 mg, IV, seguido de manutenção 1 mg/kg, SC, 12 em 12 h Em idade > 75 anos: 0,75 mg/kg 12 em 12 h e evitar a dose de ataque Se *clearance* de Cr < 30 mL/min – 1 mg/kg, SC, 1 x/dia e evitar dose de ataque Se *clearance* de Cr < 15 mL/min ou dialítico – evitar (preferir a HNF) Na ICP primária: 0,5 mg/kg, IV, em *bolus*	Sangramento ativo Plaquetopenia < 100 mil	Evitar usar os dois tipos de heparina (HNF e enoxaparina) no mesmo paciente (risco aumentado para sangramento)

AAS: ácido acetilsalicílico; AIT: acidente vascular transitório; AVC: acidente vascular cerebral; Cr: creatinina; HNF: heparina não fracionada; IAMCSST: infarto agudo do miocárdio com supradesnível do segmento ST; ICP: intervenção coronária percutânea; IV: intravenoso; SC: subcutâneo; TCA: tempo de coagulação ativado.

5

Síndrome coronária aguda em pacientes com insuficiência renal crônica

Tatiana de Carvalho Andreucci Torres Leal
Thiago Aragão Leite
James Hung
Márcia Fernanda Arantes de Oliveira

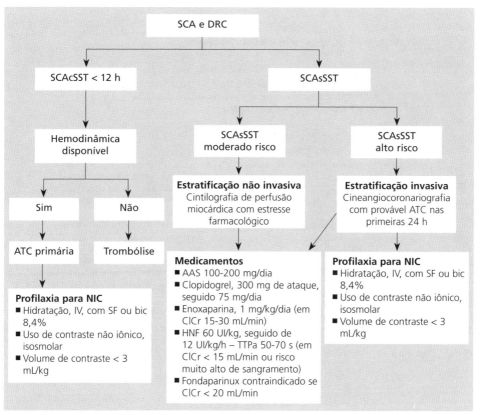

Figura 1. Manejo do paciente portador de doença renal crônica (DRC) e síndrome coronária aguda (SCA) na Unidade de Emergência do InCor. AAS: ácido acetilsalicílico; ATC: angioplastia coronária; bic: bicarbonato de sódio; ClCr: *clearance* de creatinina; HNF: heparina não fracionada; IV: intravenoso; SCAcSST: síndrome coronária aguda com supradesnível de T; SCAsSST: síndrome coronária aguda sem supradesnível de ST; SF: soro fisiológico.

6
Síndrome coronária aguda em pacientes jovens

Alexandre de Matos Soeiro
Luiz Mario Baptista Martinelli
Carlos Vicente Serrano Jr.
Roberto Rocha Correa Veiga Giraldez

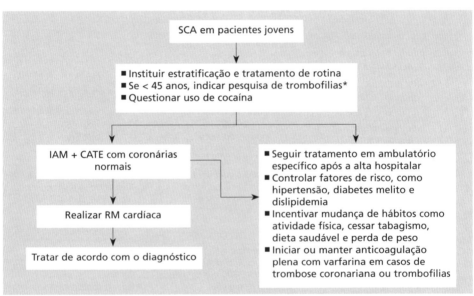

Figura 1. Fluxograma de atendimento de SCA em pacientes jovens na Unidade de Emergência do InCor. CATE: cateterismo cardíaco; IAM: infarto agudo do miocárdio; RM: ressonância magnética, SCA: síndrome coronária aguda. *Na fase crônica da doença (2 a 3 meses após o episódio agudo) e quando não houver evidência de aterosclerose coronária.

7

Síndrome coronária aguda em pacientes diabéticos

Alexandre de Matos Soeiro
Maria Carolina Feres de Almeida Soeiro
Múcio Tavares de Oliveira Jr.
Ludhmila Abrahão Hajjar

Tabela 1. Resumo das recomendações adotadas pela Unidade de Emergência do InCor em pacientes com SCA

A terapêutica medicamentosa deve seguir as mesmas orientações de pacientes sem DM

O paciente com DM é considerado no mínimo de moderado risco e, em casos de SCA sem supradesnível de ST, de preferência deve ser encaminhado à realização de estratégia invasiva

Em SCA sem supradesnível de ST, quando o padrão arterial coronário for triarterial ou com lesão em tronco de coronária esquerda, preferencialmente indica-se cirurgia de revascularização miocárdica

Em SCA com supradesnível de ST, o tratamento deve seguir as mesmas condutas de pacientes sem DM, inclusive com a orientação de abordagem da artéria culpada por angioplastia primária

De rotina utiliza-se *stent* convencional. No entanto, havendo disponibilidade o *stent* farmacológico deve ser utilizado preferencialmente

A medicação hipoglicemiante oral deve ser suspensa, sendo utilizada insulina regular subcutânea a ser corrigida conforme glicemia, com intuito de manter a glicemia sérica menor que 180 mg/dL

Quando o paciente faz uso crônico de insulina NPH, a mesma deve ser mantida, com exceção no momento do cateterismo, devido ao risco de hipoglicemia associada ao jejum

Em todos os pacientes com DM, a profilaxia para nefropatia com contraste deve ser realizada através de hidratação com solução fisiológica por 24 horas antes e depois do procedimento invasivo. O uso de contraste de baixa osmolaridade ou iso-osmolar somente é solicitado em casos de insuficiência renal crônica associada

DM: diabetes melito; SCA: síndrome coronária aguda.

8

Síndrome coronária aguda em pacientes em uso de anticoagulação oral

Alexandre de Matos Soeiro
Antônio Fernando Diniz Freire
Carlos Vicente Serrano Jr.

Tabela 1. Critério de CHA2DS2-VASc

	Descrição	Pontos
C	Insuficiência cardíaca	1
H	Hipertensão	1
A2	Idade (≥ 75 anos)	2
D	Diabetes melito	1
S2	AIT ou AVC prévio	2
V	Doença vascular (IAM prévio, doença arterial periférica ou placa aórtica)	1
A	Idade (65-74 anos)	1
Sc	Sexo (se feminino)	1

Uma pontuação ≥ 2 justifica a indicação de anticoagulante oral. AIT: ataque isquêmico transitório; AVC: acidente vascular cerebral. IAM: infarto agudo do miocárdio.

Tabela 2. Critério de HAS-BLED

	Fator de risco	Pontos
H	Hipertensão arterial (PAS > 160 mmHg)	1
A	Disfunção renal = ClCr ≤ 50 mL/min ou creatinina ≥ 2,26 mg/dL ou hemodiálise ou transplante renal	1
	Disfunção hepática = [Bilirrubina ≥ 2 × LSN + (AST ou ALT ou FALC ≥ 3 × LSN)] ou cirrose hepática	1
S	AVC prévio	1
B	Sangramento prévio ou predisposição a sangramentos	1
L	INR lábil ou < 60% do tempo na faixa terapêutica	1

(continua)

8 ■ Síndrome coronária aguda em pacientes em uso de anticoagulação oral

Tabela 2. Critério de HAS-BLED (*continuação*)

	Fator de risco	Pontos
E	Idade > 65 anos	1
D	Drogas (AINH, antiplaquetários)	1
	Abuso de álcool (> 20 U/semana)	1

Uma pontuação > 3 indica maior cautela na decisão de anticoagulação. AINH: anti-inflamatório não hormonal; AVC: acidente vascular cerebral; ClCr: *clearance* de creatinina; LSN: limite superior da normalidade; PAS: pressão arterial sistólica.

Tabela 3

Aumento do risco isquêmico	Aumento do risco de trombose	Aumento do risco de sangramento
1. Idade avançada	1. Apresentação da SCA	1. História prévia de sangramento
2. Apresentação da SCA	2. Diabetes melito	2.Uso de anticoagulante oral
3. Múltiplos IAM prévios	3. FE < 40%	3. Sexo feminino
4. DAC extensa	4. *Stent* farmacológico de primeira geração	4. Idade avançada
5. DRC	5. *Stent* pequeno em comprimento ou hipoexpandido	5. Baixo peso
	6. Tamanho inadequado do *stent* (p. ex.: diâmetro pequeno ou grande)	6. DRC
		7. Anemia
	7. *Stent* em bifurcação	8. Uso crônico de corticoide ou AINH
	8. Reestenose intra-*stent*	

AINH: anti-inflamatório não hormonal; DAC: doença arterial crônica; DRC: doença renal crônica; IAM: infarto agudo do miocárdio; SCA: síndrome coronariana aguda.

Tabela 4. Tempo ideal de suspensão dos novos anticoagulantes orais antes de cateterismo cardíaco de acordo com a função renal

Função renal/medicamento	Dabigatrana	Rivaroxabana/apixabana
ClCr ≥ 80 mL/min	≥ 24 h	≥ 24 h
ClCr entre 50 e 80 mL/min	≥ 36 h	≥ 24 h
ClCr entre 30 e 50 mL/min	≥ 48 h	≥ 24 h
ClCr entre 15 e 30 mL/min	NI	≥ 36 h
ClCr ≤ 15 mL/min	NI	NI

ClCr: *clearance* de creatinina; NI: uso não indicado.

Tabela 5. Resumo das condutas adotadas em pacientes com SCA e uso de anticoagulantes orais na Unidade de Emergência do InCor

Tratamento	Situação clínica/risco de sangramento	HAS-BLED ≤ 2	HAS-BLED > 2
ICP com *stent*	TVE recente, próteses valvares metálicas e/ou FA + CHADS-VASc ≥ 2	*Stent* convencional ou farmacológico Tripla terapia por 6 meses e suspender um antiagregante após esse período 2,0 < INR < 2,5	*Stent* convencional ou farmacológico Tripla terapia por 1 mês e suspender um antiagregante após esse período 2,0 < INR < 2,5
	FA + CHADS-VASc < 2	*Stent* convencional ou farmacológico Prescrever AAS + clopidogrel por 1 a 6 meses Após esse período, retornar o uso de anticoagulantes e suspender um dos antiagregantes	
CRM/clínico	Não relevante	Varfarina + AAS	

AAS: ácido acetilsalicílico; CRM: cirurgia de revascularização miocárdica; FA: fibrilação atrial; ICP: intervenção coronária percutânea; TVE: tromboembolismo venoso.

8 ■ Síndrome coronária aguda em pacientes em uso de anticoagulação oral

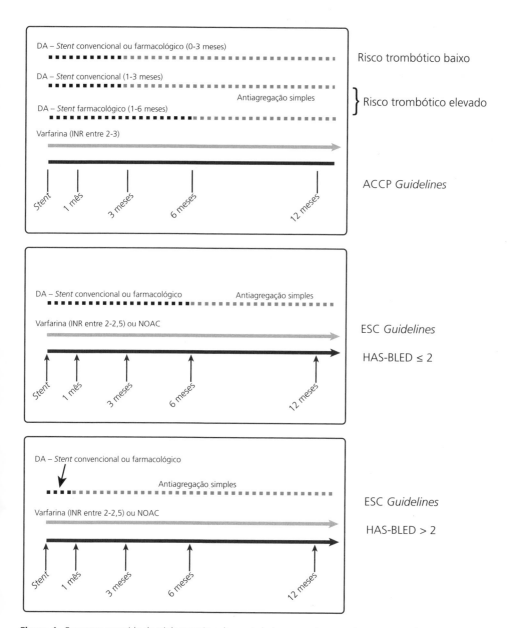

Figura 1. Esquema sugerido de tripla terapia pelas sociedades europeia e americana para pacientes com necessidade de anticoagulação oral que apresentam síndrome coronária aguda (SCA) e são submetidos à colocação de *stent*. ACCP: American College of Clinical Pharmacy; DA: dupla antiagregação; ESC: European Society of Cardiology; NOAC: novos anticoagulantes.

9

Infarto agudo do miocárdio em pacientes com coronariografia normal

Alexandre de Matos Soeiro
Ana Carolina de Rezende
Múcio Tavares de Oliveira Jr.

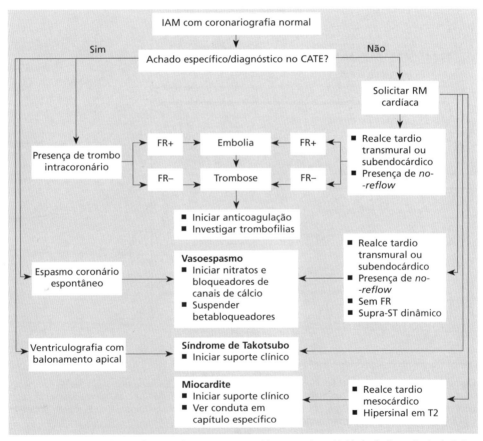

Figura 1. Fluxograma de atendimento de IAM com coronárias normais na Unidade de Emergência do InCor. CATE: cateterismo cardíaco; FR: fatores de risco (fibrilação atrial, trombo mural, valvopatias); IAM: infarto agudo do miocárdio; RM: ressonância magnética.

10

Síndrome coronária aguda e trombofilias

Marco Antonio Scanavini Filho
Fernando Ganem
Luciano Moreira Baracioli

Tabela 1. Causas de trombofilia	
Primárias (hereditárias)	Secundárias (adquiridas)
Deficiência de antitrombina	Gravidez
Deficiência de proteína C	Imobilismo
Deficiência de proteína S	Trauma
Fator V de Leiden	Estado pós-operatório
Mutação do gene da protrombina (G20210A)	Contraceptivo oral
Distúrbios da plasmina	Terapia de reposição hormonal
Hiper-homocisteinemia	Síndrome antifosfolípide
	Hiper-homocisteinemia
	Neoplasia
	Síndrome nefrótica
	Distúrbios mieloproliferativos
	Trombocitopenia induzida pela heparina
	Hemoglobinúria paroxística noturna
	Doença de Behçet

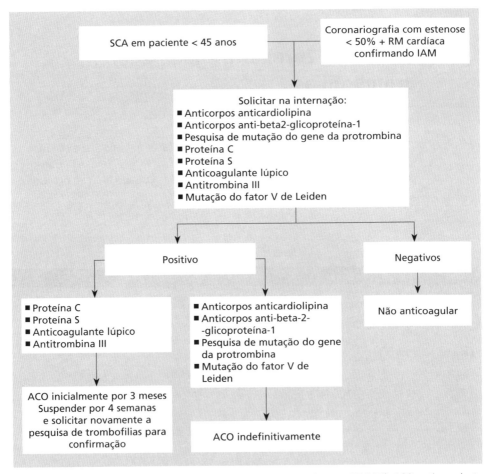

Figura 1. Rotinas de pesquisa de trombofilias do Instituto do Coração (InCor-HCFMUSP). ACO: anticoagulação oral; IAM: infarto agudo do miocárdio; RM: ressonância magnética; SCA: síndrome coronariana aguda.

11

Avaliação de risco de sangramento em síndrome coronária aguda

Alexandre de Matos Soeiro
Stefano Garzon Dias Lemos
Ilma da Silva Santos
Carlos Vicente Serrano Jr.

Tabela 1. Algoritmo utilizado pelo escore Crusade para predizer risco de sangramento intra-hospitalar

Preditor	Pontos	Preditor	Pontos
Hematócrito (%)		Sexo	
■ < 31	9	■ Masculino	0
■ 31-33,9	7	■ Feminino	8
■ 34-36,9	3	Sinais de insuficiência cardíaca	
■ 37-39,9	2	■ Não	0
■ > 40	0	■ Sim	7
Clearance de creatinina (mL/min)		Antecedente de doença vascular*	
■ < 15	39	■ Não	0
■ 15-30	35	■ Sim	6
■ 30-60	28	Diabetes melito	
■ 60-90	17	■ Não	0
■ 90-120	7	■ Sim	6
■ > 120	0		
Frequência cardíaca (bpm)		Pressão arterial sistólica (mmHg)	
■ < 70	0	■ < 90	10
■ 71-80	1	■ 91-100	8
■ 81-90	3	■ 101-120	5
■ 91-100	6	■ 121-180	1
■ 101-110	8	■ 181-200	3
■ 111-120	10	■ > 201	5
■ > 121	11		
Risco de sangramento maior (pontos)	< 20	Muito baixo	
	21-30	Baixo	
	31-40	Moderado	
	41-50	Alto	
	> 50	Muito alto	

*Insuficiência arterial periférica ou acidente vascular cerebral.

Tabela 2. Algoritmo utilizado pelo escore Roxana para predizer risco de sangramento em 30 dias

Sexo	Masculino 0			Feminino 8		
Idade (anos)	< 50 0	50-59 3	60-69 6	70-79 9	≥ 80 12	
Creatinina (mg/dL)	< 1,0 0	1,0-1,19 2	1,2-1,39 3	1,4-1,59 5	1,6-1,79 6	1,8-1,99 8	≥ 2,0 10
Leucócitos ($10^3/mm^3$)	< 10 0	10-12 2	12-14 3	14-16 5	16-18 6	18-20 8	≥ 20 10
Anemia	Não 0			Sim 6		
Apresentação	IAMCSST 6		IAMSSST 2		Angina instável 0	
Medicações antitrombóticas	Heparina + IGP IIb/IIIa 0			Bivalirudina -5		
Risco de sangramento maior (pontos)	< 10 10-14 15-19 ≥ 20			Baixo Moderado Alto Muito alto		

*IAMCSST: infarto agudo do miocárdio com supradesnível de ST; IAMSSST: infarto agudo do miocárdio sem supradesnível de ST; IGP IIb/IIIa: inibidor de glicoproteína IIb/IIIa.

Tabela 3. Definições de sangramento pelo BARC

Tipo 0	Sem sangramento
Tipo 1	Sangramento de pequena monta, não desencadeia estudos adicionais, hospitalização ou tratamento
Tipo 2	Qualquer sangramento que não se encaixe nos critérios dos tipos 3, 4 ou 5, mas que tenha pelo menos 1 dos seguintes: 1) necessidade de intervenção médica não cirúrgica; 2) necessite de hospitalização ou aumento de cuidados; 3) necessidade de avaliação médica imediata
Tipo 3a*	Sangramento agudo com queda de 3 a 5 g/dL de hemoglobina Sangramento que necessite de transfusão sanguínea
Tipo 3b*	Sangramento agudo com queda ≥ 5 g/dL de hemoglobina Tamponamento cardíaco Sangramento com necessidade de intervenção cirúrgica (exceto dentário, nasal, cutâneo ou hemorroidário) ou uso de drogas vasoativas
Tipo 3c*	Sangramento intracraniano (não inclui micro-hemorragia ou transformação hemorrágica; inclui sangramento intraespinhal) Confirmado por autópsia, imagem ou punção lombar Sangramento intraocular comprometendo a visão
Tipo 4	Relacionado a cirurgia de revascularização miocárdica
Tipo 5*	Sangramento fatal

*São considerados sangramentos maiores BARC 3 e 5.

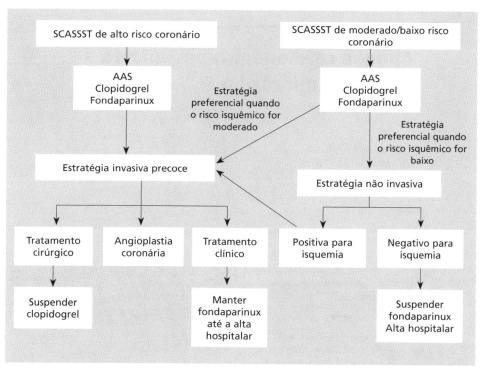

Figura 1. Estratégia adotada no setor de emergência do InCor em pacientes com síndrome coronária aguda (SCA) sem supradesnível de ST de alto risco de sangramento. AAS: ácido acetilsalicílico.

12

Choque cardiogênico pós-infarto agudo do miocárdio

Fernando Reis Menezes
Bruno de Souza Paolino
Fernando Ganem

Tabela 1. Definição de choque cardiogênico

Pressão arterial sistólica abaixo de 90 mmHg ou 30 mmHg abaixo do valor basal da PAM
Sinais de hipoperfusão, como débito urinário menor que 30 mL/h, extremidades frias e/ou mal perfundidas, alteração do sensório, cianose
POAP > 18 mmHg ou PDFVD > 10 a 15 mmHg e IC < 1,8 L/min/m² e IRVS > 2.000 dina/s/cm⁵/m²
Ecodopplercardiograma que demonstra disfunção de VE e aumento das pressões de enchimento

IC: índice cardíaco; IRVS: índice de resistência vascular sistêmica; PAM: pressão arterial média; PDFVD: pressão diastólica final do ventrículo direito; POAP: pressão de oclusão de artéria pulmonar; VE: ventrículo esquerdo.

Tabela 2. Classificação hemodinâmica de Forrester

Classe	Perfil hemodinâmico	Pressão capilar pulmonar (mmHg)	Índice cardíaco (L/min/m²)
I	Sem congestão pulmonar e hipoperfusão	< 18	> 2,2
II	Congestão pulmonar sem hipoperfusão	> 18	> 2,2
III	Hipoperfusão sem congestão pulmonar	< 18	< 2,2
IV	Hipoperfusão com congestão pulmonar	> 18	< 2,2

Tabela 3. Classificação clínica de Killip	
Classe	Perfil clínico
I	Sem congestão
II	B3, EC basais
III	Edema agudo de pulmão
IV	Choque cardiogênico

B3: terceira bulha; EC: estertores crepitantes.

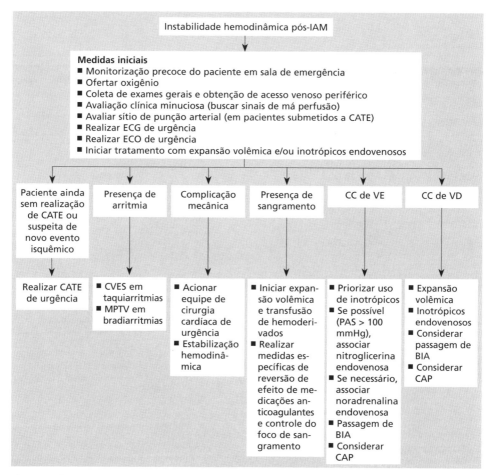

Figura 1. Fluxograma de atendimento de choque cardiogênico (CC) pós-IAM no InCor. BIA: balão intra-aórtico; CAP: cateter de artéria pulmonar; CATE: cineangiocoronariografia; CVES: cardioversão elétrica sincronizada; ECG: eletrocardiograma; ECO: ecocardiograma; IAM: infarto agudo do miocárdio; MPTV: marca-passo transvenoso; PAS: pressão arterial sistólica.

13

Complicações mecânicas pós-infarto agudo do miocárdio

Leonardo Jorge Cordeiro de Paula
Priscila Gherardi Goldstein
Fábio Antônio Gaiotto

Tabela 1. Características das principais complicações mecânicas relacionadas ao infarto agudo do miocárdio

Características	Ruptura do septo	Ruptura de parede livre	Ruptura do músculo papilar
Incidência	1-3% sem terapia de reperfusão 0,2-0,34% com terapia trombolítica; 3,9% entre os pacientes com choque cardiogênico	0,8-6,2%; a terapia trombolítica não reduz risco; ATC primária parece reduzir a ocorrência	Cerca de 1% (posteromedial mais frequente do que em músculo papilar anterolateral)
Tempo de evolução	3-7 dias sem terapia de reperfusão e média de 24 h com trombólise	1-7 dias sem terapia de reperfusão; média de 2,7 dias com trombólise	Média de 1 dia (variação de 1-14)
Manifestações clínicas	Dor no peito, falta de ar, hipotensão	Angina, dor pleurítica ou dor pericárdica, síncope, hipotensão, arritmias, náuseas, agitação, hipotensão, morte súbita	Início abrupto de falta de ar e edema pulmonar; hipotensão
Achados de exame físico	Murmúrio holossistólico rude, frêmito, B3, acentuação de B2, edema pulmonar e insuficiência de VD ou VE, choque cardiogênico	Distensão jugular (29% dos pacientes), pulso paradoxal (47%), dissociação eletromecânica, choque cardiogênico	Murmúrio suave em alguns casos, sem frêmito, sinais variáveis de sobrecarga de VD, edema pulmonar grave, choque cardiogênico
Achados ecocardiográficos	Ruptura do septo interventricular, *shunt* da esquerda para a direita ao ecocardiograma Doppler através do septo ventricular, padrão de sobrecarga de VD	Derrame pericárdico > 5 mm não visualizado em todos os casos, em camadas, ecos de alto acústico dentro do pericárdio (coágulo de sangue), visualização direta do desgaste muscular, sinais de tamponamento	VE hipercontrátil, músculo papilar ou cordoalha rasgado, insuficiência mitral grave ao ecocardiograma Doppler
Cateterismo de câmaras direitas	Aumento da saturação do AD para VD, grandes ondas V	Sinais da ventriculografia são insensíveis, sinais clássicos de tamponamento nem sempre presentes (equalização de pressão diastólica entre as câmaras cardíacas)	Não há aumento na saturação de oxigênio do AD para VD, grandes ondas V, pressão da artéria pulmonar ocluída muito elevada

AD: átrio direito; ATC: angioplastia coronária; VD: ventrículo direito; VE: ventrículo esquerdo.

13 ■ Complicações mecânicas pós-infarto agudo do miocárdio

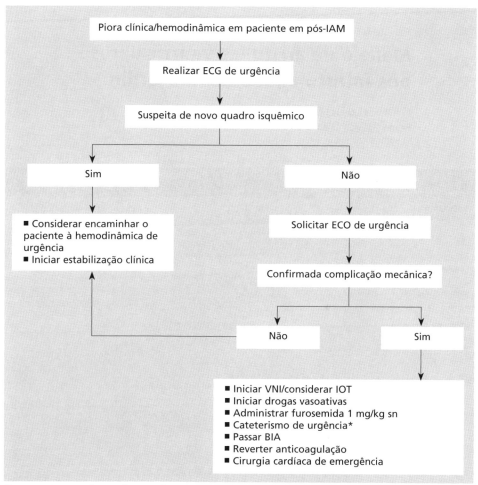

Figura 1. Resumo do atendimento de complicações pós-IAM no InCor. BIA: balão intra-aórtico; ECG: eletrocardiograma; ECO: ecocardiograma; IOT: intubação orotraqueal; sn: se necessário; VNI: ventilação não invasiva.
* Considerar caso não tenha sido realizado previamente.

14

Manejo de arritmias ventriculares pós-infarto agudo do miocárdio

Viviane Felgueiras Ruiz
Felipe Gallego Lima

Tabela 1. Principais medidas adotadas no tratamento de arritmias ventriculares complexas pós-infarto agudo do miocárdio (IAM)

Procedimento	Classe	Nível de evidência
Tratamento da taquicardia ventricular monomórfica sustentada (TVMS) no IAM	I	B
1. TVMS associada a hipotensão grave, angina do peito ou insuficiência cardíaca aguda deve ser submetida a cardioversão elétrica sincronizada, com energia de 100 J, seguidos de 200 e 360 J, TVP sustentada com colapso hemodinâmico deve ser tratada com desfibrilação elétrica não sincronizada, com choque monofásico de 360 J (bifásico de 200 J) podendo ser repetido, se necessário		
2. TVMS em vigência de estabilidade hemodinâmica deverá ser tratada com:		
a. Tratamento farmacológico com amiodarona 150 mg/10 min, repetindo 150 mg a cada 10-15 min, se necessário; dose alternativa: 360 mg em 6 h (1 mg/min), seguido de 540 mg nas próximas 18 h (0,5 mg/min). A dose total cumulativa, incluindo doses adicionais, não deve ultrapassar 2,2 g nas 24 h		
b. Choque monofásico sincronizado começando com intensidade de 100 J		
Tratamento da TVP refratária	IIa	B
1. Tratamento da isquemia e da hiperatividade adrenérgica com betabloqueadores por via venosa e balão intra-aórtico, devendo-se considerar a angioplastia ou a revascularização miocárdica de urgência		
2. Normalização dos níveis de potássio (> 4,0 mEq/L) e de magnésio (> 2,0 mg/dL)	IIa	C
3. Em caso de bradicardia (frequência cardíaca < 60 bpm) ou intervalo QTc longo, utilização de marca-passo temporário deve ser considerada	IIa	C
Uso de intervenção invasiva em casos de TVMS repetitiva ou incessante, como revascularização de urgência, ablação por radiofrequência, ablação química ou uso de dispositivos de suporte circulatório	IIb	C
Tratamento de extrassístoles ventriculares isoladas e ritmo idioventricular acelerado	III	A
Tratamento da FV no IAM		
FV ou TV sem pulso deve ser tratada com choque monofásico não sincronizado, com carga de 360 J (dose equivalente à metade desta quando se utiliza choque bifásico); em caso de insucesso, devem ser aplicados novos choques de 360 J, se necessário	I	B
1. Quando refratária aos choques, o tratamento da FV ou da TV sem pulso pode ser realizado com amiodarona venosa (300 mg em *bolus*), seguida de choque não sincronizado. Uma dose extra de 150 mg de amiodarona poderá ser feita se FV/TV refratária	IIa	C
2. Deve ser considerada a correção de distúrbios hidroeletrolíticos e acidobásicos (potássio > 5,0 mEq/L e magnésio > 2,0 mg/dL) para a prevenção de recorrências de FV	IIa	C

FV: fibrilação ventricular; TV: taquicardia ventricular; TVMS: taquicardia ventricular monomórfica sustentada.

Adaptada da V Diretriz da Sociedade Brasileira de Cardiologia sobre tratamento do infarto agudo do miocárdio com supradesnível do segmento ST de 2015.

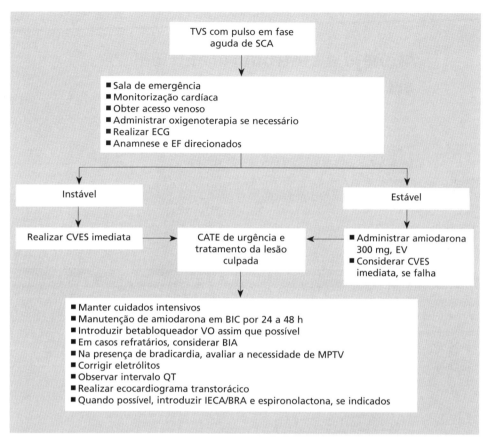

Figura 1. Fluxograma de abordagem de arritmias complexas com pulso em fase aguda de infarto agudo do miocárdio. BIA: balão intra-aórtico; BIC: bomba de infusão contínua; BRA: bloqueadores dos receptores de angiotensina; CATE: cateterismo cardíaco; CVES: cardioversão elétrica sincronizada; ECG: eletrocardiograma; EF: exame físico; EV: endovenoso; IECA: inibidores da enzima conversora de angiotensina; MPTV: marca-passo transvenoso; SCA: síndrome coronária aguda; TVS: taquicardia ventricular sustentada; VO: via oral.

15

Manejo de introdutores arteriais e suas complicações

Cristiano Guedes Bezerra
Micheli Zanotti Galon
Fábio Conejo
Breno de Alencar Araripe Falcão

Tabela 1. Diferenças entre os acessos femoral comum e radial

Artéria femoral comum
- A AFC é relativamente profunda
- O local ideal de punção pode ser de difícil identificação, especialmente em pacientes obesos
- A prega inguinal é um pouco confiável como marco em mais de dois terços dos pacientes
- O pulso femoral forte identifica corretamente a AFC em 90% dos casos
- Local da punção sobre a articulação do quadril
- O marco mais confiável é, provavelmente, a junção entre o meio e o terço inferior da cabeça do fêmur
- Compressão da AFC pode ser difícil
- Sem estruturas duras e fixas por trás da artéria
- AFC fica perto de uma grande veia (veia femoral) e feixe nervoso (nervo femoral)
- AFC é a única fonte de sangue para o membro inferior

Artéria radial
- A AR tem trajeto distal superficial
- Esta artéria é fácil de palpar mesmo em pacientes obesos
- Ao nível do local da punção, a artéria fica logo abaixo da pele e da fáscia
- Local da punção não é sobre uma articulação
- O marco mais confiável é idealmente 2-3 cm proximal ao vinco flexor do pulso
- AR pode ser facilmente comprimido, com uma pressão mínima
- No local da punção, osso radial é logo abaixo da artéria
- AR é separado do nervo mediano e as principais veias
- Fornecimento de sangue duas vezes para a mão segurada pelo arco palmar

AFC: artéria femoral comum; AR: artéria radial.

Tabela 2. Complicações relacionadas ao acesso femoral

Complicação	Descrição	Achados clínicos	Tratamento
Hematoma (incidência: 5 a 23%)	É a complicação de acesso vascular mais comum Coleção de sangue localizada nos tecidos moles Ocorre em razão da perda de sangue arterial e/ou venoso ou perfuração de uma artéria ou veia Pode ocorrer por causa da punção arterial abaixo da bifurcação femoral	Inchaço em torno do local da punção (visível) Área de endurecimento sob a pele ao redor do local da punção (palpável) Frequentemente associada a dor inguinal em repouso e/ou em movimento Pode resultar em diminuição de Hb/Ht, da PA e aumento da FC dependendo da gravidade	Compressão local Marcar a área para avaliar qualquer mudança de tamanho Fornecer hidratação Monitorar Hb/Ht Manter/prolongar o repouso no leito Interromper anticoagulantes e antiplaquetários se necessário Transfusão de sangue, se indicada Em casos graves, pode exigir cirurgia Muitos hematomas resolvem dentro de algumas semanas (absorção do sangue pelos tecidos)
Hematoma retroperitoneal (incidência: 0,15 a 0,44%)	Sangramento que ocorre por trás da membrana serosa que reveste as paredes do abdome/pelve Pode ocorrer se a punção da parede arterial é feita acima do ligamento inguinal, resultando em perfuração de uma artéria suprainguinal ou penetração da parede posterior Pode ser fatal se não for reconhecido precocemente	Dor moderada a grave no flanco Dor abdominal ou no dorso vagal Equimoses e diminuição de Hb/Ht são sinais tardios Distensão abdominal muitas vezes não associada a inchaço Diagnosticada por tomografia computadorizada Hipotensão e taquicardia	Hidratação vigorosa Monitorar Hb/Ht Manter/prolongar o repouso no leito Interrupção de anticoagulantes e antiplaquetários, reversão da heparina com protamina Transfusão de sangue, se indicado Em casos graves, pode exigir cirurgia

(continua)

Tabela 2.	Complicações relacionadas ao acesso femoral (continuação)		
Complicação	Descrição	Achados clínicos	Tratamento
Pseudoaneurisma (incidência: 0,05 a 6%)	Escape de sangue entre uma das paredes mais frágeis da artéria femoral e o tecido que a rodeia	Inchaço no local da inserção do introdutor	Manter/prolongar repouso no leito
		Equimose grande e dolorosa	Pseudoaneurismas femorais devem ser monitorados, pois eles comumente resolvem espontaneamente após a cessação da anticoagulação
	As causas possíveis incluem: dificuldade na punção arterial, hemostasia deficiente e compressão ineficiente após a remoção da bainha	Hematoma com massa pulsátil	
		Frêmito e/ou sopro no local	
		Podem se romper, causando inchaço abrupto e dor intensa	Grandes pseudoaneurismas femorais podem ser tratados por compressão guiada por ultrassom, administração de trombina guiada por ultrassom ou intervenção cirúrgica
	Pode ocorrer se a punção arterial for abaixo da bifurcação femoral	Deve-se suspeitar de pseudoaneurisma causando compressão nervosa quando a dor for desproporcional ao tamanho do hematoma	
		Confirmado por ultrassom	
Fístula arteriovenosa (incidência: 0,2 a 2,1%)	Consiste em uma comunicação direta entre uma artéria e uma veia adjacentes que ocorre quando ambas são puncionadas	Pode ser assintomática	Algumas fístulas arteriovenosas resolvem espontaneamente
		Frêmito e/ou sopro no local do acesso	Algumas fístulas arteriovenosas exigem compressão guiada por ultrassom ou correção cirúrgica
	A comunicação ocorre uma vez que a bainha do introdutor é removida	Insuficiência arterial distal e/ou trombose venosa profunda pode resultar em isquemia do membro inferior	
	Os fatores de risco são: múltiplas tentativas de punções, punções acima ou abaixo do local adequado	Confirmado por ultrassom	

(continua)

Tabela 2. Complicações relacionadas ao acesso femoral *(continuação)*

Complicação	Descrição	Achados clínicos	Tratamento
Oclusão arterial (incidência: < 0,8%)	Consiste na oclusão da artéria por um trombo Fontes mais comuns: trombo mural originário de câmaras cardíacas, aneurismas vasculares ou placas ateroscleróticas A prevenção pode ser obtida com a remoção precoce das bainhas e quando esta não for possível com a administração de anticoagulantes e/ou vasodilatadores quando indicados Trombos podem se desenvolver no local da bainha ou na ponta do cateter e embolizar durante a remoção da bainha do introdutor	Os sintomas clássicos incluem: dor, paralisia, parestesia, ausência de pulso, palidez Ultrassonografia com Doppler ajuda a localizar a área Angiografia é necessária para identificar a localização exata do local de oclusão	O tratamento depende do tamanho/tipo de embolia, da localização e de o paciente tolerar isquemia em área afetada Dispositivos de proteção embólica distal (ou seja, filtros) podem ser colocados, se necessário Pequenas tromboembolias arteriais em áreas bem perfundidas podem sofrer lise espontânea Tromboêmbolos maiores podem exigir tromboembolectomia, cirurgia e/ou administração de agentes trombolíticos
Neuropatia femoral (incidência: < 0,2%)	Causada pela lesão do nervo femoral durante o acesso e/ou compressão nervosa por um hematoma	Dor e/ou formigamento no local de acesso femoral Dormência no local de acesso ou ainda mais distal no membro inferior Fraqueza no membro inferior Dificuldade para movimentar o membro inferior afetado Diminuição do reflexo do tendão patelar	Identificação e tratamento da causa Tratamento de sintomas Fisioterapia
Infecção (incidência: < 0,2%)	Colonização por um agente patogênico Causas: técnica/assepsia comprometidas, demora na retirada do introdutor	Dor, eritema, inchaço no local de acesso Drenagem purulenta no local de acesso Febre Aumento da contagem de glóbulos brancos	Antibiótico e sintomáticos para a dor

Tabela 3. Complicações do acesso radial

Complicação	Fatores de risco	Prevenção e tratamento
Oclusão da artéria radial (incidência: 2 a 18%)	Compressão prolongada com alta pressão Diâmetro pequeno da artéria/grande calibre do introdutor	Anticoagulação Hemostasia patente Tratamento local com compressas quentes ou frias (abrir e fechar o punho) Anti-inflamatório/corticoesteroide
Isquemia da mão (incidência: extremamente rara)	Canulação prolongada	Exame criterioso da circulação
Espasmo da artéria radial (incidência: 2 a 18%)	Canulação prolongada Artéria radial pouco calibrosa Múltiplas trocas de cateteres Sexo feminino Introdutor calibroso Operador pouco experiente	Medicações antiespasmogênicas durante o procedimento Manipulação cuidadosa
Perfuração (incidência: 0,1 a 1%)	Manipulação agressiva do guia Anticoagulação excessiva	Detecção precoce e bandagem compressiva Risco de hematomas do antebraço e subsequente síndrome compartimental com necessidade de cirurgia
Pseudoaneurisma (incidência: raro, < 0,1%)	Múltiplas punções Introdutor calibroso Anticoagulação excessiva	Compressão Injeção de trombina
Lesão do nervo (incidência: extremamente rara)	Múltiplas punções	Suporte terapêutico
Fístula arteriovenosa (incidência: extremamente rara)	Múltiplas punções	Cirurgia se necessário

16

Profilaxia de nefropatia por contraste

Thais Chang Valente
Adriano Ossuna Tamazato
André Gustavo Santos Lima
Vander Weyden Batista de Sousa
Tatiana de Carvalho Andreucci Torres Leal

Tabela 1. Fatores de risco para nefropatia induzida por contraste
Nefropatia diabética
Insuficiência renal prévia (creatinina > 2 mg/dL)
Idade avançada (> 75 anos)
Hipoperfusão renal (insuficiência cardíaca avançada, hipovolemia)
Exposição recente a agentes nefrotóxicos (p. ex., AINE)
Altas doses de contraste (> 125 mL)
Exposição repetida ao contraste (< 48-72 horas)
Procedimento radiológico (angiografia > tomografia)
Tipo de contraste (p. ex., iônicos hiperosmolares)
Mieloma múltiplo
Hiperglicemia (independentemente de diabetes preexistente)
Hepatopatia
Anemia
AINE: anti-inflamatório não esteroidal.

Tabela 2. Escore proposto por Roxana Mehran et al. para estimativa de risco de NIC e necessidade de diálise

Fator de risco	Pontos	
Hipotensão	5	
Uso de balão intra-aórtico	5	
Insuficiência cardíaca CF III/IV	5	
Idade > 75 anos	4	
Anemia	3	
Diabetes	3	
Volume de contraste	1 para cada 100 mL	
Creatinina > 1,5 mg/dL	4*	
TFG 40-60 mL/min/1,73 m^2	2*	
TFG 20-40 mL/min/1,73 m^2	4*	
TFG < 20 mL/min/1,73 m^2	6*	
Soma dos pontos	Risco de NIC	Risco de diálise
≤ 5	7,5%	0,04%
6-10	14%	0,12%
11-16	26,1%	1,09%
≥ 16	57,3%	12,6%

CF: classe funcional da New York Heart Association; NIC: nefropatia induzida por contraste; TFG: taxa de filtração glomerular; *: pontos não cumulativos.

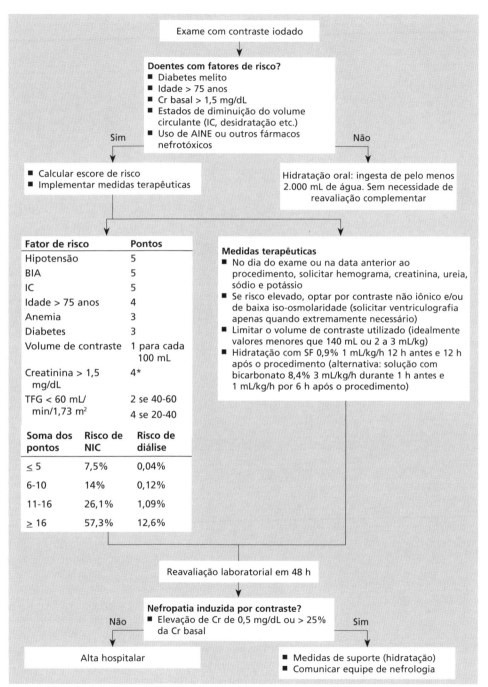

Figura 1. Fluxograma para prevenção de nefropatia induzida por contraste (NIC). AINE: anti-inflamatório não esteroidal; BIA: balão intra-aórtico; Cr: creatinina; IC: insuficiência cardíaca; SF: soro fisiológico; TFG: taxa de filtração glomerular.

Seção II

Valvopatias

No Brasil, a doença cardíaca valvar apresenta grande relevância em razão da grande prevalência de febre reumática, que afeta pessoas jovens e, por vezes, leva à incapacidade física precoce.

A doença cardíaca valvar (valvopatia cardíaca) é habitualmente consequente à agressão crônica às cúspides ou ao aparato valvar e pode cursar com sobrecarga de pressão e/ou volume nas câmaras cardíacas. As valvopatias mais significantes (com maior prevalência e repercussão clínica) são relacionadas às câmaras esquerdas – valvopatias mitral e aórtica.

A doença cardíaca valvar, caracteristicamente, leva a prejuízo à abertura valvar (estenose valvar), ao fechamento valvar (insuficiência valvar) ou a ambos (dupla disfunção) e, depois de instalada, evolui silente ao longo de anos, com a presença de mecanismos adaptativos que mantêm o paciente assintomático e com baixa incidência de complicações.

Quando os mecanismos adaptativos (hipertrofia e remodelamento ventricular) não conseguem manter baixas as pressões de enchimento e/ou o débito cardíaco adequado, habitualmente, o paciente torna-se sintomático – sinais/sintomas de insuficiência cardíaca e/ou isquemia miocárdica – e uma nova fase (de descompensação) inicia-se, porém agora com elevada morbidade e mortalidade. Essa fase implica tratamento intervencionista valvar (na maioria das vezes, cirúrgico).

Em qualquer fase da história natural da doença valvar podem acontecer exacerbações ou situações emergenciais, mas notadamente são mais frequentes quando o indivíduo já apresentou sintomas.

O reconhecimento de situações graves nesse contexto é fundamental para a tomada de decisões rápidas e para instituir o tratamento adequado.

1

Avaliação inicial do portador de doença cardíaca valvar na emergência

Tarso Augusto Duenhas Accorsi
Flávio Tarasoutchi

Tabela 1. Causas de sopros cardíacos	
Sopros sistólicos	
Aórtico	
Mesossistólicos	Sopro inocente
	Hiperfluxo aórtico por anemia, gestação, sepse, tireotoxicose, insuficiência aórtica pura, comunicação interatrial sem hipertensão pulmonar, comunicação interventricular sem hipertensão pulmonar, BAV total
	Esclerose da valva aórtica
	Estenose da valva aórtica
	Estenose subvalvar aórtica
	Estenose supravalvar aórtica
	Obstrução da via de saída do ventrículo esquerdo na cardiomiopatia hipertrófica obstrutiva
	Presença de prótese valvar
	Aneurisma de aorta torácica
Pulmonar	
Mesossistólicos	Sopro inocente de Still
	Sopro inocente da vibração do tronco pulmonar
	Hiperfluxo pulmonar por anemia, gestação, sepse, tireotoxicose, insuficiência pulmonar pura, BAV total
	Estenose da valva pulmonar
	Dilatações da artéria pulmonar
Mitral	
Holossistólico	Insuficiência mitral
Meso/ telessistólico	Insuficiência mitral por prolapso da valva mitral
	Insuficiência mitral por disfunção do músculo papilar
Protossistólico	Insuficiência mitral aguda
	Insuficiência mitral na vigência de estenose mitral

(continua)

Tabela 1. Causas de sopros cardíacos (*continuação*)

Tricúspide

Holossistólico	Insuficiência tricúspide
Meso/ telessistólico	Insuficiência tricúspide por prolapso da valva tricúspide
Protossistólico	Insuficiência tricúspide primária (p. ex., por endocardite infecciosa)

Borda esternal esquerda baixa

Holossistólico	Comunicação interventricular
Protossistólico	Comunicação interventricular com hipertensão pulmonar

Sopros diastólicos

Aórtico

Protodiastólico	Insuficiência aórtica

Pulmonar

Protodiastólico	Insuficiência pulmonar

Mitral

Mesodiastólico	Estenose mitral
	Sopro de Carey-Coombs
	Sopro de Austin-Flint
	Mixoma atrial
	Hiperfluxo mitral por insuficiência mitral, anemia, gravidez, tireotoxicose, sepse, BAV total
Telediastólico	Reforço pré-sistólico do sopro da estenose mitral
	BAV total

Tricúspide

Mesodiastólico	Estenose tricúspide
	Hiperfluxo tricúspide por insuficiência tricúspide, anemia, gravidez, tireotoxicose, sepse, BAV total

Borda esternal esquerda

Protodiastólico	Estenose da artéria coronária descendente anterior (sopro de Dock)

Sopros contínuos

Persistência do canal arterial

Fístula atrioventricular contínua

Aneurisma roto do seio de Valsalva

Coronária anômala

Sopro venoso inocente cervical (*venous hum*)

Sopro mamário inocente (*soufflé* mamário)

Circulação colateral brônquica

Janela aortopulmonar

Outros *shunts* arteriovenosos

Tabela 2. Efeitos de manobras em relação ao sopro e ao clique da insuficiência mitral por prolapso

Manobra	B1-clique	Início do sopro	Duração do sopro
Deitado	Aumenta	Tardio	Menor
Em pé	Diminui	Precoce	Maior
Agachado	Aumenta	Tardio	Menor
Valsalva (fase 2)	Diminui	Precoce	Maior
Exercício	Aumenta	Tardio	Menor

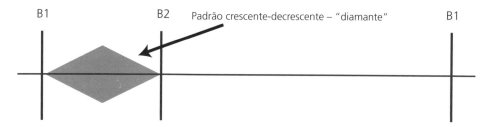

Figura 1. Sopro em diamante.

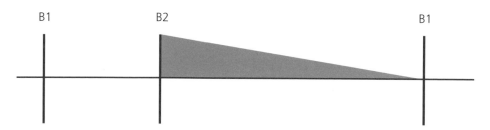

Figura 2. Sopro protodiastólico.

Figura 3. Sopro holossistólico.

Figura 4. Sopro holossistólico característico de insuficiência mitral por prolapso.

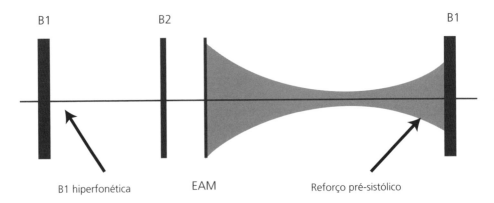

Figura 5. Sopro mesodiastólico, decrescente e crescente. EAM: estalido de abertura mitral.

1 ■ Avaliação inicial do portador de doença cardíaca valvar na emergência 51

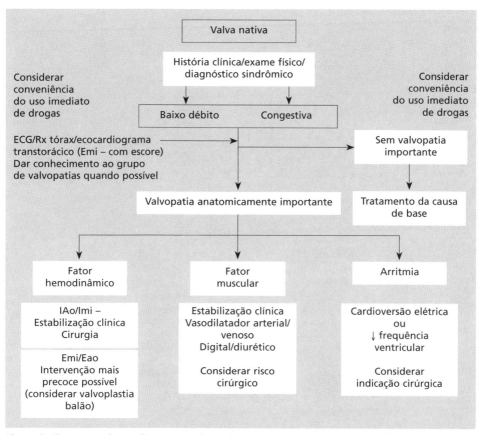

Figura 6. Fluxograma de atendimento e avaliação de pacientes com valva nativa na Unidade de Emergência do InCor. EAo: estenose aórtica; ECG: eletrocardiograma; Emi: estenose mitral; IAo: insuficiência aórtica; Imi: insuficiência mitral; Rx: radiografia.

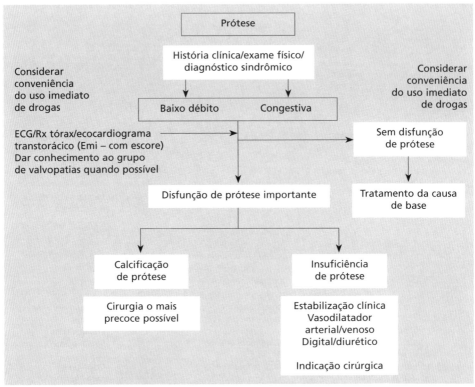

Figura 7. Fluxograma de atendimento e avaliação de pacientes com prótese valvar na Unidade de Emergência do InCor. ECG: eletrocardiograma; Emi: estenose mitral; Rx: radiografia.

2

Surto agudo de febre reumática

Fábio Américo Pedreira
Guilherme Sobreira Spina

Tabela 1. Critérios de Jones modificados para o diagnóstico de FR (2015)

Evidência de infecção pelo estreptococo do grupo A (cultura de orofaringe, teste rápido para EBGA ou elevação dos títulos de ASLO)

População de baixo risco (incidência menor que 2/100.000 escolares – entre 5-14 anos – por ano ou prevalência de cardite reumática crônica em qualquer grupo etário menor ou igual a 1/1.000 por ano)

Critérios maiores	Critérios menores
Cardite (clínica e/ou subclínica)	Febre ($\geq$ 38,5°C)
Artrite (poliartrite migratória)	Poliartralgia
Coreia de Sydenham	Intervalo PR prolongado no ECG (exceto na presença de cardite)
Eritema *marginatum*	Elevação dos reagentes de fase aguda
Nódulos subcutâneos	(VHS $\geq$ 60 mm/h , PCR $\geq$ 3,0 mg/dL, mucoproteínas, entre outros)

População de moderado/alto risco (incidência maior ou igual a 2/100.000 escolares – entre 5-14 anos – por ano ou prevalência de cardite reumática crônica em qualquer grupo etário maior que 1/1.000 por ano)

Critérios maiores	Critérios menores
Cardite (clínica e/ou subclínica)	Febre ($\geq$ 38,0°C)
Artrite (monoartrite ou poliartrite migratória/ poliartralgia)	Poliartralgia
Coreia de Sydenham	Intervalo PR prolongado no ECG (exceto na presença de cardite)
Eritema *marginatum*	Elevação dos reagentes de fase aguda
Nódulos subcutâneos	(VHS $\geq$ 30 mm/h, PCR $\geq$ 3,0 mg/dL, mucoproteínas, entre outros)

EBGA: estreptococos beta-hemolíticos do grupo A de Lancefield; ECG: eletrocardiograma; PCR: proteína C-reativa; VHS: velocidade de hemossedimentação.

Seção II ■ Cardiologia de emergência em fluxogramas

Tabela 2. Critérios para o diagnóstico do primeiro surto, recorrência e cardiopatia reumática crônica

Categorias diagnósticas	Critérios
Primeiro episódio de febre reumática	Dois critérios maiores ou um maior e dois menores + evidência de infecção estreptocócica anterior
Recorrência de febre reumática	Dois critérios maiores ou um maior e dois menores ou três critérios menores + evidência de infecção estreptocócica anterior
Coreia de Sydenham	Não é exigida evidência de infecção estreptocócica prévia
Lesões valvares crônicas da cardiopatia reumática: diagnóstico inicial de estenose mitral pura ou dupla lesão mitral e/ou doença na valva aórtica com características de envolvimento reumático	Não há necessidade de critérios adicionais para o diagnóstico de cardiopatia reumática crônica

Tabela 3. Classificação da cardite segundo critérios clínicos e exames complementares

	Exame físico	Radiografia de tórax	ECG	Ecocardiograma
Cardite subclínica	– Dentro dos limites da normalidade	– Dentro dos limites da normalidade	– Pode ser normal ou ocorrer aumento do intervalo PR	– Insuficiência mitral ou aórtica de grau discreto
Cardite leve	– Taquicardia desproporcional à febre – Abafamento da primeira bulha – Sopro sistólico de regurgitação mitral	– Dentro dos padrões da normalidade	– Aumento do intervalo PR – Taquicardia sinusal	– Insuficiência mitral ou aórtica de grau discreto ou discreto a moderado – Câmaras cardíacas de dimensões normais
Cardite moderada	– Taquicardia persistente – Sopro sistólico de regurgitação mitral mais intenso (sem frêmito) – Sopro de regurgitação aórtica – Sopro de Carey Coombs	– Aumento discreto da área cardíaca – Sinais de congestão pulmonar	– Aumento do intervalo PR e QTc – Baixa voltagem – Extrassístoles – Alterações no segmento ST-T	– Insuficiência mitral de grau discreto a moderado isolada ou associada à insuficiência aórtica de grau discreto a moderado – Aumento discreto a moderado de câmaras esquerdas
Cardite grave	– Sinais de insuficiência cardíaca – Bulhas arrítmicas – Dor torácica – Sopros relacionados a graus mais importantes de regurgitação mitral e/ou aórtica	– Cardiomegalia – Sinais de congestão pulmonar mais significativos	– Sobrecarga ventricular esquerda e, às vezes, direita	– Insuficiência mitral e/ou aórtica de grau moderado a importante – Aumento pelo menos moderado de câmaras esquerdas

ECG: eletrocardiograma.

2 ■ Surto agudo de febre reumática

Tabela 4. Recomendações para profilaxia primária da febre reumática

Medicamento	Posologia	Duração/via de administração
Penicilina G benzatina	Peso < 20 kg – 600.000 UI Peso ≥ 20 kg – 1.200.000 UI	Dose única Via intramuscular
Penicilina V	25-50.000 U/kg/dia de 8/8 h ou 12/12 h Adulto – 500.000 U 8/8 h	10 dias Via oral
Amoxicilina	30-50 mg/kg/dia de 8/8 h ou 12/12 h Adulto – 500 mg 8/8 h	10 dias Via oral
Ampicilina	100 mg/kg/dia de 8/8 h	10 dias Via oral
Pacientes alérgicos à penicilina		
Estearato de eritromicina	40 mg/kg/dia de 8/8 h ou 12/12 h Máximo 1 g/dia	10 dias Via oral
Clindamicina	15-25 mg/kg/dia de 8/8 h	10 dias Via oral
Azitromicina	20 mg/kg/dia 1 x/dia Dose máxima – 500 mg/dia	3 dias Via oral

Tabela 5. Recomendações para profilaxia secundária

Medicamento	Posologia	Intervalo
Penicilina G benzatina	Peso < 20 kg – 600.000 UI Peso ≥ 20 kg – 1.200.000 UI IM	15/15 dias nos 2 primeiros anos após o surto e, depois disso, de 21/21 dias
Penicilina V	250.000 U VO	12/12 h
Pacientes alérgicos à penicilina		
Sulfadiazina	Peso < 30 kg – 500 mg Peso > 30 kg – 1 g, VO	1 x/dia
Pacientes alérgicos à sulfa		
Estearato de eritromicina	250 mg, VO	12/12 h
VO: via oral.		

Tabela 6. Recomendações para a duração da profilaxia secundária	
Categoria	Duração
FR sem cardite prévia	Até 21 anos ou 5 anos após o último surto (vale o maior período)
FR com cardite, insuficiência mitral leve residual ou resolução da lesão valvar	Até 25 anos ou 10 anos após o último surto (vale o maior período)
Lesão valvar residual moderada a grave	Até 40 anos ou por toda a vida
Após cirurgia valvar	Por toda a vida

FR: febre reumática.

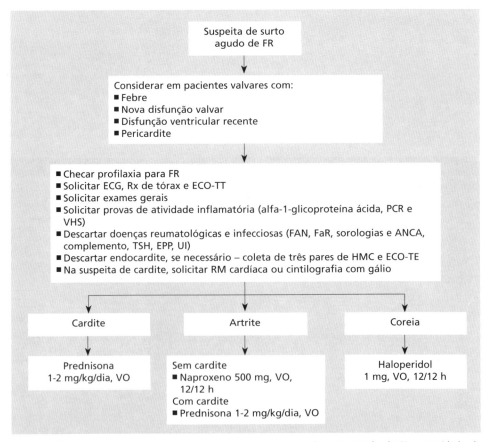

Figura 1. Fluxograma de atendimento de pacientes com suspeita de surto agudo de FR na Unidade de Emergência do InCor. ECG: eletrocardiograma; ECO-TE: ecocardiograma transesofágico; ECO-TT: ecocardiograma transtorácico; EFP: eletroforese de proteínas; FaR: fator reumatoide; FR: febre reumática; HMC: hemocultura; PCR: proteína C-reativa; Rx: radiografia; UI: urina tipo I; VHS: velocidade de hemossedimentação; VO: via oral.

3

Abordagem de pacientes com estenose mitral na emergência

Vitor Emer Egypto Rosa
José Leudo Xavier Jr.
Ally Nader Roquetti Saroute

Tabela 1. Estágios da estenose valvar mitral

Estágio	Definição	Anatomia valvar	Hemodinâmica	Consequências	Sintomas
A	Risco de EMi	Discreto aspecto em cúpula diastólico AVM normal	Velocidade do fluxo transvalvar normal	Ausentes	Ausente
B	EMi progressiva	Fusão de comissuras, aspecto em cúpula diastólico AVM >1,5 cm²	Velocidade de fluxo aumentada AVM > 1,5 cm² Tempo de meia pressão < 150 ms	Aumento do AE PSAP normal em repouso	Ausente
C	EMi importante – assintomática	Fusão de comissuras e aspecto em cúpula diastólico AVM ≤ 1,5 cm²	AVM ≤ 1,5 cm² Tempo de meia pressão ≥ 150 ms	Aumento severo do AE PSAP ≥ 30 mmHg	Ausente
D	EMi importante – sintomática	Fusão de comissuras e aspecto em cúpula diastólico AVM ≤ 1,5 cm²	AVM ≤ 1,5 cm² Tempo meia pressão ≥ 150 ms	Aumento severo do AE PSAP ≥ 30 mmHg	Presentes

AVM: área valvar mitral; AE: átrio esquerdo. Adaptada da diretriz da American Heart Association.

Tabela 2. Graduação da estenose mitral pelo ecocardiograma

	Área valvar	Gradiente transvalvar (médio)
Leve	> 1,5 cm²	< 5 mmHg
Modeado	1,0-1,5 cm²	5-10 mmHg
Grave	< 1,0 cm²	> 10 mmHg

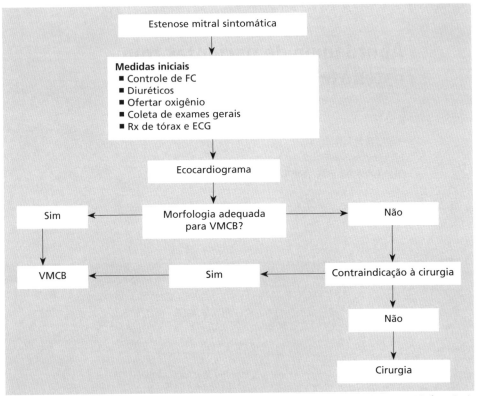

Figura 1. Algoritmo de tratamento de pacientes com estenose mitral. ECG: eletrocardiograma; FC: frequência cardíaca; Rx: radiografia; VMCB: valvoplastia mitral por cateter-balão.

4

Abordagem de pacientes com insuficiência mitral na emergência

Lucas José Tachotti Pires
Lucas Colombo Godoy
Max Grinberg

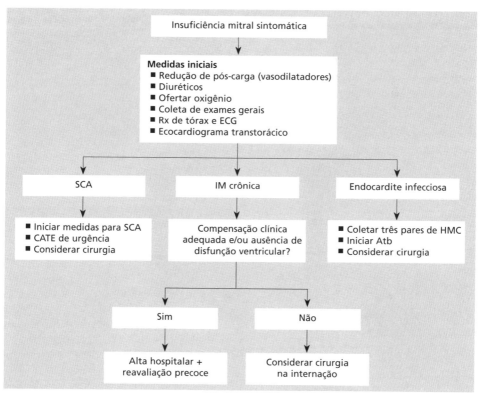

Figura 1. Fluxograma de tratamento de IM importante na emergência do InCor. Atb: antibioticoterapia; CATE: cateterismo; ECG: eletrocardiograma; HMC: hemocultura; IM: insuficiência mitral; Rx: radiografia; SCA: síndrome coronária aguda.

5

Abordagem de pacientes com estenose aórtica na emergência

João Ricardo Cordeiro Fernandes
Roney Orismar Sampaio

Tabela 1. Classificação da EAo de acordo com o ecocardiograma

	Velocidade aórtica (m/s)	Gradiente médio (mmHg)	Área valvar aórtica (cm²)
EAo discreta	2,5-3,0	10-20	1,5-3,0
EAo moderada	3,0-4,0	20-40	1,0-1,5
EAo importante	> 4,0	> 40	< 1,0

EAo: estenose aórtica.

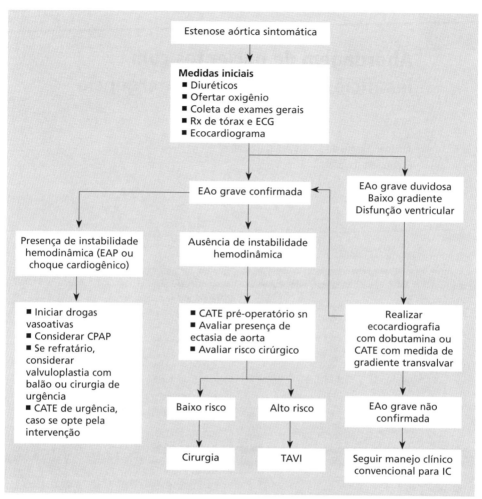

Figura 1. Fluxograma de atendimento de EAo importante na Unidade de Emergência do InCor. CATE: cateterismo cardíaco; EAo: estenose aórtica; EAP: edema agudo de pulmão; ECG: eletrocardiograma; IC: insuficiência cardíaca; Rx: radiografia; sn: se necessário; TAVI: implante transcateter de valva aórtica.

6

Abordagem de pacientes com insuficiência aórtica na emergência

Antônio Sérgio de Santis Andrade Lopes
Flávio Tarasoutchi

Tabela 1. Etiologia da insuficiência aórtica (IAo)

Alteração dos folhetos	Alteração da raiz aórtica
Febre reumática	Aneurisma aorta
Endocardite infecciosa	Dissecção aórtica
Congênita (bicúspide, quadricúspide)	Aortite sifilítica
Traumática	Doenças do colágeno (Marfan, Ehlers-Danlos)
Degeneração mixomatosa	Trauma
Iatrogênica (após valvoplastia por cateter-balão)	Espondiloartropatias soronegativas (espondilite anquilosante, Reiter)

Tabela 2. Principais estigmas clínicos periféricos da insuficiência aórtica

Pulso em martelo d'água

Sinal de Musset (impulsões sistólicas do segmento cefálico)

Sinal de Müller (impulsões sistólicas da úvula)

Pressão arterial divergente

Sinal de Quincke (impulsões sistólicas observadas na perfusão do leito ungueal)

Pistol shot (ruído sistólico audível sobre a artéria femoral)

Sinal de Duroziez (ruído sistólico e diastólico audível sobre a artéria femoral obtido por meio de leve compressão com o diafragma do estetoscópio)

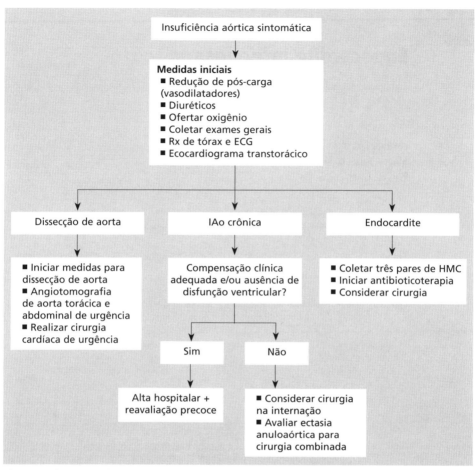

Figura 1. Fluxograma de tratamento de IAo grave na emergência do InCor. ECG: eletrocardiograma; HMC: hemocultura; IAo: insuficiência aórtica; Rx: radiografia.

7
Endocardite infecciosa

Rinaldo Focaccia Siciliano
Milena Ribeiro Paixão
Priscila Gherardi Goldstein

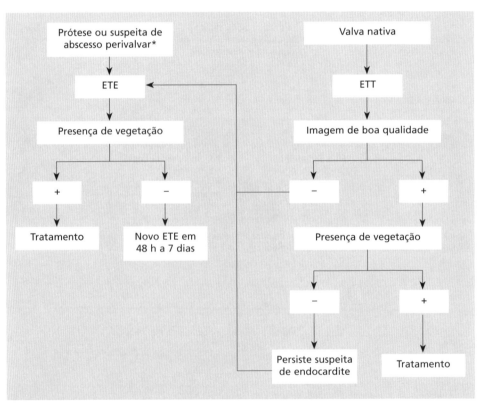

Figura 1. Investigação ecocardiográfica de caso suspeito de endocardite infecciosa. ETE: ecocardiograma transesofágico; ETT: ecocardiograma transtorácico.* Prolongamento do intervalo PR, surgimento de novo bloqueio atrioventricular ou paciente em tratamento apropriado para endocardite que mantém bacteremia persistente, embolizações recorrentes ou novo sopro também deve ser investigado ativamente com ETE para pesquisa de abscesso perivalvar.

7 ▪ Endocardite infecciosa

Tabela 1. Tratamento antimicrobiano para os principais agentes infecciosos de endocardite infecciosa em adultos

Microrganismo	Valva nativa		Valva protética	
	Antibiótico	Semanas	Antibiótico	Semanas
Estreptococos do grupo *viridans* e *Streptococcus bovis* sensíveis a penicilina (CIM ≤ 0,1 mg/L)	1) Pen G cristalina 2-3 milhões 6 x/24 h ou	4	Pen G cristalina 2-3 milhões 6 x/24 h ou	6
	ceftriaxone 2 g/24 h ±	4	ceftriaxone 2 g/24 h ±	6
	gentamicina 1 mg/kg 3 x/24 h ou	2	gentamicina 1 mg/kg 3 x/24 h	2
	2) Pen G cristalina 2-3 milhões 6 x/24 h ou	2		
	ceftriaxone 2 g/24 h +	2		
	gentamicina 1 mg/kg 3 x/24 h	2		
Estreptococos do grupo *viridans* e *Streptococcus bovis* com sensibilidade intermediária a penicilina (CIM > 0,1 a 0,5 mg/L)	Pen G cristalina 3-4 milhões 6 x/24 h +	4-6	Pen G cristalina 3-4 milhões 6 x/24 h +	6
	gentamicina 1 mg/kg 3 x/24 h	2	gentamicina 1 mg/kg 3 x/24 h	2-4
Estreptococos do grupo viridans e *Streptococcus bovis* CIM ≥ 0,5 mg/L ou *Abiotrophia* spp.	Pen G cristalina 4-5 milhões 6 x/24 h +	4-6	Pen G cristalina 4-5 milhões 6 x/24 h +	6
	gentamicina 1 mg/kg 3 x/24 h ou	4-6	gentamicina 1 mg/kg 3 x/24 h	6
	vancomicina 15 mg/kg 2 x/24 h	4-6		
Enterococos (avaliar perfil de sensibilidade)	Pen G cristalina 3-4 milhões 6 x/24 h +	4-6	Pen G cristalina 3-4 milhões 6 x/24 h +	6
	gentamicina 1 mg/kg 3 x/24 h ou	4-6	gentamicina 1 mg/kg 3 x/24 h ou	6
	ampicilina 2 g 6 x/24 h +	4-6	ampicilina 2 g 6 x/24 h +	6
	ceftriaxone 2 g 12/12 h ou	4-6	gentamicina 1 mg/kg 3 x/24 h ou	6
	vancomicina 15 mg/kg 2 x/24 h +	4-6	vancomicina 15 mg/kg 2 x/24 h +	6
	gentamicina 1 mg/kg 3 x/24 h	4-6	gentamicina 1 mg/kg 3 x/24 h	6
HACEK	Ceftriaxone 2 g/24 h	4	Ceftriaxone 2 g/24 h	6
Estafilococos sensíveis à oxacilina	Oxacilina 2 g 6 x/24 h ±	4-6	Oxacilina 2 g 6 x/24 h +	6
	gentamicina 1 mg/kg 3 x/24 h	3-5 dias iniciais	rifampicina 300 mg 3 x/24 h +	6
			gentamicina 1 mg/kg 3 x/24 h	2
Estafilococos resistentes à oxacilina	Vancomicina 15 mg/kg 2 x/24 h ±	4-6	Vancomicina 15 mg/kg 2 x/24 h +	6
	gentamicina 1 mg/kg 3 x/24 h	3-5 dias iniciais	rifampicina 300 mg 3 x/24 h +	6
			gentamicina 1 mg/kg 3 x/24 h	2-4

Pen: penicilina; CIM: concentração mínima inibitória. Adaptada de ESC guidelines, 2009; Mylonakis & Calderwood, 2001.

Tabela 2. Sugestão para tratamento antimicrobiano empírico em endocardite com culturas negativas em adultos

Situação	Antibioticoterapia	Duração (semanas)
Valva nativa ou prótese valvar implantada há mais de 12 meses	Penicilina G cristalina 3-4 milhões 6 x/24 h + oxacilina 2 g 6 x/24 h + gentamicina 1 mg/kg 3 x/24 h	4-6 4-6 2
Prótese valvar implantada há menos de 12 meses	Vancomicina 15 mg/kg 2 x/24 h + rifampicina 300 mg 3 x/24 h + gentamicina 1 mg/kg 3 x/24 h	6 6 2-4

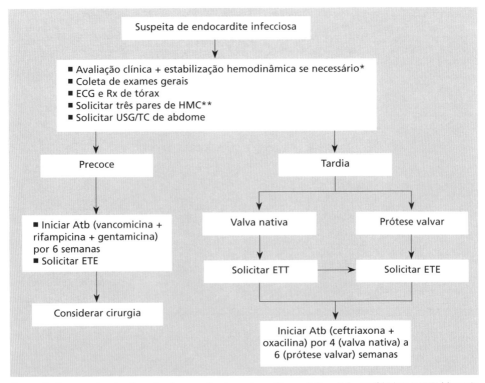

Figura 2. Resumo do atendimento de suspeita de endocardite no InCor. Atb: antibiótico; BAVT: bloqueio atrioventricular total; ECG: eletrocardiograma; ETE: ecocardiograma transesofágico; ETT: ecocardiograma transtorácico; HMC: hemocultura; MPTV: marca-passo transvenoso; Rx: radiografia; sn: se necessário; TC: tomografia computadorizada; USG: ultrassonografia.*Se BAVT, passar MPTV de urgência. **Em casos de HMC negativas, considerar sorologias para *Coxiella* e *Bartonella*.

8

Manejo da anticoagulação em pacientes com valvopatias

Odilson Marcos Silvestre
Leonardo Jorge Cordeiro de Paula
Isabela Cristina Kirnew Abud

Tabela 1. Incidência de embolia e alvo terapêutico (INR) nas principais indicações de anticoagulação nas doenças valvares

Indicação	Incidência de tromboembolia*	INR-alvo
Prótese mecânica mitral	22%/ano	2,5-3,5
Prótese mecânica aórtica	12%/ano	2,0-3,0
Prótese biológica (primeiros 3 meses)**	6% nos primeiros 3 meses	2,0-3,0
Fibrilação atrial + doença na valva mitral	5-31%/ano	2,0-3,0
Fibrilação atrial + valvopatia aórtica		2,0-3,0

INR: *international normalized ratio*. *Incidência de evento/período de tempo. **Indicação não compartilhada em todas as diretrizes.

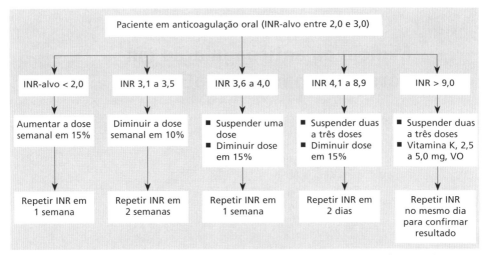

Figura 1. Manejo da anticoagulação (modificada das diretrizes da Sociedade Americana de Hematologia). INR: *international normalized ratio*; VO: via oral.

Tabela 2. Interações medicamentosas com a varfarina

Resposta anticoagulante aumentada		Resposta anticoagulante diminuída
Amiodarona	Omeprazol	Azatioprina
Diltiazem	Ciprofloxacina	Carbamazepina
Propranolol	Norfloxacina	Barbitúricos
AAS	Fluconazol	Rifampicina
Fenofibrato	Itraconazol	Ciclosporina
Sinvastatina	Isoniazida	Sucralfato
AINE	Hormônio tireoidiano	Drogas antitireoidianas
Fenitoína	*Gingko biloba*	
Metronidazol	Eritromicina	

AAS: ácido acetilsalicílico; AINE: anti-inflamatórios não esteroidais.

Tabela 3. Interações alimentares com a varfarina

Resposta anticoagulante aumentada	Resposta anticoagulante diminuída
Óleo de peixe	Hortaliças verdes (brócolis, couve, couve-flor, alface)
Manga	Abacate
Laranja	Leite de soja e óleo de soja
	Chá-verde

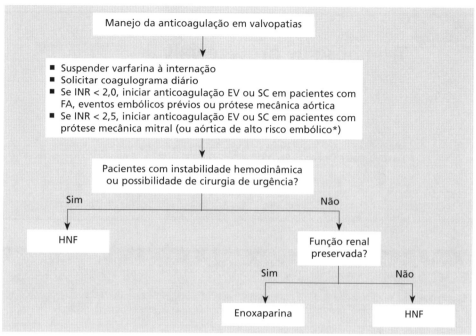

Figura 2. Manejo da anticoagulação em pacientes com valvopatias na Unidade de Emergência do InCor.
FA: fibrilação atrial; HNF: heparina não fracionada; IV: intravenoso; SC: subcutâneo.
* Evento embólico prévio, fibrilação atrial ou disfunção ventricular esquerda.

9

Trombose de prótese valvar

Eduardo Leal Adam
Tarso Augusto Duenhas Accorsi

Tabela 1. Recomendações para o diagnóstico e tratamento de trombose de prótese valvar – AHA/ACC	
Atualização de 2017 das Diretrizes da AHA/ACC	Grau de recomendação
Em pacientes com suspeita de trombose de prótese valvar mecânica, avaliação urgente com vários métodos de imagem encontra-se indicada para análise de função valvar, mobilidade de folhetos e a presença e extensão de trombos	IB
Tratamento urgente com infusão lenta de fibrinolíticos em baixa dose ou cirurgia de emergência são recomendados para pacientes com trombose de prótese valvar mecânica em câmaras esquerdas com sintomas de obstrução valvar	IB

AHA/ACC: American Heart Association/American College of Cardiology; TPV: trombose de prótese valvar.

Tabela 2. Recomendações para escolha da forma de tratamento da trombose de prótese valvar – AHA/ACC	
Favorece cirurgia	Favorece fibrinólise
Cirurgia cardíaca disponível	Cirurgia cardíaca não disponível
Risco cirúrgico baixo	Risco cirúrgico alto
Contraindicação para fibrinólise	Sem contraindicações para fibrinólise
Recorrência de trombose de prótese valvar	Primeiro episódio de trombose de prótese valvar
NYHA IV	NYHA I-III
Trombo > 0,8 cm^2	Trombo ≤ 0,8 cm^2
Trombo em átrio esquerdo	Ausência de trombo em átrio esquerdo
DAC com indicação de revascularização miocárdica	DAC ausente ou mínima
Outra valvopatia associada	Ausência de valvopatia associada
Possibilidade de *pannus*	Trombo visualizado
Escolha do paciente	Escolha do paciente

DAC: doença arterial coronária; NYHA: Classificação da New York Heart Association.

9 ▪ Trombose de prótese valvar

Tabela 3. Doses dos fibrinolíticos usados no tratamento da trombose de prótese valvar mecânica	
Fibrinolítico	Modo de administração
Alteplase (t-PA)	25 mg administrados em infusão contínua por 6 horas, sem dose de ataque
	Poderá ser repetida a cada 24 horas, até uma dose total cumulativa de 150 mg, conforme evolução clínica e ecocardiográfica
	Heparina não fracionada (HNF) endovenosa iniciada imediatamente após o término de cada infusão do t-PA, na dose de 70 UI/kg em *bolus*, seguida de 1.000 UI/hora com um alvo de TTPA entre 1,5 e 2,5 vezes o controle
	Para iniciar uma nova infusão do t-PA, suspender HNF e aguardar valores de TTPA < 50 s

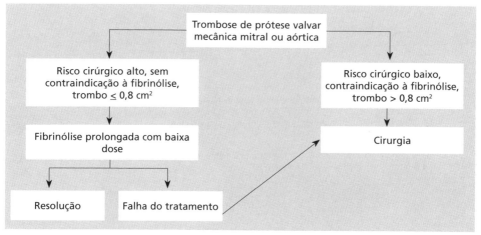

Figura 1. Fluxograma de atendimento de trombose de prótese valvar mitral ou aórtica.

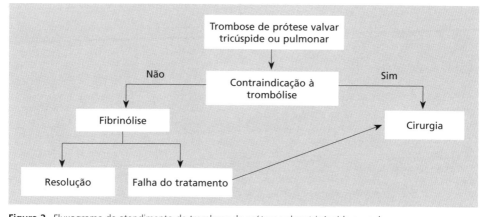

Figura 2. Fluxograma de atendimento de trombose de prótese valvar tricúspide ou pulmonar.

III

Seção

Arritmias

Muitas são as manifestações, os sinais e os sintomas relacionados à apresentação de alterações do ritmo cardíaco. Sua ocorrência tem diversas causas, tanto de efeito degenerativo, quanto estrutural, isquêmico e toxicometabólico, podendo ser causadores de repercussões hemodinâmicas significativas.

Na sua grande maioria, em pacientes com alterações estruturais do coração, o surgimento de arritmias tem interferência direta sobre o prognóstico e sobre a mortalidade, devendo ser avaliado em conjunto com a doença de base.

O atendimento do paciente com arritmias no pronto-socorro é desafiador e envolve uma avaliação global capaz de comprovar ou descartar a alteração de ritmo cardíaco como sendo causadora do quadro inicial ou apenas um achado associado. Assim, uma anamnese e um exame físico direcionados, associados a exames complementares (como o eletrocardiograma de 12 derivações e exames laboratorias), são primordiais para o raciocínio terapêutico e para a conduta adequada.

Medicações utilizadas no tratamento de arritmias na emergência

Carolina Frezzatti de Andrade Neves
Natália Quintella Sangiorgi Olivetti
Leonardo Jorge Cordeiro de Paula
José Antônio Franchini Ramires

Tabela 1. Classificação de Vaugham-Williams

Classe	Ação farmacodinâmica	Medicações
IA	Bloqueio moderado das correntes de Na$^+$ e de K$^+$ Velocidade intermediária de ligação e dissociação Podem aumentar o QRS e o QTc	Quinidina, disopiramida, procainamida e ajmalina
IB	Bloqueio leve das correntes rápidas e tardias de Na$^+$ Velocidade rápida de ligação e dissociação Não aumentam o QTc	**Lidocaína**, mexiletina, ranolazina e **fenitoína**
IC	Bloqueio intenso das correntes rápidas e tardias de Na$^+$ e leve da corrente de Ca^{++} e dos betarreceptores Velocidade lenta de ligação e dissociação Aumentam o QRS	**Propafenona**
II	Betabloqueadores	**Propranolol, metoprolol**
III	Bloqueio de canais repolarizantes de K$^+$ Aumentam o intervalo QT	**Amiodarona**, dronedarona, **sotalol**, dofetilida, ibutilida, dronedarona e vernakalant
IV	Bloqueadores de canais de Ca^{++}	**Verapamil, diltiazem**

Tabela 2. Medicações utilizadas no tratamento das arritmias na emergência

Medicação	Doses	Modo de administração	Efeitos colaterais
Adenosina	6 mg em *bolus*; pode-se repetir outro *bolus* de 12 mg, 1-2 min após a primeira administração	IV	Broncoespasmo, FA e assistolias breves
Procainamida	Ataque: 20-50 mg/min (dose máx.: 17 mg/kg) Manutenção: 1-4 mg/min	IV	Alargamento de QT; desencadeia *torsades de pointes*; hipotensão e choque
Propafenona	< 70 kg: 450 mg > 70 kg: 600 mg (dose máx.: 900 mg/dia)	VO	*Flutter* atrial com alta resposta ventricular; bradicardias, sintomas gastrointestinais, transtornos do sono, cefaleia, inquietação etc.
Amiodarona	Ataque: 150 mg em 10 min Manutenção: infusão contínua de 1 mg/min durante 6 h, seguido de 0,5 mg/min por mais 18 h; (dose máx.: 2,2 g/24 h)	IV	Flebite, hipotensão e bradicardia, especialmente se a infusão é rápida; hipertireoidismo e hipotireoidismo, fibrose pulmonar, hepatotoxicidade, ataxia, miopatia e neuropatia, microdepósitos corneanos e coloração cinza-azulada da pele
Metoprolol	5 mg em 1-2 min; pode ser repetida IV a cada 5 min (dose máx.:15 mg)	IV	Bradicardia, alterações de condução do NAV, broncoespasmo e hipotensão
Propranolol	Dose de 0,5-1 mg, lentamente Pode ser repetida após 10 min (dose máx.: 0,1 mg/kg)	IV	Bradicardia, alterações de condução do NAV, broncoespasmo e hipotensão
Diltiazem	0,25 mg/kg durante 2-3 min, seguido de infusão contínua de 10 mg/h, ajustando-se conforme resposta por 24 h	IV	Hipotensão acentuada em pacientes com insuficiência cardíaca; edema, cefaleia, palpitação, rubor, erupção cutânea, gota, dispepsia, vômito, prurido, dispneia, tontura
Verapamil	5-10 mg durante 1-2 min Pode repetir a cada 15-30 min (dose máx.: 20-30 mg)	IV	Hipotensão acentuada em pacientes com insuficiência cardíaca BAV, bradicardia, *rash*, náusea, dispneia, tontura, cefaleia; raramente: PCR, confusão, broncoespasmo, parestesia, Stevens-Johnson, sintomas psicóticos, urticária
Sulfato de magnésio	1-2 g (8-16 mEq) diluídos em 100 mL de soro em 5-60 min seguidos da infusão de 0,5-2 g/h	IV	Fraqueza muscular, depressão do sistema nervoso central, depressão respiratória e hiporreflexia Hipotensão e assistolia com infusão rápida
Lidocaína	*Bolus* inicial de 1-1,5 mg/kg, pode ser repetido 0,5-0,75 mg/kg após 5-10 min (dose máx.: 3,0 mg/kg) Manutenção: 1-4 mg/min	IV	Tontura, sonolência, confusão, convulsão, parestesias, delírios, coma e arritmias
Atropina	0,5 mg (dose máx.: 3 mg) Repetir a cada 3-5 min	IV	Alucinação, tremores, constipação intestinal, boca seca, fadiga etc.
Dopamina	2-10 µg/kg/min em bomba de infusão contínua	IV	Náuseas, vômitos, taquicardia, cefaleia, hipertensão e vasoconstrição
Adrenalina	2-10 µg/min em bomba de infusão contínua	IV	Cefaleia, sonolência, taquicardia, tremor, náuseas e vômitos
Esmolol	*Bolus* inicial de 0,5 mg/kg em 1 min Manutenção: 50 a 300 µg/kg/min	IV	Bradicardia, alterações de condução do NAV, broncoespasmo e hipotensão

FA: fibrilação atrial; IV: intravenoso; NAV: nó atrioventricular; PCR: parada cardiorrespiratória; VO: via oral.

2

Abordagem de pacientes com síncope na emergência

Luciana Sacilotto
Denise Hachul

Tabela 1. Diferenciação clínica entre tipos de síncope e convulsão			
Parâmetros	Neurorreflexia	Arrítmica	Convulsão
Perfil clínico	Mulheres > homens Idade < 55 anos Dois ou mais episódios Posição ortostática, calor e emoção Sem morte súbita familiar precoce	Homens > mulheres Idade > 55 anos Poucos episódios Durante estresse, posição supina	Idade < 45 anos Sem fator desencadeante
Sintomas premonitórios	Longa duração (> 5 s) Palpitação Visão borrada Náusea Calor Sudorese Escurecimento visual	Duração rápida (< 6 s) Palpitação menos comum	Aura repentina (dèjá vu, olfatória, gustatória ou visual)
Durante a perda de consciência (pelo observador)	Palidez Sudorese Pupilas dilatadas Frequência cardíaca reduzida Pressão arterial reduzida Incontinência Movimentos clônicos fugazes	Cianose (não palidez) Incontinência Movimentos clônicos fugazes	Cianose (não palidez) Espumar a boca Duração > 5 min Mordida de língua Desvio horizontal do olhar Aumento de frequência cardíaca e de pressão Incontinência é mais frequente Movimento tônico-clônico
Sintomas residuais	Sintomas residuais comuns Fadiga residual prolongada Orientação	Sintomas residuais incomuns (com exceção de dano cerebral) Orientação	Sintomas residuais comuns Recuperação prolongada Fadiga Cefaleia Desorientação Dor muscular

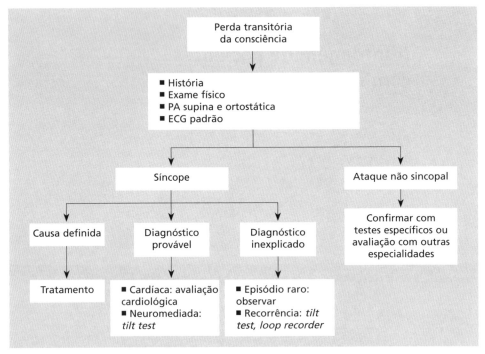

Figura 1. Investigação de síncope na unidade de emergência. ECG: eletrocardiograma; PA: pressão arterial.

Abordagem de pacientes com síncope na emergência

Tabela 2. Estratificação de risco na avaliação inicial em estudos populacionais prospectivos, com coorte de validação

Estudo	Fatores de risco	Escore	Desfechos	Resultados (coortes de validação)
S. Francisco Syncope Rule	1. ECG anormal 2. ICC 3. Dispneia 4. Hematócrito < 30% 5. PAS > 90 mmHg	Sem risco = 0 pontos Com risco ≥ 1	Eventos graves em 7 dias	Sensibilidade = 98% Especificidade = 56%
Martin et al.	1. ECG anormal 2. História de arritmia ventricular 3. História de ICC 4. Idade > 45 anos	0 a 4 pontos (1 ponto cada)	Arritmia grave ou morte arrítmica em 1 ano	0 ponto = 0% 1 ponto = 5% 2 pontos = 16% ≥ 3 pontos = 27%
Escore OESIL	1. ECG anormal 2. História de doença cardiovascular 3. Ausência de pródromos 4. Idade > 45 anos	0 a 4 pontos (1 ponto cada)	Mortalidade em 1 ano	0 pontos = 0% 1 ponto = 0,6% 2 pontos = 14% 3 pontos = 29% 4 pontos = 53%
Escore EGSYS	1. Palpitação antes da síncope (+ 4 pontos) 2. ECG anormal ou doença cardíaca (+ 3 pontos) 3. Síncope durante esforço (+ 3 pontos) 4. Síncope supina (+ 2 pontos) 5. Pródromo autonômico (− 1 ponto) 6. Fatores precipitantes	Soma dos pontos	Mortalidade em 2 anos	< 3 pontos = 2% ≥ 3 pontos = 21%
			Probabilidade de síncope cardíaca	< 3 pontos = 2% 3 pontos = 13% 4 pontos = 33% > 4 pontos = 77%

ECG: eletrocardiograma; ICC: insuficiência cardíaca congestiva; PAS: pressão arterial sistólica.

Seção III ■ Cardiologia de emergência em fluxogramas

Tabela 3. Tratamento da síncope com base em sua etiologia

Síndromes neuromediadas	Educação sobre a benignidade; evitar eventos precipitantes, reconhecimento dos sintomas premonitórios, manobras para abortar o episódio (p. ex., deitar-se, manobras de contrapressão). Evitar depleção volêmica, longos períodos em ortostase, ambientes fechados e quentes, punções venosas. Aumentar ingesta hidrossalina (na ausência de HAS). Exercício moderado, *tilt-training*. Drogas (recorrência frequente ou trauma associado): midodrina (estudo em andamento), fludrocortisona (estudo aguarda publicação)
Síndrome do seio carotídeo	Marca-passo cardíaco nas formas cardioinibitórias ou mistas. Para as formas vasodepressoras: tratamento semelhante ao da síncope vasovagal
Hipotensão ortostática	Evitar diuréticos, vasodilatadores e álcool. Evitar mudança brusca de postura, período prolongado em posição supina, ambientes quentes, exercício extenuante, refeições copiosas. Aumento da ingesta hidrossalina. Elevar a cabeceira da cama durante o sono. Em casos refratários: tratamento farmacológico (fludrocortisona, midodrina)
Síncope situacional	Evitar ou aliviar o evento deflagrador: tosse, defecação, micção, estresse emocional, dor intensa. Quando não é possível evitar evento deflagrador, manter volemia adequada, evitar ortostase longa
Disfunção do nó sinusal	Marca-passo cardíaco (preferencialmente atrial ou dupla câmara)
Doença do sistema de condução atrioventricular	Marca-passo atrioventricular
Taquicardias supraventriculares ou ventriculares paroxísticas	Ablação por cateter. Drogas antiarrítmicas. Cardiodesfibrilador implantável

HAS: hipertensão arterial sistêmica.

3

Manejo das extrassístoles ventriculares na emergência

Mariana Lins Baptista Guedes Bezerra
Natália Quintella Sangiorgi Olivetti
Fernanda Farias Vianna
Alexandre de Matos Soeiro
Francisco Carlos da Costa Darrieux

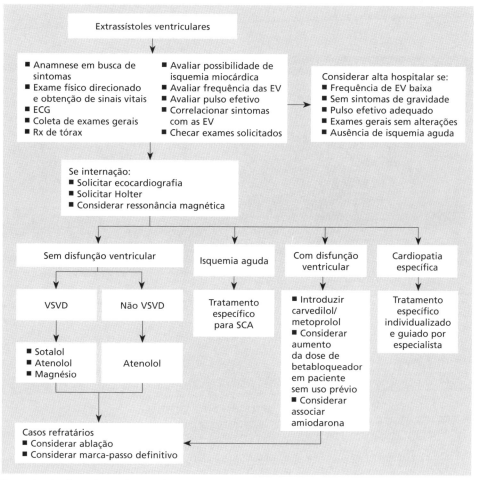

Figura 1. Algoritmo de atendimento de EV no InCor. ECG: eletrocardiograma; EV: extrassístoles ventriculares; SCA: síndrome coronária aguda; VSVD: via de saída de ventrículo direito.

4

Fibrilação atrial

João Bosco Breckenfeld Bastos Filho
Thiago Nunes Pereira Leite
Francisco Carlos da Costa Darrieux

Tabela 1. Critério de CHA_2DS_2 VASc		
	Descrição	Pontos
C	Insuficiência cardíaca	1
H	Hipertensão	1
A_2	Idade ($\geq$ 75 anos)	2
D	Diabetes melito	1
S_2	AIT ou AVC prévio	2
V	Doença vascular (IAM prévio, doença arterial periférica ou placa aórtica)	1
A	Idade (65-74 anos)	1
Sc	Sexo (se feminino)	1
Pontuação $\geq$ 2 justifica a indicação de anticoagulante oral. AIT: ataque isquêmico transitório; AVC: acidente vascular cerebral.		

Tabela 2. Critério de HAS-BLED

	Fator de risco	Pontos
H	Hipertensão arterial (PAS > 160 mmHg)	1
A	Disfunção renal = ClCr ≤ 50 mL/min ou creatinina ≥ 2,26 mg/dL ou hemodiálise ou transplante renal	1
	Disfunção hepática = [bilirrubina ≥ 2 × LSN + (AST ou ALT ou FALC ≥ 3 × LSN)] ou cirrose hepática	1
S	AVC prévio	1
B	Sangramento prévio ou predisposição a sangramentos	1
L	RNI lábil ou < 60% do tempo na faixa terapêutica	1
E	Idade > 65 anos	1
D	Drogas (AINH, antiplaquetários)	1
	Abuso de álcool (> 20 U por semana)	1

Pontuação > 3 indica maior cautela na decisão de anticoagulação. AINH: anti-inflamatório não hormonal; AVC: acidente vascular cerebral; ClCr: *clearance* de creatinina; LSN: limite superior da normalidade; PAS: pressão arterial sistólica.

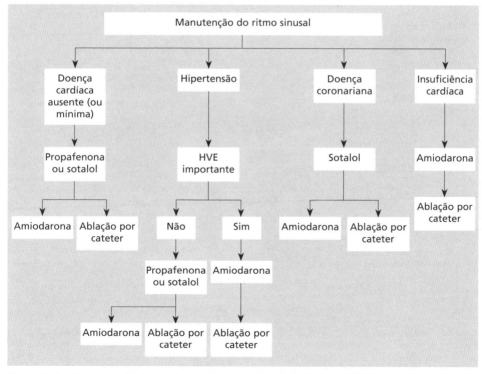

Figura 1. Decisão pelo antiarrítmico de acordo com o tipo de fibrilação atrial (FA), segundo as Diretrizes Brasileiras de FA. HVE: hipertrofia ventricular esquerda.

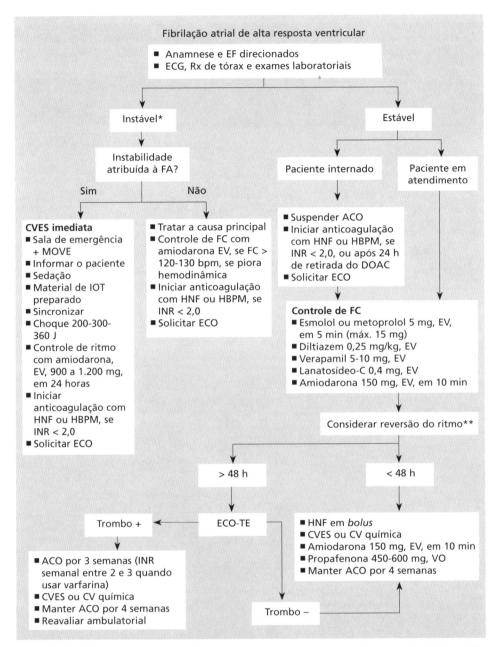

Figura 2. Fluxograma de manejo da FA de alta resposta ventricular na Unidade de Emergência do InCor. ACO: anticoagulação oral; CV: cardioversão; CVES: cardioversão elétrica sincronizada; DOAC: ACO de ação direta; ECG: eletrocardiograma; ECO: ecocardiograma transtorácico; ECO-TE: ecocardiograma transesofágico; EF: exame físico; IOT: intubação orotraqueal; FA: fibrilação atrial; FC: frequência cardíaca; HBPM: heparina de baixo peso molecular; HNF: heparina não fracionada; EV: endovenoso; MOVE: monitorização, oxigenoterapia e acesso venoso; Rx: radiografia; VO: via oral. * Critérios de instabilidade: dor torácica, dispneia, síncope, hipotensão e rebaixamento do NC. ** Conduta de exceção.

5

Taquicardias supraventriculares

Patrícia Bandeira M. R. Germano
Pedro Felipe Gomes Nicz
Esteban W. Rocca Rivarola
Alexandre de Matos Soeiro

Tabela 1. Peculiaridades das manobras vagais e do uso de adenosina

Manobras vagais

Várias manobras podem ser realizadas. Recomenda-se tosse, estimular reflexo de náusea, manobras de Valsalva e a compressão do seio carotídeo

Tosse: solicitar que o paciente tussa propositalmente

Reflexo de náusea: solicitar que o paciente desencadeie o reflexo de náusea, sem necessidade de gerar vômito

Manobra de Valsalva: solicitar que o paciente faça contração abdominal prolongada ou sopre contra o dorso da mão em que haja escape de ar, por 10 a 30 segundos, mantendo pressão de 30 a 40 mmHg

Opção: soprar em uma seringa de 10 mL, o necessário para empurrar o êmbolo (40 mmHg)

Manobra de Valsalva modificada: solicitar ao paciente que realize a manobra acima, sentado, logo após posicioná-lo em decúbito dorsal e realizar elevação passiva dos membros inferiores a 45 graus, por 15 segundos (taxa de sucesso 43% *vs.* 17% da manobra convencional)

Compressão dos seios carotídeos: pesquisar sopros carotídeos antes de realizar a manobra, especialmente em pacientes idosos. Se houver sopro, a manobra é contraindicada. Deve-se realizar a compressão de uma das carótidas na altura do ângulo da mandíbula, por 10 segundos. A manobra consiste em compressão e não massagem do seio carotídeo

Manobras como torção dos mamilos e compressão do globo ocular são proscritas pelo risco de lesão local

Os pacientes podem ser ensinados a realizar as manobras, com exceção da compressão do seio carotídeo. Beber um copo de água gelada rapidamente e lavar o rosto com água fria também são manobras que podem ser realizadas pelos pacientes

Adenosina

Deve ser administrada na dose inicial de 6 mg, endovenosa, em *bolus*, seguido de 20 mL de soro fisiológico em *flush* e elevação do braço

Após 2 min, caso não haja reversão ou lentificação da arritmia, pode-se repetir o procedimento por até duas vezes, com a dose de 12 mg

A infusão de adenosina provoca mal-estar, desconforto e sensação de morte iminente no paciente. Esse sintoma deve ser comunicado ao paciente antes da infusão

Os principais efeitos colaterais são rubor facial, dispneia, dor torácica e sensação desagradável. Em pacientes com antecedente de broncoespasmo, a infusão de adenosina pode desencadear crise respiratória e o uso da medicação deve ser cauteloso

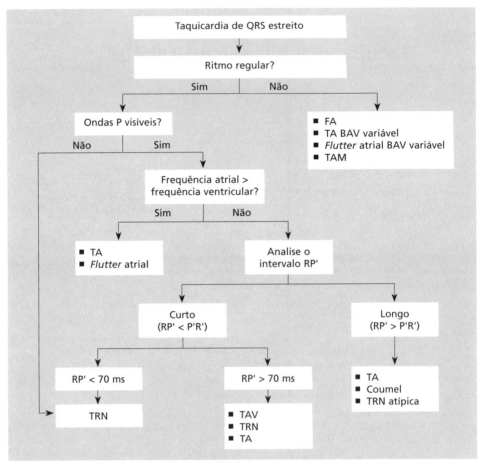

Figura 1. Fluxograma para diagnóstico de arritmias supraventriculares. FA: fibrilação atrial; TA: taquicardia atrial; BAV: bloqueio atrioventricular; TAM: taquicardia atrial multifocal; TAV: taquicardia atrioventricular; TRN: taquicardia por reentrada nodal.

5 ▪ Taquicardias supraventriculares

Tabela 2. Drogas utilizadas em TSV – doses, modo de administração e efeitos colaterais

Fármaco	Classe	Posologia e modo de administração	Efeitos colaterais	Observações
Metoprolol	Betabloqueador	Administrar 5 mg, lentamente (1 mg/min), EV. Se necessário, repetir a administração até dose máxima total de 15 mg	Bradicardia, hipotensão, dispneia, broncoespasmo, descompensação de insuficiência cardíaca	Cautela em pacientes com DPOC, asma e insuficiência cardíaca
Verapamil	Bloqueador de canal de cálcio	Administrar 2,5 a 5 mg, EV, em 3 min. Se não houver reversão pode-se usar dose de 5 a 10 mg após 30 min	Bradicardia, hipotensão, dispneia	São contraindicados em pacientes com cardiopatia estrutural e nas taquicardias de QRS largos
Diltiazem	Bloqueador de canal de cálcio	Administrar 15 a 20 mg (0,25 mg/kg), EV, diluído em 50 a 100 mL de soro fisiológico, infusão aberta. Se necessário, repetir dose de 20 a 25 mg (0,35 mg/kg) em 15 min	Bradicardia, hipotensão	Uso cauteloso em pacientes com cardiopatia estrutural, especialmente nas cardiomiopatias
Deslanosídeo	Digitálico	Administrar 0,4 mg, EV, em *bolus*. A dose pode ser repetida após 15 min	Bradicardia, bloqueios atrioventriculares, náuseas	Atentar para possibilidade de intoxicação digitálica em pacientes sob uso crônico de digitálico
Amiodarona	Antiarrítmico classe III	Administrar 150 mg, EV, diluído em 100 mL de soro fisiológico ou glicosado, em 10 min. A dose pode ser repetida em caso de insucesso. Dependendo da arritmia em questão, pode ser necessária dose de manutenção por 24 h	Hipotensão, bradicardia, bloqueios atrioventriculares. A infusão endovenosa pode causar flebite	Droga de escolha em pacientes com disfunção ventricular

DPOC: doença pulmonar obstrutiva crônica; EV: endovenoso.

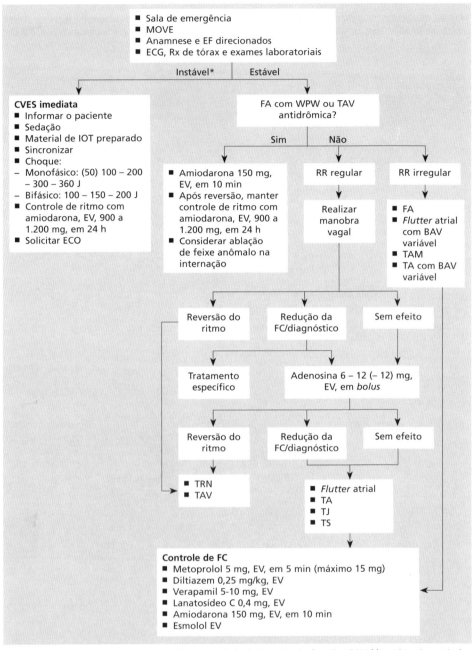

Figura 2. Fluxograma de atendimento de TSV na Unidade de Emergência do InCor. BAV: bloqueio atrioventricular; CVES: cardioversão elétrica sincronizada; ECG: eletrocardiograma; ECO: ecocardiograma; EF: exame físico; EV: endovenoso; FA: fibrilação atrial; FC: frequência cardíaca; IOT: intubação orotraqueal; MOVE: monitorização cardíaca, oxigenoterapia e acesso venoso; NC: nível de consciência; Rx: radiografia; TAM: taquicardia atrial multifocal; TAV: taquicardia atrioventricular; TJ: taquicardia juncional; TRN: taquicardia por reentrada nodal; TS: taquicardia sinusal; WPW: Wolf-Parkinson-White. * Critérios de instabilidade: dor torácica, dispneia, síncope, hipotensão, rebaixamento do NC.

6
Taquicardias ventriculares

Cristiano Pisani
Mauricio Scanavacca

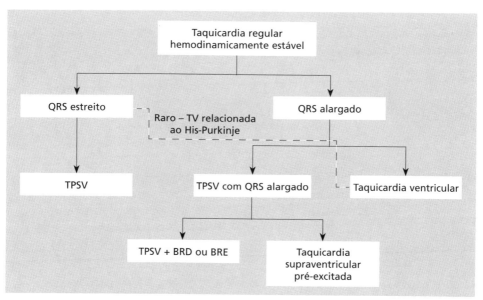

Figura 1. Diagnóstico diferencial de taquicardia regular. TPSV: taquicardia paroxística supraventricular; BRD: bloqueio de ramo direito; BRE: bloqueio de ramo esquerdo.

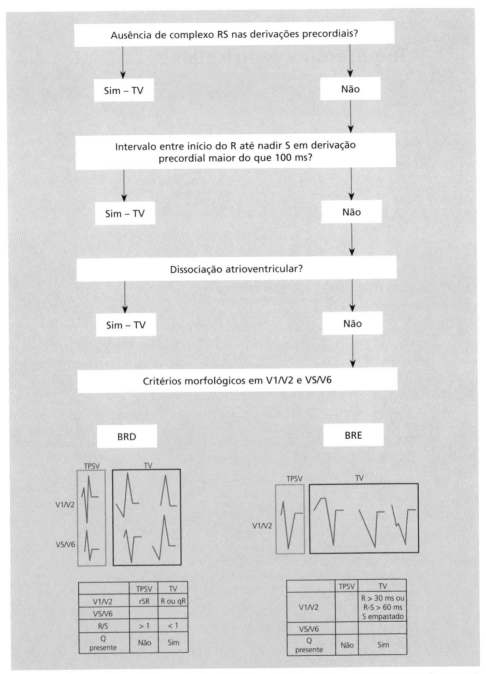

Figura 2. Diagnóstico diferencial da taquicardia de QRS largo (critérios de Brugada). TPSV: taquicardia paroxística supraventricular; BRD: bloqueio de ramo direito; BRE: bloqueio de ramo esquerdo; TV: taquicardia ventricular.

6 ■ Taquicardias ventriculares

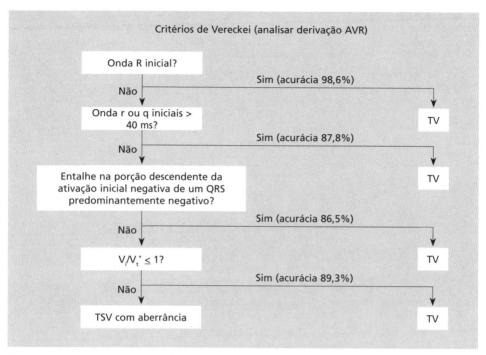

Figura 3. Critérios de Vereckei para identificação de arritmias ventriculares. TSV: taquicardia supraventricular; TV: taquicardia ventricular; V_i e V_t: velocidades da ativação ventricular inicial e final.

Tabela 1. Medidas antiarrítmicas utilizadas para o tratamento da TV na sala de emergência			
Droga	Dose de ataque	Observações	Efeitos adversos
Amiodarona	300 mg, EV, em 30 min (ampola = 150 mg)	Taxa de reversão entre 30 e 50%	Hipotensão arterial, bradicardia sinusal e *torsades de pointes* (raro)
Lidocaína (2%)	1 mg/kg, EV, infusão rápida	Taxa de reversão é baixa (20 a 30%), mas é útil por seu efeito ser rápido e por não provocar distúrbio hemodinâmico	Neuropatia
Cardioversão elétrica	Choque 200-360 J (monofásico) ou 100-200 J (bifásico) sincronizado após sedação	Alto índice de reversão	Requer sedação e jejum
EV: endovenoso.			

Tabela 2. Indicações para a ablação por cateter das TV

Indicações para a ablação por cateter das TV	Pacientes com cardiopatia estrutural (incluindo IAM prévio, cardiomiopatia dilatada e displasia arritmogênica do VD)
Ablação por cateter de TV é recomendada	TV sustentada monomórfica sintomática, incluindo TV interrompidas por CDI, que recorrem apesar de terapia antiarrítmica ou quando as drogas antiarrítmicas não são toleradas ou não são desejadas (recomendação independente de TV ser estável ou instável ou se múltiplas TV)
	Para controle de TV incessante monomórfica ou tempestade elétrica que não está relacionada à causa reversível
	Pacientes com extrassístoles monomórficas frequentes e TV não sustentada ou TV sustentada que presumivelmente causem disfunção ventricular
	TV por reentrada ramo a ramo ou interfascicular
	TV polimórfica recorrente sustentada e FC refratárias às drogas antiarrítmicas quando se suspeita de ser originada por um gatilho que pode ser alvo de ablação
Ablação por cateter pode ser considerada	Em pacientes com um ou mais episódios de TV monomórfica sustentada apesar de terapia com droga da classe I ou III
	Pacientes com TV monomórfica sustentada devido a IAM prévio que tem FEVE maior do que 30% e expectativa de vida de pelo menos 1 ano, sendo uma alternativa aceitável para terapia com amiodarona
	Em pacientes com TV monomórfica sustentada e hemodinamicamente tolerada devido a IAM prévio com FE preservada (> 35%) mesmo que não tenham apresentado falha na terapia antiarrítmica
Ablação por cateter de TV é contraindicada	Presença de trombo móvel no ventrículo (nesse caso a ablação epicárdica pode ser considerada)
	Extrassístoles ou TV não sustentada assintomáticas que presumivelmente não causam ou contribuem para disfunção ventricular
	TV devido a causas transitórias ou reversíveis, como isquemia aguda, hipercalemia e *torsades de pointes* induzida por drogas

Adaptado do Consenso de Experts (EHRA/HRS) para Ablação por Cateter de Arritmias Ventriculares. CDI: cardiodesfibrilador implantável; FC: frequência cardíaca; FE: fração de ejeção; IAM: infarto agudo do miocárdio; TV: taquicardia ventricular; VD: ventrículo direito; VE: ventrículo esquerdo.

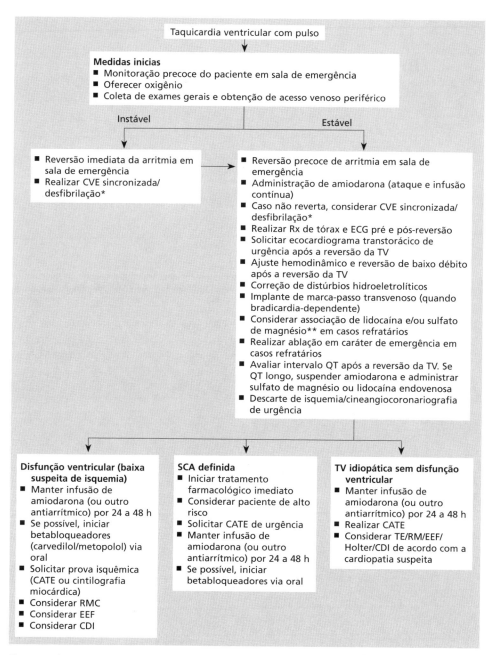

Figura 4. Fluxograma de atendimento de TV da Unidade de Emergência do InCor. * Em caso de TV polimórfica. **Considerar como primeira opção em *torsades de pointes*. CATE: cateterismo cardíaco; CDI: cardiodesfibrilador implantável; CVE: cardioversão elétrica; ECG: eletrocardiograma; EEF: estudo eletrofisiológico; RMC: ressonância magnética cardíaca; Rx: radiografia; SCA: síndrome coronária aguda; TE: teste de esforço; TV: taquicardia ventricular.

7

Bradicardias

Luciana Fatureto Borges
Leonardo Jorge Cordeiro de Paula
Cynthia Aparecida da Silva Rocha

Tabela 1. Medicamentos utilizados no tratamento da bradicardia sintomática		
Medicamento	Dose administrada	Efeitos adversos
Atropina	0,5 mg IV, em *bolus*, repetir a cada 3 a 5 min (dose máxima recomendada: 3 mg)	Boca seca, constipação, rubor facial
Dopamina	Iniciar com 2 µg/kg/min, IV, e aumentar progressivamente até 20 µg/kg/min, IV (bomba de infusão contínua)	Náuseas, vômitos, taquicardia, dispneia, angina
Epinefrina	Iniciar com 2 µg/min, IV, e aumentar progressivamente até 10 µg/min, IV (bomba de infusão contínua)	Arritmia, dor torácica, cefaleia, tontura
IV: intravenoso.		

7 ■ Bradicardias

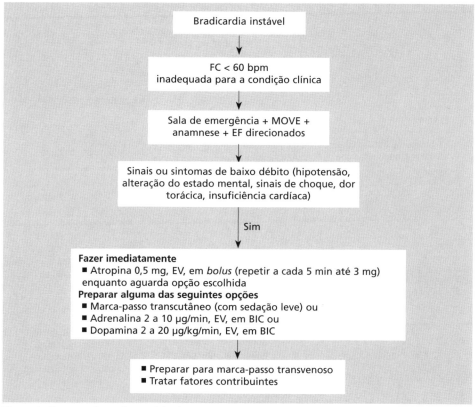

Figura 1. Fluxograma de atendimento de bradicardias instáveis. BIC: bomba de infusão contínua; EF: exame físico; EV: endovenoso; FC: frequência cardíaca; MOVE: monitorização, oxigenoterapia e acesso venoso.

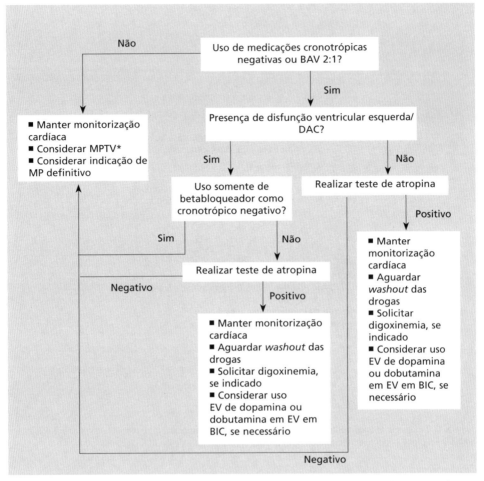

Figura 2. Fluxograma de avaliação de bradicardias estáveis ou após estabilização clínica na Unidade de Emergência do InCor. BAV: bloqueio atrioventricular; BIC: bomba de infusão contínua; DAC: doença arterial coronária; EV: endovenoso; MP: marca-passo; MPTV: marca-passo transvenoso. * Se estiverem presentes: frequência cardíaca < 40 bpm, QT longo, QRS > 120 ms, sintomas.

8

Cardioversão elétrica sincronizada

Alexandre de Matos Soeiro
Diogo Arantes B. Pereira Luz
Aline Siqueira Bossa
Sérgio Jallad

Tabela 1. Doses de medicações utilizadas para sedação e realização de CVES				
Droga utilizada	Dose	Apresentação farmacêutica	Início de ação	Duração do efeito
Midazolam	0,10 mg/kg	5 mg/mL	15 min	20-60 min
Fentanil	2 µg/kg	50 µg/mL	2-3 min	30 min
Etomidato	0,1 mg/kg	2 mg/mL	10 s	5 min
Propofol	0,5 mg/kg	10 mg/mL	30 s	2-4 min
CVES: cardioversão elétrica sincronizada.				

9
Indicação de ablação de emergência

Rachel Bragato Pardini
Esteban W. Rocca Rivarola

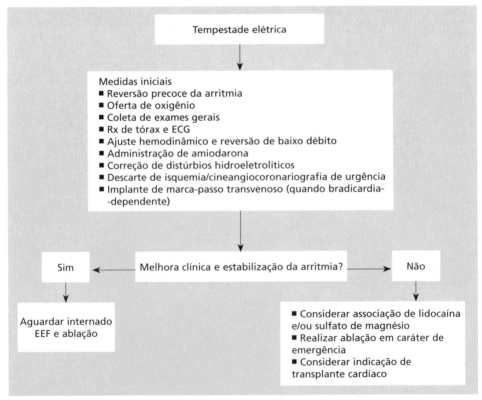

Figura 1. Algoritmo de tratamento de pacientes com arritmia ventricular complexa. ECG: eletrocardiograma; EEF: estudo eletrofisiológico; Rx: radiografia.

IV

Seção

Marca-passo

O primeiro marca-passo do mundo foi construído em 1932, nos Estados Unidos, por Albert Hyman. O aparelho era composto por um gerador de pulsos movido a manivela e um cabo-eletrodo bipolar, que era introduzido diretamente no tórax e promovia a estimulação cardíaca. Assim se estabeleceu o conceito de "PACE" e foi dado início à estimulação cardíaca artificial.

Na presença de bradicardias sintomáticas irreversíveis, em situações em que há incapacidade de manter um débito cardíaco adequado, a necessidade de uma estimulação externa se faz mandatória e, nesse contexto, atualmente o marca-passo torna-se a ferramenta de eleição para correção do distúrbio.

Os pacientes podem dar entrada na sala de emergência por eventos cardiovasculares maiores, como acidente vascular cerebral, insuficiência cardíaca congestiva ou síndrome coronária aguda; assim como por ocorrência de choques ou problemas funcionais mecânicos e infecciosos relacionados ao dispositivo eletrônico.

Dessa forma, é importante que os médicos emergencistas tenham conhecimento de complicações relacionadas e dos diferentes dispositivos que podem auxiliar no tratamento dos pacientes.

Avaliação inicial do paciente com marca-passo definitivo na emergência

Creuza Macedo Goes
Glaucylara Reis Geovanini

Tabela 1. Código internacional de estimulação de marca-passo

Primeira letra	Câmara estimulada	**A** (átrio)	**V** (ventrículo)	**D** (átrio e ventrículo)	**O** (nenhuma)
Segunda letra	Câmara sentida	**A** (átrio)	**V** (ventrículo)	**D** (átrio e ventrículo)	**O** (nenhuma)
Terceira letra	Resposta do marca-passo à detecção de um sinal natural	**T** (deflagração)	**I** (inibição)	**D** (deflagração e inibição)	**O** (sem resposta)
Quarta letra	Capacidade de programabilidade e resposta de frequência	–	–	**R** (com resposta de frequência)	**O** (nenhuma)
Quinta letra	Presença de estimulação multissítio, ou seja, em mais de um ponto	–	**A** (átrio)	**V** (ventrículo)	**O** (nenhuma)

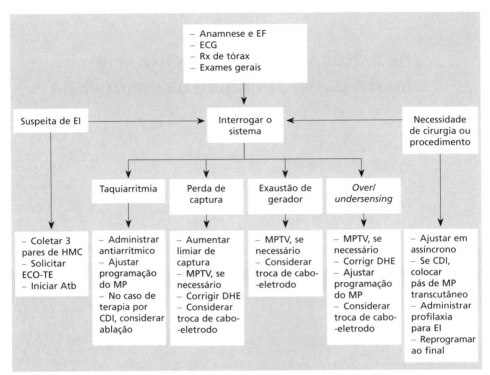

Figura 1. Fluxograma de atendimento de pacientes com dispositivo de estimulação elétrica cardíaca artificial na Unidade de Emergência do InCor. Atb: antibioticoterapia; CDI: cardiodesfibrilador implantável; DHE: distúrbios hidroeletrolíticos; ECG: eletrocardiograma; ECO-TE: ecocardiograma transesofágico; EF: exame físico; EI: endocardite infecciosa; HMC: hemocultura; MP: marca-passo; MPTV: marca-passo transvenoso.

2

Deslocamento e fratura de eletrodo de marca-passo

Luiz Fernando Fagundes de Gouvêa Filho
Haroldo Heitor Ribeiro Filho
Tatiana de Carvalho Andreucci Torres Leal

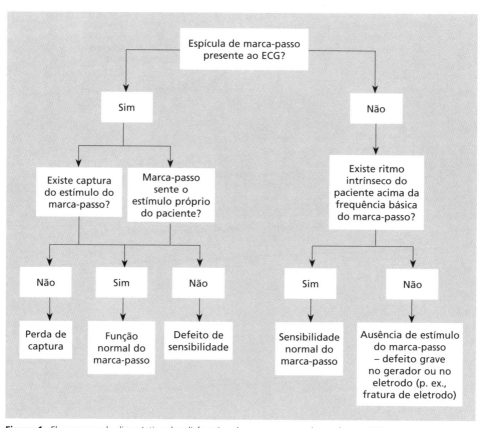

Figura 1. Fluxograma de diagnóstico das disfunções dos marca-passos baseado em ECG.

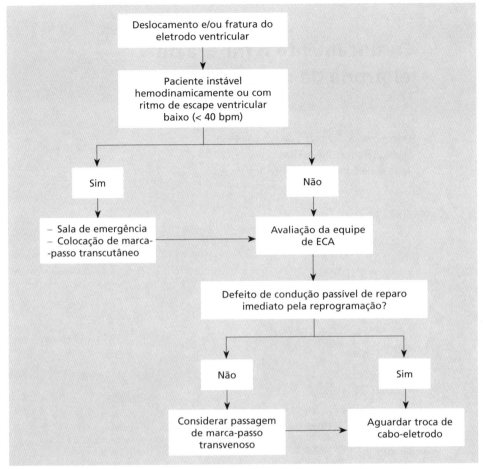

Figura 2. Sequência de ações na sala de emergência na presença de perda de captura do sistema de estimulação cardíaca artificial (ECA).

3

Exaustão de bateria do gerador do marca-passo

Thiago Ovanessian Hueb
Cinthya Ibrahim Guirao Gomes
Martino Martinelli Filho

Tabela 1. Troca média anual de geradores de maneira emergencial no InCor	
Procedimentos (trocas)	Nº de pacientes
Gerador de MPC	371
Gerador de CDI	61
Gerador de RC	35
Conjunto gerador/eletrodo	20

CDI: cardioversor desfibrilador implantável; MPC: marca-passo cardíaco; RC: ressincronizador.

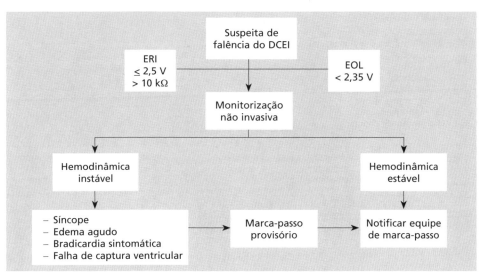

Figura 1. Manejo de pacientes com suspeita de falência do dispositivo de estimulação cardíaca artificial (DECA). DCEI: dispositivo cardíaco de estimulação implantável; ERI: *elective replacement indication*; EOL: *end of life*.

4
Abordagem do paciente com cardiodesfibrilador implantável

Sérgio Augusto Mezzalira Martins
Martino Martinelli Filho

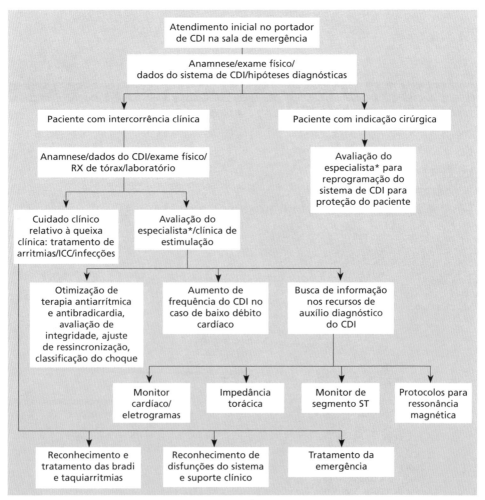

Figura 1. Fluxograma de atendimento do portador de CDI na sala de emergência do InCor. CDI: cardiodesfibrilador implantável; ICC: insuficiência cardíaca congestiva; Rx: radiografia. * Corresponde ao arritmologista, com ênfase em dispositivos cardíacos eletrônicos implantáveis.

5

Avaliação e tratamento do paciente com cardiodesfibrilador implantável submetido à terapia elétrica

Marco Alexander V. Akamine
Henrique Nogueira Mendes

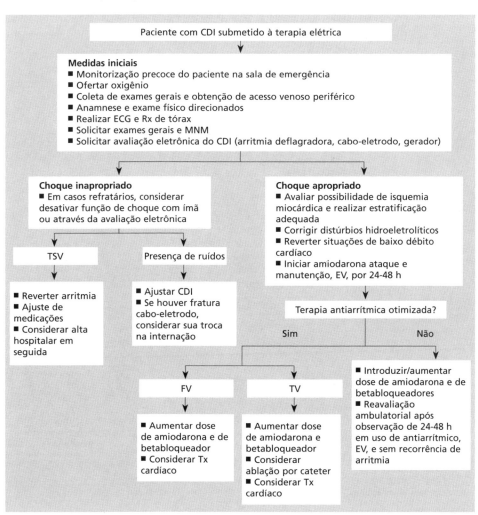

Figura 1. Fluxograma de avaliação e atendimento de pacientes com CDI submetidos à terapia elétrica na Unidade de Emergência do InCor. CDI: cardiodesfibrilador implantável; ECG: eletrocardiograma; EV: endovenoso; FV: fibrilação ventricular; MNM: marcadores de necrose miocárdica; Rx: radiografia; TV: taquicardia ventricular; Tx: transplante.

6
Infecções de dispositivos cardíacos eletrônicos implantáveis

Roberto Costa
Caio Marcos de Moraes Albertini
Miguel Nassif Jr.
Elizabeth Sartori Crevelari
Kátia Regina da Silva

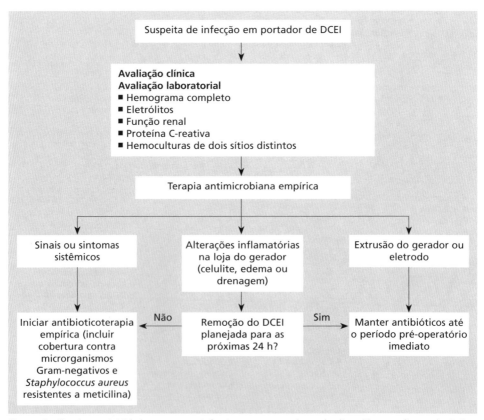

Figura 1. Abordagem inicial dos processos infecciosos em portadores de dispositivos cardíacos eletrônicos implantáveis (DCEI).

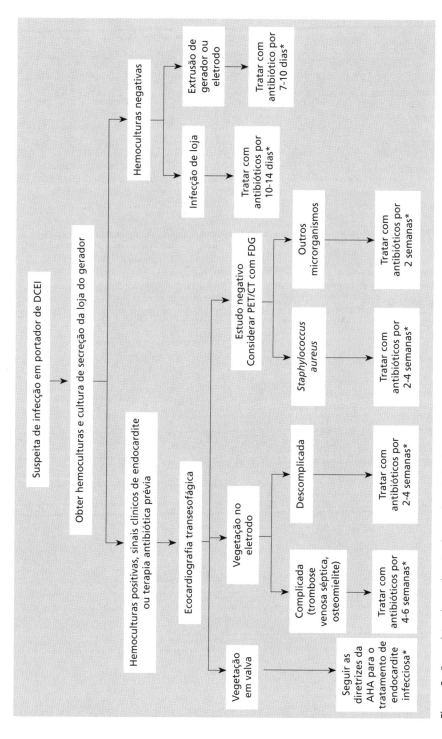

Figura 2. Como determinar a duração da terapia antimicrobiana nos processos infecciosos em portadores de dispositivo cardíaco eletrônico implantável (DCEI). AHA: American Heart Association. * A duração da terapia antimicrobiana deve ser considerada a partir do dia da remoção do dispositivo.

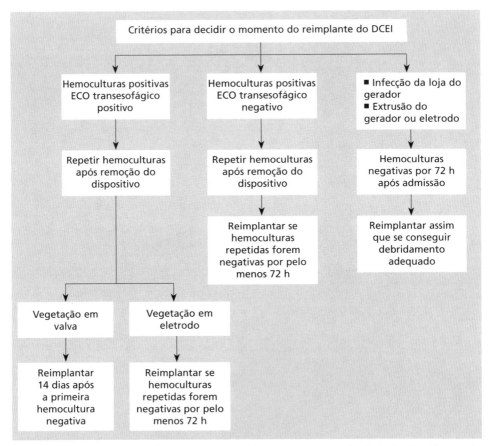

Figura 3. Recomendações para decidir o momento mais oportuno para o reimplante do dispositivo cardíaco eletrônico implantável (DCEI). ECO: ecocardiograma.

7

Utilização de marca-passo transcutâneo

Patrícia Oliveira Guimarães
Rony Lopes Lage
Alexandre de Matos Soeiro

Tabela 1. Principais indicações relacionadas ao uso de marca-passo transcutâneo em pacientes com síndrome coronária aguda
Bradicardia sinusal sintomática não responsiva às medicações
Bloqueio atrioventricular de segundo grau tipo Mobitz I, II, 2:1 fixo ou total
Bloqueio de ramo alternante (bloqueio de ramo esquerdo alternando com bloqueio de ramo direito, ou bloqueio de ramo direito fixo e bloqueio divisional anterossuperior esquerdo alternando com bloqueio divisional posteroinferior esquerdo)
Aparecimento de bloqueio bifascicular

8

Implante de marca-passo transvenoso

Thaysa Moreira Santos
Alexandre de Matos Soeiro

Tabela 1. Principais indicações relacionadas ao uso de marca-passo transvenoso

Bloqueio atrioventricular de segundo ou terceiro grau com instabilidade hemodinâmica ou síncope em repouso

Arritmias ventriculares secundárias à bradicardia

Pacientes assintomáticos com bloqueio atrioventricular de segundo grau Mobitz II ou terceiro grau, principalmente com QRS largo e frequência cardíaca < 40 bpm

Suporte para procedimentos que podem promover bradicardia (passagem de cateter de artéria pulmonar, p. ex.)

Procedimentos cirúrgicos com anestesia geral em pacientes com bloqueio atrioventricular de segundo ou terceiro grau ou intermitente

Considerar em bloqueio bifascicular com bloqueio atrioventricular de primeiro grau

Overdrive suppression

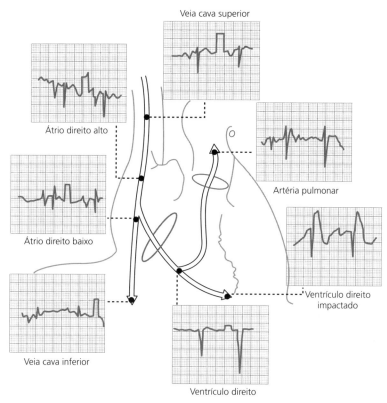

Figura 1. Traçados eletrocardiográficos representativos da passagem do eletrodo pelas diferentes câmaras cardíacas correspondentes.

Seção

V

Insuficiência cardíaca

A insuficiência cardíaca (IC) é uma síndrome clínica extremamente comum, mas muito complexa, caracterizada por anormalidades estrutural e funcional, que ocasionam o fornecimento inadequado de sangue para as necessidades metabólicas teciduais, ou que só consegue fazê-lo às custas de elevadas pressões de enchimento ventricular. Com o aumento da expectativa de vida e o tratamento de doenças crônicas (hipertensão, diabetes melito, doença coronária), sua incidência está cada vez maior. Entretanto, ainda apresenta prognóstico ruim e alta taxa de mortalidade.

A IC aguda é definida quando ocorre instalação ou mudança dos sinais e sintomas de maneira abrupta com necessidade de intervenção médica imediata. Trata-se da principal causa de internação no mundo e a terceira no Brasil, ficando apenas atrás da pneumonia e do câncer. Em razão das internações prolongadas e do alto número de reinternações, essa doença pode gerar altos custos no cuidado dos pacientes.

A maioria dos pacientes que procuram o pronto-socorro por conta de IC apresenta doença cardíaca preexistente que, por algum motivo, foi descompensada. Menos de 20% dos casos de IC do pronto-socorro são casos novos. Neste grupo, a maioria são pacientes que apresentam síndrome coronária aguda como fator desencadeante.

A avaliação dos pacientes com IC deve ser intensiva e direcionada tanto na avaliação de sinais de descompensação e do perfil hemodinâmico na admissão, quanto na identificação de fatores precipitantes, favorecendo, dessa forma, uma terapêutica adequada e priorizando uma conduta individualizada.

1

Abordagem inicial do paciente com insuficiência cardíaca

Danielle Menosi Gualandro
Múcio Tavares de Oliveira Jr.

Tabela 1. Classificação do perfil clínico/hemodinâmico da insuficiência cardíaca

Sinais de má perfusão	Sinais de congestão	
	Ausentes	Presentes
Ausentes	Perfil A (quente e seco)	Perfil B (quente e úmido)
Presentes	Perfil L (frio e seco)	Perfil C (frio e úmido)

Tabela 2. Posologia dos principais diuréticos

Diuréticos	Dose
Furosemida	20 a 240 mg, EV/dia
Hidroclorotiazida	25 a 50 mg, VO/dia
Clortalidona	25 a 50 mg, VO/dia
Espironolactona	25 mg, VO/dia

EV: endovenoso; VO: via oral.

Tabela 3. Posologia dos IECA e dos BRA

Classe	Droga	Dose-alvo
IECA	Captopril	50 mg, 3 x/dia
	Enalapril	10 a 20 mg, 2 x/dia
	Ramipril	5 mg, 2 x/dia
	Lisinopril	30 mg/dia
BRA	Losartana	50 mg, 2 x/dia
	Valsartana	80 a 160 mg/dia
	Candesartana	16 a 32 mg/dia
	Irbesartana	150 a 300 mg/dia

BRA: bloqueadores dos receptores da angiotensina; IECA: inibidores da enzima de conversão da angiotensina.

Tabela 4. Posologia dos betabloqueadores

Betabloqueador	Dose-alvo
Bisoprolol	10 mg/dia
Carvedilol	25 mg, 2 x/dia
Metoprolol (succinato)	200 mg/dia
Nebivolol	10 mg/dia

Tabela 5. Medicações utilizadas na profilaxia do tromboembolismo venoso

Profilaxia para tromboembolismo venoso	
Heparina não fracionada	Heparina 5.000 UI, SC, 8/8 h
Heparinas de baixo peso molecular	Enoxaparina 40 mg, SC, 1 x/d
	Nadroparina 2.850-5.700 UI, SC, 1 x/d
	Dalteparina 5.000 UI, SC, 1 x/d

SC: subcutâneo.

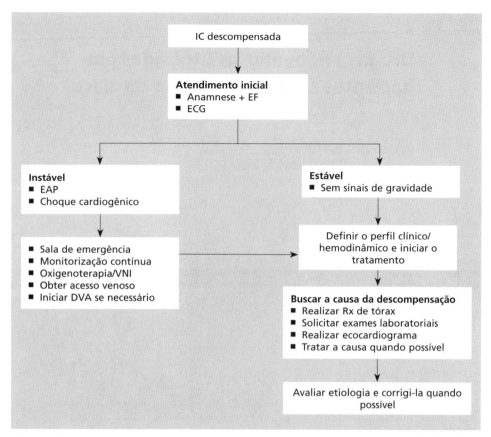

Figura 1. Fluxograma de atendimento de pacientes com IC descompensada na Unidade de Emergência do InCor. DVA: droga vasoativa; EAP: edema agudo de pulmão; ECG: eletrocardiograma; EF: exame físico; IC: insuficiência cardíaca; Rx: radiografia; VNI: ventilação não invasiva.

2

Drogas endovenosas utilizadas em pacientes com insuficiência cardíaca

Juliano Sabino de Matos
Germano Emílio Conceição Souza
Antônio Carlos Pereira Barretto
Fabio Grunspun Pitta

Tabela 1. Efeito hemodinâmico das medicações vasodilatadoras

Agente	DC	PCP	PA	FC	Arritmia	Início da ação	Duração do efeito	Diurese	Dose
Nitroglicerina	↑	↓↓↓	↓↓	↑	Não	Rápido	Curta	Indireto	Iniciar com 10-20 μg/min Ajuste a cada 10 min Aumentar até 200 μg/min
Nitroprussiato de sódio	↑↑↑	↓↓↓	↓↓↓	↑	Não	Rápido	Curta	Indireto	Ajuste a cada 10 min Aumentar até 0,3 a 5 μg/kg/min
Nesiritide	↑↑	↓↓↓	↓↓	↑	Não	Rápido	Curta	Indireto	*Bolus* de 2 μg/kg + infusão de 0,015 a 0,03 μg/kg/min

DC: débito cardíaco; PA: pressão arterial; PCP: pressão capilar pulmonar.

Tabela 2. Indicações de vasodilatadores endovenosos em IC aguda

Classe de recomendação	Indicações
Classe I	Nitroglicerina para tratamento da IC aguda em pacientes sem hipotensão
	Nitroprussiato para tratamento da IC aguda associada à emergência hipertensiva sem evidência de isquemia miocárdica aguda
	Nitroprussiato em pacientes em uso de monitorização hemodinâmica invasiva e resistência vascular periférica aumentada, associado ou não a inotrópicos
Classe IIb	Nesiritide para tratamento da IC aguda em pacientes sem hipotensão

IC: insuficiência cardíaca. Adaptada de II Diretriz Brasileira de IC aguda.

2 ■ Drogas endovenosas utilizadas em pacientes com insuficiência cardíaca

Tabela 3. Doses de inotrópicos em ICD

Inotrópicos/inodilatadores	Dose inicial (µg)	Dose máxima (µg)
Agonistas beta-adrenérgicos: dobutamina	2,5 µg/kg/min. Avaliar ajuste a cada 10 min. Efeito dinâmico em até 2 h	20 µg/kg/min
Inibidores da fosfodiesterase: milrinone	Manutenção: inicial de 0,375 µg/kg/min (necessidade de correção pela função renal)	0,75 µg/kg/min
Sensibilizadores de cálcio: levosimendana	0,05 µg/kg/min, por 24 h	0,2 µg/kg/min

Adaptada da II Diretriz brasileira de IC aguda. ICD: insuficiência cardíaca descompensada; PAS: pressão arterial sistólica.

Tabela 4. Recomendações para o uso de inotrópicos em ICD

Classe de recomendação	Indicações
Classe I	Dobutamina para pacientes em choque cardiogênico, para suporte hemodinâmico, independentemente da etiologia da cardiomiopatia
Classe IIa	Levosimendana para pacientes com sinais de baixo débito, sem choque cardiogênico, em uso de betabloqueador
	Milrinone para pacientes com sinais de baixo débito, sem choque cardiogênico, etiologia não isquêmica, em uso de betabloqueador
	Dobutamina e/ou milrinone para suporte hemodinâmico para pacientes em baixo débito e em fila de espera para transplante cardíaco em situação de prioridade
Classe IIb	Dobutamina, milrinone ou levosimendana para melhora dos sintomas de pacientes em baixo débito sem hipotensão arterial
	Associação de levosimendana na tentativa de retirada de dobutamina
Classe III	Dobutamina, milrinone ou levosimendana para pacientes sem sinais de baixo débito
	Dobutamina, milrinone ou levosimendana em infusão intermitente ambulatorial para pacientes com frequentes descompensações
	Levosimendana ou milrinone para pacientes em choque cardiogênico

Adaptada da II Diretriz brasileira de IC aguda. ICD: insuficiência cardíaca descompensada.

3

Miocardites agudas

Sandrigo Mangini
Fábio Fernandes
Charles Mady

Tabela 1. Indicações de biópsia endomiocárdica em suspeita de miocardite aguda	
Classe de indicação	Recomendação
I	IC de início recente (< 2 semanas), sem causa definida, não responsiva ao tratamento usual e com deterioração hemodinâmica
I	Insuficiência cardíaca (IC) de início recente (2 semanas a 3 meses), sem causa definida e associada a arritmias ventriculares ou bloqueios atrioventriculares de segundo ou terceiro graus
IIa	IC com início (> 3 meses e < 12 meses), sem causa definida e sem resposta à terapia-padrão otimizada
IIa	IC decorrente de miocardiopatia dilatada de qualquer duração, com suspeita de reação alérgica e/ou eosinofilia
IIb	Arritmias ventriculares frequentes na presença ou não de sintomas, sem causa definida
IC: insuficiência cardíaca.	

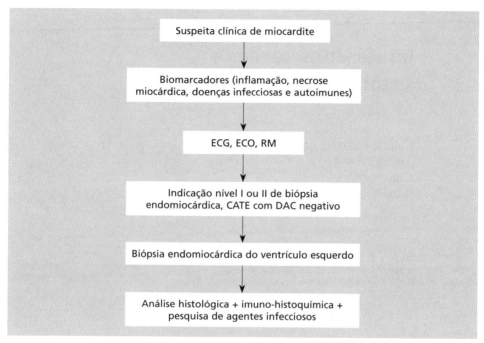

Figura 1. Fluxograma de pesquisa em pacientes com suspeita de miocardite aguda. CATE: cateterismo cardíaco; DAC: doença arterial coronária; ECG: eletrocardiograma; ECO: ecocardiograma; RM: ressonância magnética.

4

Insuficiência cardíaca sistólica descompensada

Felipe Lourenço Fernandes
Antônio Fernando Barros de Azevedo Filho
Pedro Yuri Paiva Lima
Múcio Tavares de Oliveira Jr.

Tabela 1. Sinais clínicos relacionados a perfusão e hipervolemia

Sinais de baixa perfusão	Sinais de hipervolemia
Tempo de enchimento lentificado	Estase jugular presente
Extremidades frias	Refluxo hepatojugular
Oligúria	Estertores pulmonares
Confusão mental	Ascite
Pressão de pulso pinçada	Derrame pleural
Pressão de pulso proporcional < 25%	Edema de membros inferiores
Hipotensão	B3

Tabela 2. Fatores de descompensação de insuficiência cardíaca mais comuns

Má adesão medicamentosa
Ingestão excessiva de líquidos
Infecções
Síndrome coronária aguda
Miocardite
Doença valvar
Arritmia
Distúrbios da tireoide
Drogas cardiopressoras (anti-inflamatórios não esteroidais, antiarrítmicos, bloqueadores do canal de cálcio etc.)

Tabela 3. Classificação do perfil clínico/hemodinâmico da insuficiência cardíaca		
Sinais de má perfusão	Sinais de congestão	
	Ausentes	Presentes
Ausentes	Perfil A (quente e seco)	Perfil B (quente e úmido)
Presentes	Perfil L (frio e seco)	Perfil C (frio e úmido)

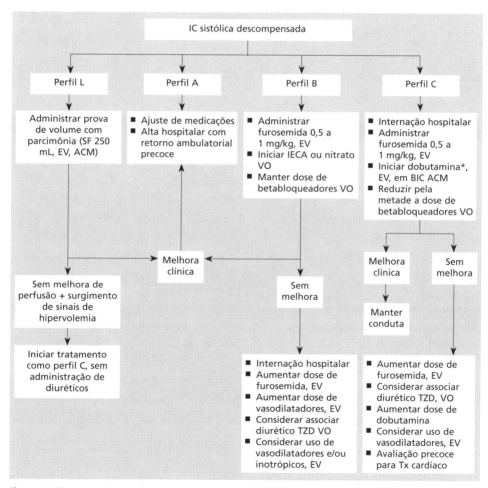

Figura 1. Fluxograma de atendimento de pacientes com IC sistólica descompensada na Unidade de Emergência do InCor. ACM: a critério médico; BIC: bomba de infusão contínua; EV: endovenoso; IC: insuficiência cardíaca; IECA: inibidores da enzima conversora de angiotensina; SF: soro fisiológico; Tx: transplante; TZD: tiazídico; VO: via oral. *Considerar milrinona ou levosimendana se uso de betabloqueadores e pressão arterial sistólica > 90 mmHg.

5

Insuficiência cardíaca diastólica descompensada

Marina Hoff de Lima Tonin
Cíntia Gonçalves Fontes Lima
Sílvia Moreira Ayub Ferreira

Tabela 1. Correlação entre fisiopatologia e terapia proposta na insuficiência cardíaca diastólica	
Base fisiopatológica	Terapia
Redução da sobrecarga volêmica	Diuréticos
	Restrição hidrostática
	Diálise
Controle de FC, aumento do tempo diastólico final	Bloqueio beta-adrenérgico
	Bloqueio dos canais de cálcio (verapamil ou diltiazem)
Restauração da contração atrial (FA)	Considerar digoxina
	Agentes antiarrítmicos
	Cardioversão elétrica
Bloqueio do sistema renina-angiotensina	Inibidores da enzima de conversão da angiotensina
Bloqueio da ação da aldosterona	Antagonistas dos receptores da aldosterona
	Espironolactona
Controle pressórico	Investigar causas secundárias e agravantes
	Otimizar tratamento farmacológico
Tratamento da isquemia	Revascularização miocárdica

FA: fibrilação atrial; FC: frequência cardíaca.

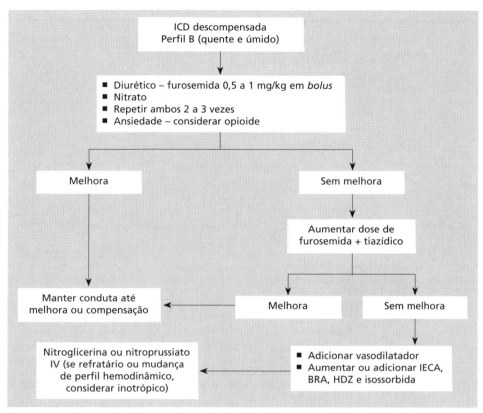

Figura 1. Algoritmo da insuficiência cardíaca diastólica (ICD) descompensada de perfil B. BRA: bloqueador do receptor da angiotensina; HDZ: hidralazina; IECA: inibidor da enzima conversora da angiotensina.

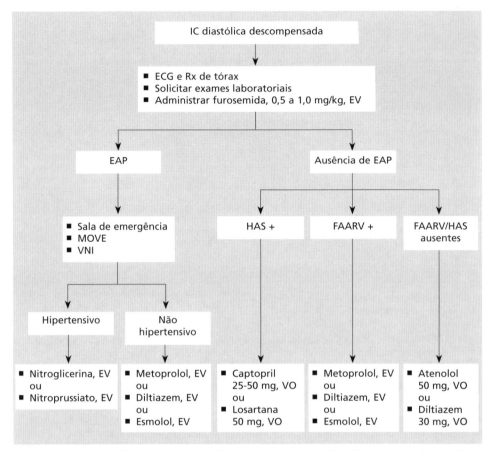

Figura 2. Tratamento realizado em ICD na Unidade de Emergência do InCor. EAP: edema agudo de pulmão; ECG: eletrocardiograma; FAARV: fibrilação atrial de alta resposta ventricular; FE: fração de ejeção; HAS: hipertensão arterial sistêmica; IC: insuficiência cardíaca; EV: endovenoso; MOVE: monitorização cardíaca, oxigenoterapia e acesso venoso; Rx: radiografia; VNI: ventilação não invasiva; VO: via oral; +: presente.

Manejo e desmame de inotrópicos

Danielle Menosi Gualandro
Luis Fernando Bernal da Costa Seguro
Múcio Tavares de Oliveira Jr.

Tabela 1. Principais agentes inotrópicos e suas diluições utilizados em pacientes com insuficiência cardíaca na Unidade de Emergência do InCor

Medicamento	Diluição	Dose
Dobutamina	4 ampolas (1.000 mg) em 170 mL de soro fisiológico ou glicosado	2-20 µg/kg/min
Dopamina	5 ampolas (250 mg) em 200 mL de soro fisiológico ou glicosado	2-20 µg/kg/min
Milrinona	2 ampolas (20 mg) em 80 mL de soro fisiológico ou glicosado	0,500 µg/kg/min Pode ser reduzida para 0,375 µg/kg/min ou aumentada para 0,750 mg/kg/min Em pacientes com *clearance* de creatinina < 10 mL/min, a dose é de 0,230 µg/kg/min
Levosimendana	1 ampola de 10 mL (25 mg) em 500 mL de soro glicosado	0,1 µg/kg/min por 24 horas Pode ser reduzida para 0,05 µg/kg/min ou aumentada até 0,2 µg/kg/min de acordo com a resposta Não deve ser usada se *clearance* de creatinina < 30 mL/min

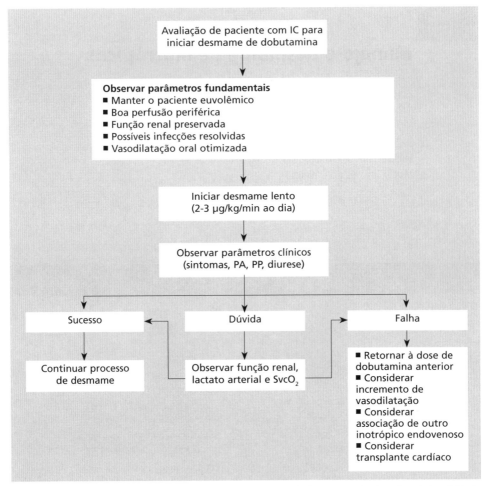

Figura 1. Rotina de desmame de dobutamina realizada na Unidade de Emergência do InCor. IC: insuficiência cardíaca; PA: pressão arterial; PP: perfusão periférica; $SvcO_2$: saturação venosa central de oxigênio.

7
Paciente chagásico na emergência

Fábio Fumagalli Garcia
Bárbara Maria Ianni

Tabela 1. Recomendações para anticoagulação plena na doença de Chagas		
Recomendação	Situação clínica	Nível de evidência
I	Fibrilação atrial ■ com disfunção sistólica ■ com CHADS2 ≥ 2	C
I	Trombose mural	C
I	Acidente vascular encefálico prévio	C
IIb	Aneurisma de ponta de ventrículo esquerdo	C

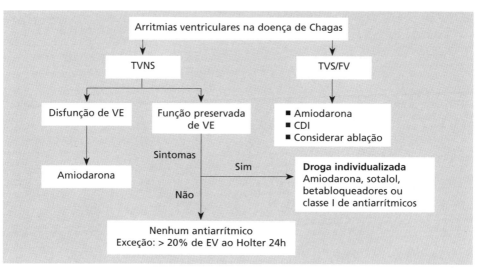

Figura 1. Abordagem do paciente chagásico com arritmia ventricular. CDI: cardiodesfibrilador implantável; EV: extrassístoles ventriculares; FV: fibrilação ventricular; TVNS: taquicardia ventricular não sustentada; TVS: taquicardia ventricular sustentada; VE: ventrículo esquerdo.

8

Assistência circulatória mecânica na emergência

Bruno Biselli
Mariana Pinto Wetten
Ludhmila Abrahão Hajjar

Tabela 1. Indicações de suporte circulatório na emergência
Choque cardiogênico associado a infarto agudo do miocárdio
Insuficiência cardíaca sistólica crônica descompensada com choque cardiogênico refratário ao uso inicial de drogas vasoativas (inotrópicos, vasodilatadores, vasopressores)
Choque cardiogênico agudo (p. ex., miocardites fulminantes, pós-parada cardiorrespiratória, cardiopatia adrenérgica – síndrome de Takotsubo)
Insuficiência mitral aguda após infarto do miocárdio
Procedimentos percutâneos coronarianos ou valvares de alto risco
Durante parada cardiorrespiratória (PCR) em pacientes selecionados

8 ■ Assistência circulatória mecânica na emergência

Tabela 2. Classificação INTERMACS

Perfil	Descrição	Estado hemodinâmico	Tempo para intervenção
1	Choque cardiogênico grave	Hipotensão persistente apesar do uso de inotrópicos e BIA associada à disfunção orgânica	Horas – indicação de ACM
2	Declínio progressivo apesar do uso de inotrópico	Declínio da função renal, hepática, nutricional e lactatemia a despeito do uso de agentes inotrópicos em doses otimizadas	Horas/dias – indicação de ACM
3	Estável às custas de inotrópico	Estabilidade clínica em vigência de terapia inotrópica, mas com histórico de falência do desmame	Semanas
4	Sintomas ao repouso	Sinais de retenção hídrica ao desmame inotrópico	Semanas a meses
5	Em casa, intolerante aos esforços	Limitação marcante para atividades, porém confortável ao repouso a despeito de retenção hídrica	Urgência variável, dependente do estado nutricional e grau de disfunção orgânica
6	Limitação aos esforços	Limitação moderada aos esforços, ausência de sinais de hipervolemia	Urgência variável, dependente do estado nutricional e grau de disfunção orgânica
7	NYHA III	Estabilidade hemodinâmica e ausência da hipervolemia	Sem indicação

ACM: assistência circulatória mecânica; BIA: balão intra-aórtico; NYHA: classificação de insuficiência cardíaca da New York Heart Association.

Tabela 3. Características dos dispositivos percutâneos

Tipos de dispositivos	Balão intra-aórtico	ECMO	Impella® (Impella 2.5[a], Impella CP[b], Impella 5[c])
Mecanismo	Pneumático	Centrífugo	Axial
Via de acesso	Percutâneo – artéria femoral	Percutâneo ou dissecção – artéria femoral e veia femoral ou jugular	Percutâneo[a,b] ou dissecção[c] – artéria femoral
Suporte hemodinâmico	0,5 L/min	> 4,5 L/min	2,5 L/min[a], 4,0 L/min[b], 5,0 L/min[c]
Tempo de implante	+	++	++ [a,b] ++++ [c]
Pós-carga	↓	↑↑↑	↓
Débito cardíaco	↑	↑↑	↑↑↑
PCP	↓	↓↓	↔
Pré-carga VE	---	↓↓	↓
Perfusão coronária	↑	↑	---
Suporte respiratório	---	+	---

PCP: pressão capilar pulmonar; VE: ventrículo esquerdo.

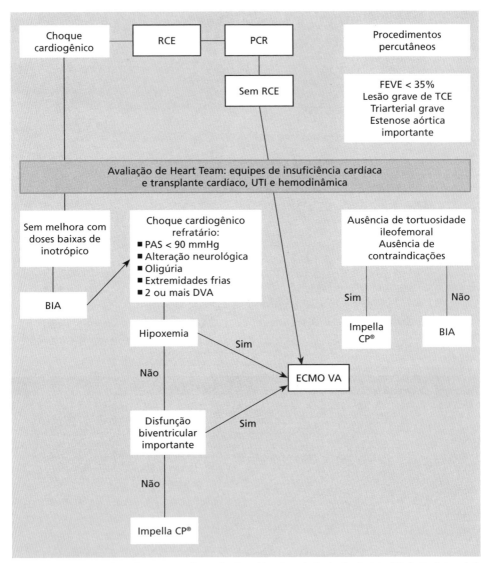

Figura 1. Fluxograma de avaliação para seleção do dispositivo de assistência circulatória. BIA: balão intra-aórtico; DVA: drogas vasoativas; ECMO V-A: oxigenação por membrana extracorpórea venoarterial; FEVE: fração de ejeção do ventrículo esquerdo; PAS: pressão arterial sistólica; PCR: parada cardiorrespiratória; RCE: recuperação de circulação espontânea; TCE: tronco de coronária esquerda.

VI

Seção

Doenças do pericárdio

O pericárdio é composto por duas membranas (visceral e parietal) de componente fibroelástico, cuja elasticidade é reduzida e suporta até 50 mL de líquido em seu interior sem que ocorra aumento de pressão diastólica nas cavidades.

A membrana pericárdica possui diversas funções, entre elas proteção a infecções contíguas do pulmão e da cavidade pleural e, principalmente, proteção das cavidades direitas, em casos de aumento súbito de pressão e volume. Possui também resposta imunológica a trauma, infecções, tumores e autoimunidade, o que leva ao aumento de produção de líquido e, a depender da etiologia, ao espessamento das suas membranas.

A pericardite aguda é uma doença comum causada pela inflamação do pericárdio e representa 5% de todas as causas de dor torácica na sala de emergência. Sua principal causa são as infecções virais, que representam 85-90% dos casos, embora também possa ser secundária a afecções sistêmicas e infecções não virais.

Já o tamponamento cardíaco é o evento final do acúmulo progressivo de líquido intrapericárdico, quando a pressão intrapericárdica suplanta as pressões intracavitárias. Possui relação direta com o volume do derrame pericárdico, com a velocidade do acúmulo e com a elasticidade dessas membranas.

Condutas específicas devem ser adotadas em cada situação, e o estabelecimento de algoritmos pode auxiliar esse processo.

1

Pericardites agudas

Dirceu Thiago Pessoa de Melo
Fábio Fernandes

Tabela 1. Principais causas de pericardites agudas

Causas infecciosas	Causas não infecciosas
Viral ■ Coxsakie, Epstein-Barr, citomegalovírus, parvovírus B19, HIV, herpes-vírus tipo VI	**Processo autoimune** ■ Síndrome pós-pericardiotomia ■ Pericardite pós-infarto do miocárdio ■ Pericardite pós-trauma
Bacteriana ■ *Micobacterium tuberculosis, Coxiella burnetii, Chlamydia pneumoniae, Micoplasma pneumoniae, Streptococcus pneumoniae, Meningococcus, Haemophilus* spp., *Legionella* spp.	**Doença autoimune** ■ Lúpus eritematoso sistêmico ■ Artrite reumatoide ■ Síndrome de Sjögren ■ Esclerodermia ■ Doença de Behçet ■ Sarcoidose ■ Febre familiar do mediterrâneo
Fúngica (rara, mais comum em imunocomprometidos) ■ *Candida* spp., *Histoplasma* spp., aspergilose, blastomicose	**Neoplasia** ■ Primária (muito raro) ■ Mesotelioma, fibrossarcomas, linfangiomas, teratomas, hemangiomas e lipomas. ■ Metástases (comum) ■ Mama, pulmão, linfoma, TGI
Parasitária ■ *Toxoplasma, Echinococcus*	**Metabólica** ■ Uremia, mixedema
	Traumática/iatrogênica ■ Trauma ■ Drogas (hidralazina com síndrome *lupus-like*, isoniazida, doxorrubicina, daunorrubicina) ■ Complicação de ablação por radiofrequência, cateterismo ou implante de marca-passo

HIV: vírus da imunodeficiência humana; TGI: trato gastrointestinal.

Sinais de alto risco de complicações
- Sinal de Kussmaul
- Pulso paradoxal
- Derrame pericárdico moderado a importante
- Imunossupressão
- Uso de anticoagulante oral
- Trauma torácico recente
- Pericardite recorrente
- Falha terapêutica após 7 dias de tratamento

Sinais sugestivos de etiologia não viral
- Emagrecimento
- Anemia
- Sudorese noturna
- Pneumonia bacteriana em tratamento
- Imunossupressão
- IAM recente
- Neoplasia prévia
- Tuberculose prévia
- Doenças autoimunes
- Cirurgia cardíaca
- Radioterapia

Figura 1. Sinais de alto risco de complicações ou sugestivos de etiologia não viral. IAM: infarto agudo do miocárdio

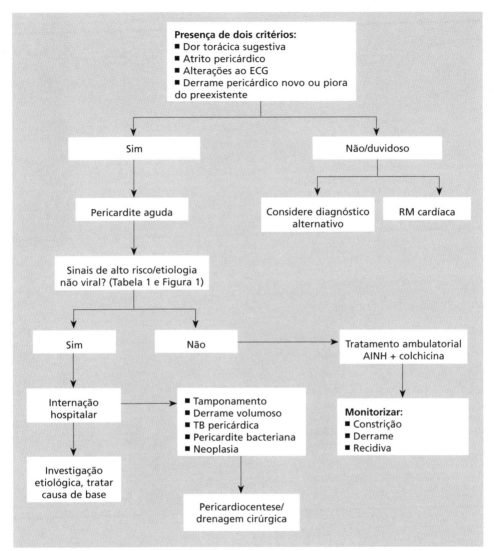

Figura 2. Algoritmo para diagnóstico e tratamento da pericardite aguda (adaptada de Khandaker et al. Mayo Clinic Proceedings; 2010). AINH: anti-inflamatórios não hormonais; ECG: eletrocardiograma; RM: ressonância magnética; TB: tuberculose.

2
Pericardiocentese na emergência

Luís Roberto Palma Dallan
Luís Augusto Palma Dallan
Luís Alberto Oliveira Dallan

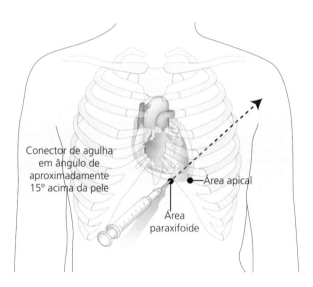

Figura 1. Posicionamento correto e direcionamento da agulha na pericardiocentese.

2 ■ Pericardiocentese na emergência

Tabela 1. Principais causas de derrame pericárdico

Tuberculose: em nosso meio ainda é a principal causa

Pericardite bacteriana ou viral, especialmente Coxsackie

Traumatismo torácico

Pós-infarto agudo do miocárdio

Pós-cirurgia cardíaca

Doença autoimune, principalmente o lúpus eritematoso sistêmico

Neoplasias secundárias, principalmente pulmonares, de mama, linfomas e melanoma. Os tumores primários são raros

Tabela 2. Principais análises solicitadas do líquido pericárdico

Proteínas totais e frações

DHL (desidrogenase láctica)

Glicemia, quando baixa sugere infecção

BAAR e ADA na suspeita de tuberculose

Citologia oncótica e marcadores tumorais se houver suspeita de neoplasia

Proteína > 3,0 g/dL, relação fluido/soro > 0,5; DHL > 200 mg/dL; relação fluido/soro > 0,6 (sugerem exsudato).

VII

Seção

Doenças da aorta

As doenças da aorta apresentam elevada morbidade e mortalidade. Geralmente, é o clínico geral – ou o cardiologista – que deve fazer o diagnóstico em um paciente que, na maioria das vezes, é assintomático e não apresenta sinas ou sintomas específicos.

Nos últimos anos, devido ao desenvolvimento dos métodos de diagnósticos complementares, houve aumento da identificação das diversas doenças da aorta, o que possibilitou maior número de diagnósticos.

Desse modo, as emergências relacionadas às doenças da aorta são extremamente graves. Sua avaliação, por vezes, gera diagnóstico de incerteza, uma vez que sua apresentação clínica pode ser confundida com outros diagnósticos diferenciais de dor torácica. Assim, em pacientes de alto risco, as doenças da aorta sempre devem ser investigadas, visto que seu diagnóstico precoce interfere na evolução da doença, assim como na sua taxa de mortalidade.

1

Dissecção aguda de aorta

Maria Raquel Massoti
José Augusto Duncan
Ricardo Ribeiro Dias

Tabela 1. Fatores de risco para o desenvolvimento da DAA
Aumento da tensão na parede da aorta
Aneurisma de aorta
Hipertensão arterial (principalmente quando não controlada)
Feocromocitoma
Cocaína ou outras substâncias estimulantes
Levantamento de peso ou manobra de Valsalva
Trauma com alta energia cinética
Coartação aórtica
Alterações da camada média da aorta
Síndrome de Marfan
Síndrome de Ehlers-Danlos (forma vascular)
Valva aórtica bicúspide
Síndrome de Loeys-Dietz
Vasculites inflamatórias
Arterite de Takayasu
Arterite de células gigantes
Doença de Behçet
Outros
Gravidez
Doença renal policística
Administração crônica de corticosteroides
Infecções que envolvem a parede da aorta

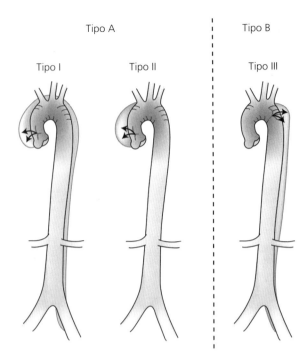

Figura 1. Classificação da dissecção aguda de aorta (DAA) conforme DeBakey e Stanford.

1 ■ Dissecção aguda de aorta

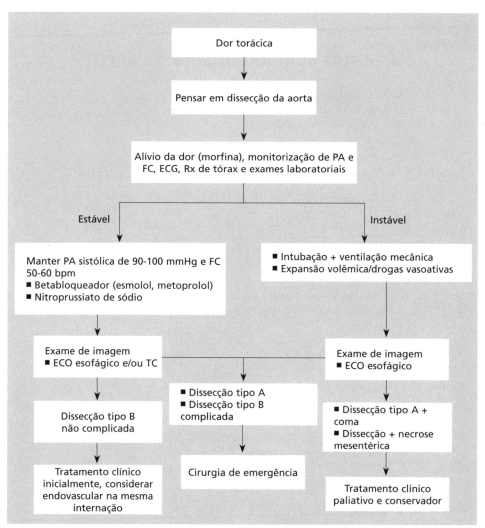

Figura 2. Fluxograma do tratamento de dissecção de aorta. ECG: eletrocardiograma; ECO: ecocardiograma; FC: frequência cardíaca; PA: pressão arterial; Rx: radiografia; TC: tomografia computadorizada.

2
Pacientes com aneurisma de aorta

Leandro Batisti de Faria
José Augusto Duncan
Carlos Manuel de Almeida Brandão
Ricardo Ribeiro Dias

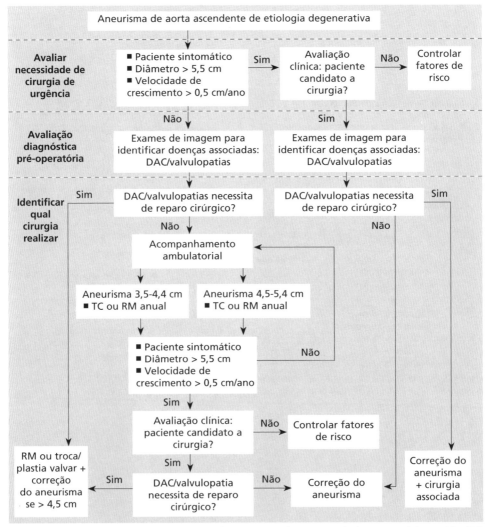

Figura 1. Algoritmo de avaliação e tratamento de aneurismas de aorta. DAC: doença arterial coronária; RM: revascularização miocárdica; RNM: ressonância magnética; TC: tomografia computadorizada.

Seção VIII

Geral

Algumas situações específicas, como a parada cardiorrespiratória, o manejo de anticoagulantes, cardiopatas gestantes etc., exigem conhecimento específico e, muitas vezes, o auxílio de outras disciplinas para que a conduta clínica seja otimizada. Parte dessas condutas baseia-se apenas em fisiopatologia. No entanto, a organização destas em fluxogramas pode auxiliar em situações de raciocínio rápido, como situações de emergência.

1 Ressuscitação cardiopulmonar

Bruna Bernardes Henares
Luís Augusto Palma Dallan
Luís Roberto Palma Dallan
Maria Margarita Castro Gonzalez
Sérgio Timerman

Acesso rápido | RCP rápida | Desfibrilação rápida | SAV rápido | Cuidado pós-RCE rápido

Figura 1. Corrente de sobrevivência do adulto: 1) acesso rápido; 2) ressuscitção cardiopulmonar (RCP) precoce; 3) desfibrilação precoce; 4) suporte avançado de vida (SAV) precoce; 5) cuidados após o retorno da circulação espontânea (RCE) precoce.

Tabela 1. Sequência de atendimento CABD primário
Checar responsividade
Chamar ajuda
Checar pulso carotídeo
Compressões torácicas
Abertura de vias aéreas
Boa ventilação
Desfibrilação

152 Seção VIII ■ Cardiologia de emergência em fluxogramas

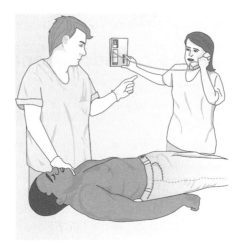

Figura 2. Chamar ajuda.

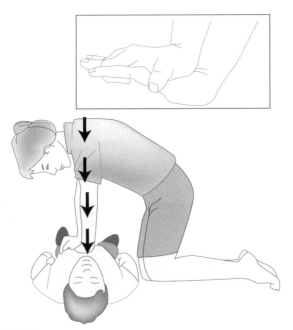

Figura 3. Compressões torácicas.

Figura 4. Abertura das vias aéreas.

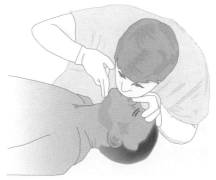

Figura 5. Respiração boca a boca.

Tabela 2. Possíveis causas em todas as modalidades de PCR	
Hipóxia	Tóxicos
Hipovolemia	Tamponamento cardíaco
H$^+$ (acidose)	Tensão no tórax (pneumotórax hipertensivo)
Hiper/hipocalemia	Trombose coronária (infarto agudo do miocárdio)
Hipotermia	Tromboembolismo pulmonar

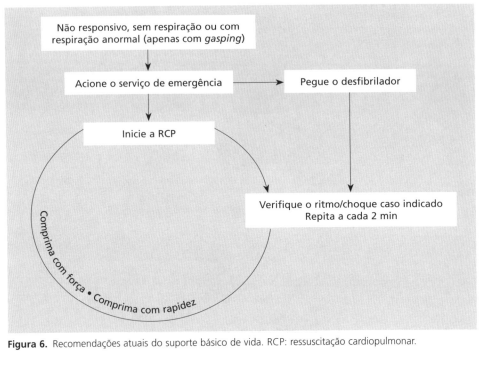

Figura 6. Recomendações atuais do suporte básico de vida. RCP: ressuscitação cardiopulmonar.

Tabela 3. Principais objetivos iniciais e subsequentes dos cuidados pós-PCR
1. Otimizar a função cardiopulmonar e a perfusão de órgãos vitais após o RCE
2. Transportar/transferir para um hospital apropriado ou UTI com completo sistema de tratamento pós-PCR
3. Identificar e tratar síndromes coronárias agudas e outras causas reversíveis
4. Controlar a temperatura para otimizar a recuperação neurológica
5. Prever, tratar e prevenir a disfunção múltipla de órgãos. Isto inclui evitar ventilação excessiva e hiperóxia
PCR: parada cardiorrespiratória; RCE: retorno da circulação espontânea; UTI: unidade de terapia intensiva.

1 ■ Ressuscitação cardiopulmonar

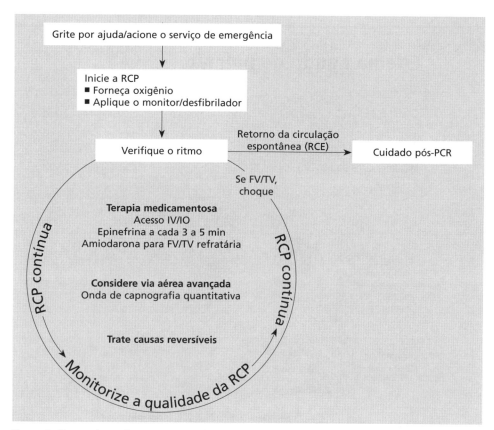

Figura 7. Síntese de condutas em vítimas de parada cardiorrespiratória (PCR). FV: fibrilação ventricular; IO: intraoral; IV: intravenoso; RCE: retorno da circulação espontânea; RCP: ressuscitação cardiopulmonar; TV: taquicardia ventricular.

2
Edema agudo de pulmão

Priscila Gherardi Goldstein
Múcio Tavares de Oliveira Jr.

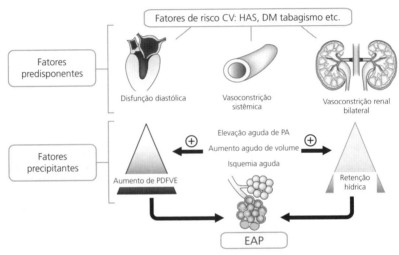

Figura 1. Fatores desencadeantes e cadeia de eventos fisiopatológicos do EAP. CV: cardiovasculares; DM: diabetes melito; EAP: edema agudo de pulmão; HAS: hipertensão arterial sistêmica; PA: pressão arterial; PDFVE: pressão diastólica final de ventrículo esquerdo.

Tabela 1. Fatores desencadeantes mais comuns do EAP	
Doença arterial coronária	51%
Infarto agudo do miocárdio	15%
Arritmias (principalmente FA)	31%
PAS elevada (>180 mmHg)	29%
Infecção	18%
Anemia	12%
Alta ingestão de sal	8%
Possível interrupção de drogas	8%
Outras/desconhecido	10%
EAP: edema agudo pulmonar; FA: fibrilação atrial; PAS: pressão arterial sistólica.	

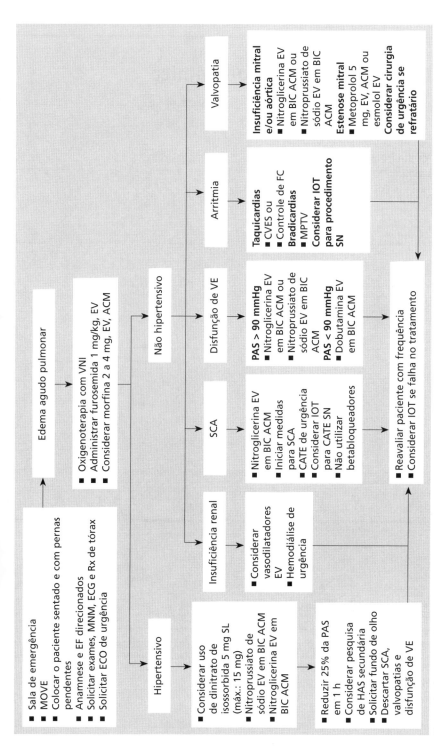

Figura 2. Fluxograma de atendimento de pacientes em EAP na Unidade de Emergência do InCor. ACM: a critério médico; BIC: bomba de infusão contínua; CATE: cateterismo cardíaco; CVES: cardioversão elétrica sincronizada; EF: exame físico; MNM: marcadores de necrose miocárdica; ECG: eletrocardiograma; ECO: ecocardiograma; EV: endovenoso; FC: frequência cardíaca; HAS: hipertensão arterial sistêmica; IOT: intubação orotraqueal; MOVE: monitorização, oxigenoterapia e acesso venoso; MPTV: marca-passo transvenoso; PAS: pressão arterial sistólica; Rx: radiografia; SCA: síndrome coronária aguda; SL: sublingual; SN: se necessário; VE: ventrículo esquerdo; VNI: ventilação não invasiva.

3
Monitorização hemodinâmica

Jackson Simomura
Milena Frota Macatrão-Costa
Leonardo Nicolau Geisler Daud Lopes
Silvia H. G. Lage

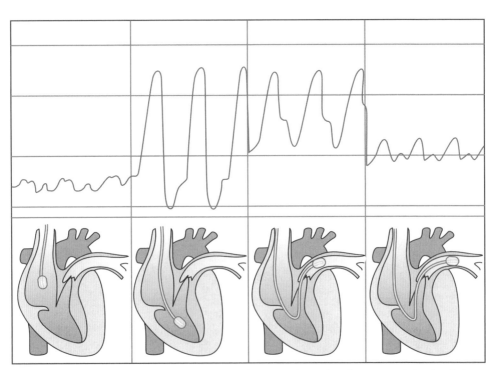

Figura 1. Representação esquemática da progressão do cateter de artéria pulmonar com balão insuflado ao longo do átrio direito, ventrículo direito e artéria pulmonar, respectivamente, nos três quadros à esquerda. Encunhamento da ponta do cateter na artéria pulmonar no quadro à direita. Acima estão representadas as curvas de pressão.

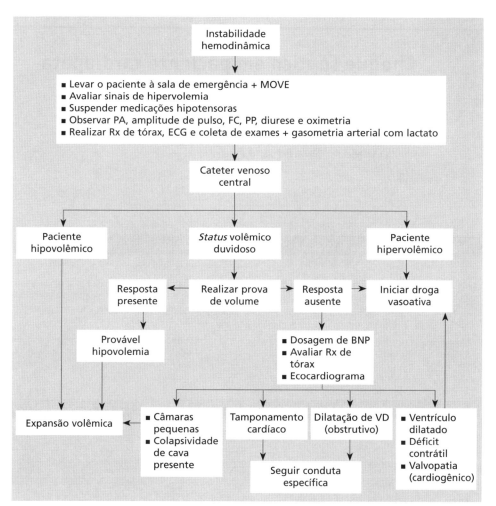

Figura 2. Avaliação e ajuste de *status* hemodinâmico realizado na Unidade de Emergência do InCor. ECG: eletrocardiograma; FC: frequência cardíaca; MOVE: monitorização, oxigenoterapia e acesso venoso; PA: pressão arterial; PP: perfusão periférica; Rx: radiografia; VD: ventrículo direito.

4

Choque séptico em paciente cardiopata

Bruna Romanelli Scarpa
Ximena Ferrugem Rosa
Claudia Yanet San Martin Bernoche

Tabela 1. Sítios prevalentes de infecção

Sítio da infecção	Porcentagem (%)
Pulmonar	65,6
Trato urinário	5,6
Abdominal/ferida operatória	4,9
Corrente sanguínea	2,5
Desconhecido	21,4

Tabela 2. *Sequential organ failure assessment* (SOFA)

Variáveis	0	1	2	3	4
Respiratório PaO_2/FiO_2 mmHg	> 400	< 400	< 300	< 200*	< 100*
Coagulação Plaquetas x 10^3 μL	> 150	< 150	< 100	< 50	< 20
Fígado Bilirrubina mg/dL	< 1,2	1,2-1,9	2,0-5,9	6,0-11,9	> 12
Cardiovascular Hipotensão	Sem hipotensão	PA média < 70 mmHg	Dopamina < 5 ou dobutamina (qualquer dose)	Dopamina > 5 Epinefrina < 0,1 ou norepinefrina < 0,1#	Dopamina > 5 Epinefrina < 0,1 ou norepinefrina < 0,1#
SNC Glasgow	15	13-14	10-12	6-9	< 6
Renal Creatinina mg/dL Diurese mL/dL	< 1,2	1,2-1,9	2,0-3,4	3,5-4,9 < 500	> 5,0 < 200

SNC: sistema nervoso central. * Valores com suporte ventilatório. # Agentes adrenérgicos iniciados há, pelo menos, 1 hora.

4 ■ Choque séptico em paciente cardiopata

Tabela 3. Principais recomendações utilizadas na Unidade de Emergência do InCor no manejo de pacientes com cardiopatia estrutural e choque séptico

Todo paciente cardiopata que comparece ao InCor com sinais de descompensação da cardiopatia deve ser investigado ativamente quanto à presença de infecção

O início da antibioticoterapia deve ser precoce e agressivo (idealmente em menos de 1 h)

Pacientes em uso de medicações cronotrópicas negativas podem não apresentar taquicardia

Na vigência de choque, suspender todas as medicações hipotensoras

Em geral, pacientes com valvopatias importantes com disfunção ventricular grave apresentam-se à emergência com sinais claros de hipervolemia (estase jugular, hepatomegalia, edema, anasarca, congestão pulmonar), sendo contraindicada nessas situações a administração de volume

A associação de dobutamina no tratamento do choque séptico em pacientes com disfunção ventricular usualmente é mais precoce e baseada apenas em dados de perfusão periférica. Quando possível, a coleta de $SvcO_2$ deve ser realizada, porém sem postergar o uso do inotrópico em situações claras de baixo débito cardíaco

Os portadores de sequela de febre reumática, de doença valvar operada ou não, cardiopatia congênita, próteses endovasculares, dispositivos de estimulação cardíaca, devem ser tratados com cobertura antimicrobiana para endocardite associada aos sítios endovasculares, até que seja claramente documentado outro foco de infecção, e devem ser solicitados 3 pares de hemoculturas e ecocardiograma transesofágico

A congestão pulmonar é um fator confundidor na suspeita clínica de infecções pulmonares

O controle da FC em pacientes com fibrilação atrial crônica deve ser realizado somente se houver taquicardia extrema (maior do que 130 bpm) e deve ser individualizado

5

Ventilação não invasiva na unidade de emergência

Graziela dos Santos Rocha Ferreira
Filomena Regina Barbosa Gomes Galas
Olívia Meira Dias

Tabela 1. Indicações ao uso da ventilação não invasiva
Edema pulmonar cardiogênico
Exacerbação aguda em pacientes com DPOC
Desmame de ventilação mecânica em pacientes com DPOC
Imunossuprimidos
Cuidados paliativos
Pneumonia em pacientes com DPOC
Prevenção de falha de extubação em pacientes com EAP/DPOC
Asmáticos (cautela)
Hipoventilação da obesidade (insuficiência respiratória hipercápnica agudizada)
DPOC: doença pulmonar obstrutiva crônica; EAP: edema agudo de pulmão.

Tabela 2. Contraindicações ao uso da ventilação não invasiva	
Absolutas	Parada respiratória fraca ou iminente
	Incapacidade de ajuste da interface
Relativas	Rebaixamento do nível de consciência
	Instabilidade cardiovascular (choque, arritmias graves, isquemia e outras), sangramento de trato gastrointestinal
	Inabilidade de proteção à via aérea
	Dificuldade de deglutição
	Excesso de secreções ou tosse ineficaz
	Paciente agitado ou não colaborativo
	Trauma, queimadura ou cirurgia facial
	Cirurgia torácica ou abdominal recente
	Obstrução de vias aéreas

6
Distúrbios hidroeletrolíticos no paciente cardiopata

Helena de Almeida Martins de Souza
Marcus Vinicius Burato Gaz
Alexandre de Matos Soeiro

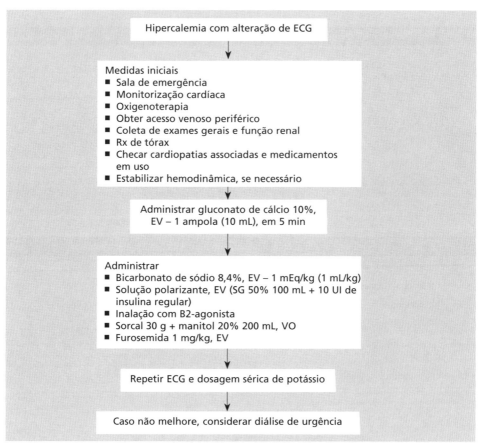

Figura 1. Fluxograma de atendimento de hipercalemia grave (com alteração de eletrocardiograma) na Unidade de Emergência do InCor. ECG: eletrocardiograma; EV: endovenoso; Rx: radiografia; VO: via oral.

7

Intoxicação cumarínica

Alex Tadeu Ribeiro Borges
Bianca Stefanello
Maria Antonieta A. A. de Medeiros Lopes
Cyrillo Cavalheiro Filho

Tabela 1. Manejo do INR supraterapêutico em pacientes sem sangramento

RNI	Conduta
> terapêutico-4,5	Suspensão da varfarina por 0-1 dia ± redução da dose*
4,5-8,0	Suspensão da varfarina por 1-2 dias + redução da dose após RNI terapêutico[†]
	Monitorização frequente de RNI e sinais de sangramento
> 8,0	Suspensão da varfarina 2-3 dias + redução de dose após RNI terapêutico
	Vitamina K 2,5 mg, VO, repetir se necessário
	Monitorização frequente de RNI e de sinais de sangramento (24-48 h)

* Não necessariamente deve-se ajustar dose se RNI minimamente prolongado (p. ex., até 0,5 acima da faixa terapêutica, evento isolado). [†] Podemos administrar 2,5 mg, VO, de vitamina K se paciente considerado com alto risco de sangramento (p. ex., idoso, história de sangramento ou AVC e insuficiência renal ou hepática). RNI: relação normatizada internacional; VO: via oral.

Tabela 2. Avaliação geral de pacientes com sangramento associado ao uso de anticoagulante

Suspensão temporária do anticoagulante
Considerar antídoto (vitamina K, no caso da varfarina e da femprocumona)
Oferecer tratamento de suporte conforme necessidade (p. ex., reposição volêmica, droga vasoativa)
Hemostasia local ou cirúrgica (compressão, tamponamento, antifibrinolíticos tópicos)
Avaliar necessidade de transfusão (concentrado de hemácias, concentrado de complexo protrombínico, plasma fresco congelado ou plaquetas, conforme adequação para o grau de sangramento e comorbidades)
Investigar a causa do sangramento

7 ▪ Intoxicação cumarínica

Tabela 3. Reversão da anticoagulação em pacientes com sangramento

Sangramento menor	Suspensão da varfarina
	Hemostasia mecânica/tópica (p. ex., compressão local, tamponamento, antifibrinolítico tópico)
	Vitamina K 2,5-5,0 mg, VO. Reavaliar em 24 h e administrar dose adicional, se a correção for incompleta
	Reintrodução de dose reduzida após cessação do sangramento e RNI terapêutico
Sangramento maior	Suspensão da varfarina
	Hemostasia mecânica/tópica (p. ex., compressão local, tamponamento, antifibrinolítico tópico)
	Reposição de fatores da coagulação com CCP (preferencialmente) ou PFC
	▪ RNI < 4,5: CCP 25 UI/kg
	▪ RNI > 4,5: CCP 35 UI/kg
	▪ PFC 10-30 mL/kg
	Vitamina K, 10 mg, IV, em infusão lenta

CCP: concentrado de complexo protrombínico; IV: intravenoso; PFC: plasma fresco congelado; RNI: relação normatizada internacional; VO: via oral.

Avaliar introdução de novo fármaco, aderência, dieta, intercorrência clínica potencialmente fatal; possibilidade de gerar sequelas importantes; queda > 2 g/dL em Hb ou necessidade de transfusão de > 2 CH

RNI supraterapêutico

NÃO

RNI terapêutico – 4,5 = suspensão por 0-1 dia ± ajuste da dose semanal. Se RNI minimamente elevado, pode não ser necessário ajuste de dose

Sangramento?

SIM

RNI 4,5-8,0 = suspensão por 1-2 dias ± ajuste da dose + monitorização de sangramento e de RNI frequente.
Pode ser dada vitamina K 1-2,5 mg se paciente com alto risco de sangramento

Sangramento MAIOR

Sangramento MENOR

▪ Suspensão de AVK
▪ Vitamina K, 10 mg, EV lento
▪ Hemostasia local
▪ Transfusão CCP, se disponível
25 UI/kg se RNI < 4,5
35 UI/kg se RNI > 4,5
ou PFC 10-30 mL/kg
▪ Suporte clínico e transfusional
▪ Investigar causa

▪ Suspensão AVK
▪ Vitamina K, 2,5 a 5 mg, VO
▪ Hemostasia local
▪ Reavaliar em 24 h (dose adicional de vitamina K se correção incompleta)
▪ Investigar causa

RNI > 8,0 = suspensão por 2-3 dias + ajuste da dose + vitamina K 2,5 mg (repetir se necessário) + monitorização de sangramento e RNI em 24-48 h

Figura 1. Fluxograma para atendimento de pacientes em uso de AVK com RNI supraterapêutico. AVK: antagonista da vitamina K; CCP: concentrado de complexo protrombínico; CH: concentrado de hemácias; Hb: hemoglobina; PFC: plasma fresco congelado; RNI: relação normatizada internacional.

8

Manejo de pacientes em uso de novos anticoagulantes orais na emergência

So Pei Yeu
George Barreto Miranda
Eberth Alves Machado Neto
Alexandre de Matos Soeiro

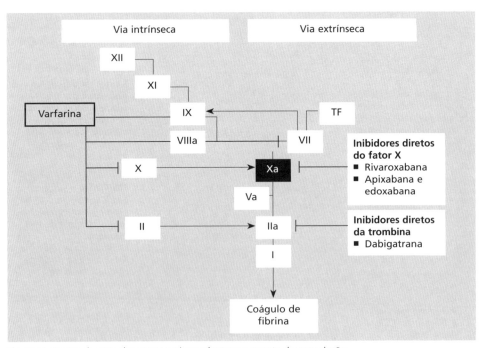

Figura 1. Pontos de ação dos novos anticoagulantes na cascata de coagulação.

8 ■ Manejo de pacientes em uso de novos anticoagulantes orais na emergência

Tabela 1. Aspectos do metabolismo e biodisponibilidade dos novos anticoagulantes

	Dabigatrana	Rivaroxabana	Apixabana	Edoxabana
Biodisponibilidade	6%	66-80%	50%	62%
Metabolismo hepático	20%	65%	73%	50%
Metabolismo renal	80%	35%	27%	50%
Meia-vida	12-17h	5-13h	9-14h	10-14h
Ligação à proteína (plasma)	35%	92-95%	~87%	55%

Tabela 2. Aspectos relacionados a testes de anticoagulação em pacientes em uso de novos anticoagulantes orais

	Dabigatrana	Rivaroxabana	Apixabana	Edoxabana
Pico plasmático	3h após ingestão	2-4 h após ingestão	3 h após ingestão	1-2 h após ingestão
Nível plasmático efetivo	12-24 h	16-24 h	12-24 h	NA
TP	NA	Se prolongado pode indicar risco de sangramento elevado	NA	NA
TTPa	Se > 2,0 o LSN pode indicar risco de sangramento elevado	NA	Pode aumentar	NA
TT	Se > 65 s, pode indicar risco de sangramento elevado	NA	NA	NA
Anti-Xa	NA	Pode ser aferido, mas sem relação estabelecida com risco de trombose ou sangramento	Pode ser aferido, mas sem relação estabelecida com risco de trombose ou sangramento	Pode ser aferido, mas sem relação estabelecida com risco de trombose ou sangramento

LSN: limite superior da normalidade; NA: não aplicável; TP: tempo de protrombina; TT: tempo de trombina; TTPa: tempo de tromboplastina parcial ativada.

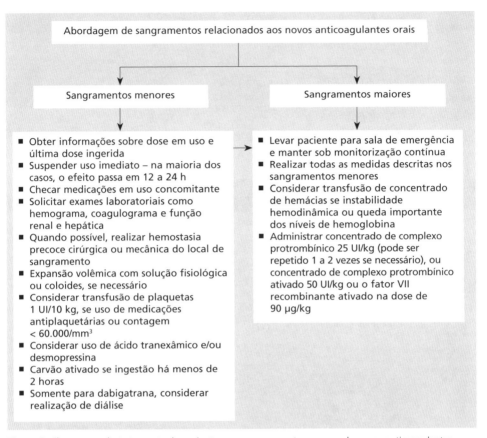

Figura 2. Fluxograma de tratamento de pacientes com sangramentos em uso de novos anticoagulantes.

Tabela 3. Tempo de ação dos anticoagulantes de acordo com a função renal				
	Dabigatrana	Rivaroxabana	Apixabana	Edoxabana
ClCr ≥ 60 mL/min	14 h	8,5 h	ND	ND
ClCr entre 30 e 60 mL/min	18 h	9 h	ND	ND
ClCr entre 15 e 30 mL/min	28 h	9,5 h	ND	ND
ClCr ≤ 15 mL/min	ND	ND	ND	ND
ClCr: *clearance* de creatinina; ND: dado não disponível.				

8 ▪ Manejo de pacientes em uso de novos anticoagulantes orais na emergência

Tabela 4. Tempo ideal de suspensão dos novos anticoagulantes orais antes de procedimentos cirúrgicos de acordo com o procedimento e a função renal

	Dabigatrana		Rivaroxabana/apixabana	
Função renal/procedimento	Baixo risco	Alto risco	Baixo risco	Alto risco
ClCr ≥ 80 mL/min	≥ 24 h	≥ 48 h	≥ 24 h	≥ 48 h
ClCr entre 50 e 80 mL/min	≥ 36 h	≥ 72 h	≥ 24 h	≥ 48 h
ClCr entre 30 e 50 mL/min	≥ 48 h	≥ 96 h	≥ 24 h	≥ 48 h
ClCr entre 15 e 30 mL/min	NI	NI	≥ 36 h	≥ 48 h
ClCr ≤ 15 mL/min	NI	NI	NI	NI

ClCr: *clearance* de creatinina; NI: uso não indicado.

Tabela 5. Tipo de procedimento cirúrgico de acordo com o risco de sangramento

Mínimo risco – não é necessária a suspensão do ACO

Procedimentos dentários

Cirurgia de catarata ou glaucoma

EDA sem biópsia

Cirurgia dermatológica

ClCr ≤ 15 mL/min

Procedimentos de baixo risco

EDA com biópsia

Biópsia de próstata ou bexiga

Implante de MP

EEF com ablação de taquicardia supraventricular

CATE/angiografia

Procedimentos de alto risco

EEF com ablação de FA ou TV

Anestesia epidural ou punção de LCR

Cirurgias abdominais, torácicas ou ortopédicas

Biópsia hepática ou renal

RTU

ACO: anticoagulante oral; CATE: cateterismo cardíaco; ClCr: *clearance* de creatinina; EDA: endoscopia digestiva alta; EEF: estudo eletrofisiológico; FA: fibrilação atrial; LCR: liquor cefalorraquidiano; MP: marca-passo; RTU: ressecção transuretral de próstata; TV: taquicardia ventricular.

9

Dor abdominal no cardiopata

Eduardo Rissi Silva
Renato Silveira Leal
Massahiko Akamine
Edivaldo M. Utiyama

HCD
- Pulmão: empiema, pneumonia, DP
- Fígado: hepatite, congestão hepática, abscesso, hematoma, neoplasias
- Vias biliares: CCA, CCC, colangite
- Duodeno: úlcera perfurada

Epigástrio
- Coração: isquemia, derrame pericárdico
- Esôfago: esofagite, rotura
- Estômago/duodeno: dispepsia, gastrite, úlcera, obstrução, volvo
- Pâncreas: pancreatite, pseudocisto, neoplasia
- Aneurisma de aorta

HCE
- Pulmão: empiema, pneumonia, DP
- Coração: isquemia
- Baço: abscesso, rotura
- Estômago: úlcera perfurada

Flanco D
- Rim: pielonefrite, cálculo, infarto renal, abscesso
- Ureter: ureterolitíase, hidronefrose

Perumbilical
- Intestino delgado: enterite, apendicite (inicial), ileíte, obstrução, isquemia, DII
- Cólon D: apendicite (inicial), colite, volvo de ceco
- Aneurisma de aorta abdominal

Flanco E
- Baço: abscesso, rotura
- Rim: pielonefrite, infarto renal, abscesso
- Ureter: ureterolitíase, hidronefrose

FID
- Cólon D e intestino delgado: apendicite, ileíte, isquemia, adenite mesentérica, diverticulite
- Ginecológica: prenhez ectópica, salpingite, abscesso tubo-ovariano, torção, endometriose
- Inguinal: hérnia, linfadenopatia
- Duodeno: úlcera perfurada

Hipogástrio
- Cólon: diverticulite, colite (infecciosa), DII, isquemia, síndrome do cólon irritável
- Bexiga: cistite, retenção urinária aguda
- Ginecológica: prenhez ectópica, MIPA

FIE
- Cólon E: diverticulite, volvo de sigmoide, isquemia, colite (DII), síndrome do cólon irritável
- Ginecológica: prenhez ectópica, salpingite, abscesso tubo-ovariano, torção, endometriose
- Inguinal: hérnia, linfadenopatia

Figura 1. Sumário dos diferentes diagnósticos de dor abdominal pela localização. CCA: colecistite calculosa aguda; CCC: colecistite calculosa crônica; D: direito; DII: doença inflamatória intestinal; DP: derrame pleural; E: esquerdo; FID: fossa ilíaca direita; FIE: fossa ilíaca esquerda; HCD: hipocôndrio direito; HCE: hipocôndrio esquerdo; MIPA: moléstia inflamatória pélvica aguda.

9 ■ Dor abdominal no cardiopata

Tabela 1. Causas agudas de dor abdominal

Clínicas	Cirúrgicas
Gatroenterocolite aguda	Apendicite aguda
Cólica nefrética	Colecistite aguda
Dismenorreia	Diverticulite aguda perfurada
Ovulação	Obstrução intestinal mecânica
Hepatite/hepatomegalia dolorosa	Hérnias encarceradas
Gastrite	Úlcera perfurada
Pneumonia	Necrose/isquemia intestinal
Distensão funcional do cólon (Ogilvie)	Perfuração por corpo estranho
Angina mesentérica	Gravidez ectópica rota
Síndrome coronária	Aneurisma de aorta roto
Hematomas espontâneos por anticoagulação	Hematomas com complicações: hematomas de alça intestinal, retroperitônio e parede (com instabilidade, obstrução ou infecção)

Tabela 2. Comparação das causas mais comuns de abdome agudo

Causa	Início	Localização	Características	Tipo	Irradiação	Intensidade
Apendicite	Gradual	Periumbilical - > FID	Início dfiusa Localizada após	Dor	Nenhuma	++
Colecistetite	Agudo	HCD	Localizada	Cólica, aperto	Escápula	++
Pancreatite	Agudo	Faixa, epigástrio, dorso	Localizada	*Blunt*	Dorso	++ a +++
Diverticulite	Gradual	FIE	Localizada	Dor	Nenhuma	
Úlcera perfurada	Súbito	Epigástrica	Difusa	Queimação	Nenhuma	+++
Obstrução de delgado	Gradual	Periumbilical	Difusa	Cólica	Nenhuma	+++
Aneurisma roto	Súbito	Abdominal, dorso, flancos	Difusa	Rasgando/ facada	Nenhuma	+++
Isquemia mesentérica	Súbito	Periumbilical	Difusa	Pontada	Nenhuma	+++
GECA	Gradual	Periumbilical	Difusa	Cólicas	Nenhuma	+ a +++
Inflamação pélvica	Gradual	Abdome inferior, pélvica	Localizada	*Blunt*	Coxa	++
Ectópica rota	Súbito	Abdome inferior, pélvica	Localizada	Pontada	Nenhuma	++

FID: fossa ilíaca diretita; FIE: fossa ilíaca esquerda; GECA: gastroenterocolite aguda; HCD: hipocôndrio direito.

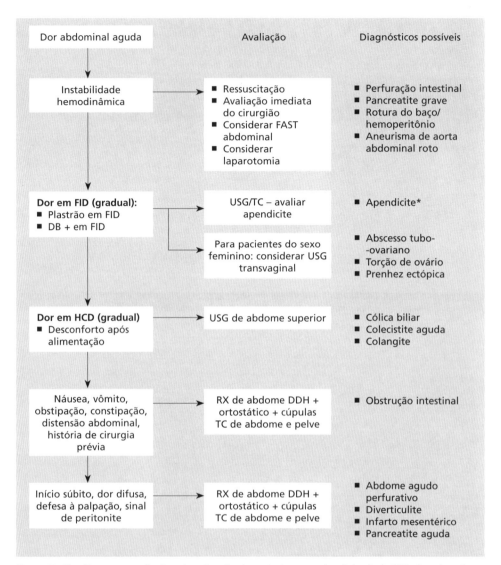

Figura 2. Algoritmo para avaliação e investigação de pacientes com dor abdominal. ABC: A – vias aéreas; B – respiração; C – circulação; DB: descompressão brusca; DDH: decúbito dorsal horizontal; FAST: ultrassonografia abdominal focada para o trauma; FID: fossa ilíaca direita; HCD: hipocôndrio direito; Rx: radiografia; TC: tomografia computadorizada; USG: ultrassonografia. * Se a dor for em fossa ilíaca esquerda, o diagnóstico provável é de diverticulite.

10

Cardiopata gestante

Tatiana de Carvalho Andreucci Torres Leal
Gabriela Cruz Gouveia Asano
Walkiria Samuel Avila

Tabela 1. Classificação de risco à gravidez em portadoras de cardiopatias

WHO I – risco não aumentado de morte e baixa morbidade

Estenose pulmonar moderada, lesões simples operadas com sucesso (comunicação interatrial, comunicação interventricular, persistência do canal arterial, drenagem anômala de veias pulmonares) e arritmias (extrassistolia atrial ou ventricular isolada), prolapso da valva mitral

WHO II – risco pouco aumentado e moderada morbidade

Comunicação interatrial e comunicação interventricular não operadas, tetralogia de Fallot operada, arritmias sem complexidade, disfunção ventricular (fração de ejeção < 50 a 30%), cardiomiopatia hipertrófica, prótese valvar biológica, coarctação de aorta operada, síndrome de Marfan (aorta < 40 mm sem dissecção) e valva aórtica bicúspide (aorta < 45 mm)

WHO III – risco significativo e morbidade importante

Cardiopatias congênitas complexas com ventrículo direito sistêmico (cirurgias de Mustard, Senning, Jatene), pós-cirurgia de Fontan, cardiopatias congênitas não operadas, cardiopatias congênitas complexas, valva aórtica bicúspide (45 < aorta < 50 mm) e síndrome de Marfan (40 < aorta < 45 mm), próteses mecânicas

WHO IV – risco extremo de morte e de morbidade

Obstrução grave do coração esquerdo, valva aórtica bicúspide (aorta > 50 mm), síndrome de Marfan (aorta > 45 mm), disfunção sistólica do ventrículo esquerdo (fração de ejeção < 30%), insuficiência cardíaca descompensada, coarctação de aorta grave, hipertensão de artéria pulmonar de qualquer causa, cardiomiopatia periparto com disfunção

Tabela 2. Medicações durante gravidez, puerpério e amamentação

Medicamentos	Categoria pela FDA	Risco teratogênico no 1º trimestre	Considerações no 2º e 3º trimestres	Efeitos sobre a amamentação
Metoprolol	C	Não descrito	Possível associacão com restrição do crescimento fetal	Seguro
Propranolol	C	Não descrito	Possível associacão com restrição do crescimento fetal	Seguro
Carvedilol	C	Não descrito	Possível associacão com restrição do crescimento fetal	Seguro
Atenolol	D	Não descrito	Possível associacão com restrição do crescimento fetal	Evitar
Nifedipina Verapamil Diltiazem (bloqueadores do canal de cálcio)	C	Não descrito	Cuidado ao associar com sulfato de magnésio	Seguro
Captopril Enalapril Lisinopril (IECA)	C (1º trimestre) D (2º e 3º trimestres)		Displasia renal, oligoâmnio, restrição de crescimento intrauterino. Se possível, evitar o uso	Enalapril e captopril são seguros
Metildopa	B	Não descrito	Induz a um teste de Coombs indireto positivo	Seguro
Clonidina	C	Não descrito	Hipertensão neonatal (raro)	Provavelmente seguro
Hidralazina	C	Não descrito		Seguro
Nitroprussiato	B	Não descrito	Possível bradicardia fetal transitória	Desconhecido
Nitroglicerina	B	Não descrito		Provavelmente seguro
Dinitrato de isossorbida	B	Não descrito		Desconhecido
Sildenafil	B			Desconhecido
Hidroclorotiazida	B	Não descrito	Possível aumento do risco neonatal de hipoglicemia e trombocitopenia. Manter a terapia é permissivo, mas deve-se evitar a introdução durante a gravidez	Seguro pela Associação Americana de Pediatria. Não recomendado pela OMS
Furosemida	C	Não descrito	Possível associação com persistência do canal arterial e perda auditiva fetal	Não recomendado
Espironolactona	C	Não descrito	Não é recomendado seu uso	Não recomendado

(continua)

10 ■ Cardiopata gestante

Tabela 2. Medicações durante gravidez, puerpério e amamentação (*continuação*)

Medicamentos	Categoria pela FDA	Risco teratogênico no 1º trimestre	Considerações no 2º e 3º trimestres	Efeitos sobre a amamentação
Heparina (incluindo as heparinas de baixo peso molecular)	C	Não descrito	Possível osteoporose materna, trombocitopenia induzida por heparina e sangramento	Seguro
Varfarina	X	Síndrome fetal da varfarina (ano-malias craniofa-ciais e esquelé-ticas quando há exposição na 6ª a 9ª semanas)	Teratogenicidade parece estar relacionada a doses > 5 mg/dia	Seguro
Aspirina (dose alta) *Doses < 100 mg/ dia parecem não ter efeitos deletérios	D (3º trimestre)		Fechamento prematuro do canal arterial acima de 32 semanas de gravidez	Não recomendado
Clopidogrel	B		Considerar suspensão 7 dias antes do parto	Não recomendado
Fondaparinux	B	Não descrito		Desconhecido
Rivaroxabana	C	Não descrito	Aumento do risco de sangramento materno	Desconhecido
Estreptoquinase	C	Não descrito	Aumento do risco de sangramento materno	Desconhecido
Digoxina e lanatosídeo C	C	Não descrito		Seguro
Agentes adrenérgi-cos (adrenalina, noradrenalina, dopamina, iso-proterenol)	C	Possível associação com gastrosquise ou microssomia hemifacial		Dopamina provavelmente segura. Demais, efeito desconhecido
Sotalol	B	Não descrito		Não recomendado
Amiodarona	D		Disfunção tiroidiana	Não recomendado
Adenosina	C			Desconhecido

Categoria A: estudos controlados em mulheres não demonstraram risco para o feto no 1º trimestre de gestação e não há evidência de risco nos trimestres posteriores; possibilidade de dano fetal parece remota. Categoria B: estudos de reprodução animal não demonstraram risco fetal, mas não há estudo controlado em mulheres grávidas; ou estudos de reprodução animal mostraram algum efeito adverso no feto (que não seja diminuição de fertilidade), não confirmado em estudos controlados em mulheres durante o 1º trimestre; e não há evidência de risco nos trimestres posteriores. Categoria C: estudos em animais demonstraram efeitos adversos no feto (teratogênese, morte ou outro) e não há estudos controlados em mulheres; ou estudos em mulheres e animais não estão disponíveis; só devem ser administrados se o benefício justifica o risco potencial para o feto. Categoria D: há evidência positiva de risco fetal humano, mas os benefícios de uso em mulheres grávidas podem justificar o uso a despeito do risco (p. ex., se o fármaco é necessário em uma situação de risco de morte para uma doença grave, para a qual agentes mais seguros não podem ser usados ou não são eficazes). Categoria X: estudos em animais e seres humanos demonstraram anomalias fetais ou há evidência de risco fetal baseada em experiências em humanos, ou ambos, e o risco de uso do fármaco em mulheres grávidas está claramente acima do possível benefício; contraindicado em mulheres que estão ou podem ficar grávidas. IECA: inibidores da enzima conversora da angiotensina.

Tabela 3. Classificação da hipertensão na gestação

Classificação	Características
Hipertensão crônica	Hipertensão arterial (PA > 140 x 90 mmHg, em duas medidas distintas) presente antes da gravidez ou antes da 20ª semana de gestação
Hipertensão gestacional	Nova hipertensão surgindo após a 20ª semana de gestação, ausência de proteinúria, normalização da PA após 12ª semana pós-parto
Pré-eclâmpsia superajuntada a HAS crônica	Elevação da PA acima dos valores basais da paciente, presença de proteinúria ou sinais de disfunção orgânica
Pré-eclâmpsia e eclâmpsia	Nova hipertensão acompanhada de proteinúria (> 300 mg/24 h ou 2+/4+ em duas amostras isoladas). Na ausência de proteinúria, a suspeita é feita pela presença de elevação da PA acompanhada de cefaleia, borramento visual, dor abdominal, plaquetopenia, elevação de DHL e enzimas hepáticas. Eclâmpsia é caracterizada pela presença de convulsões em pacientes portadoras de pré-eclâmpsia sem causa identificável

DHL: desidrogenase láctica; HAS: hipertensão arterial sistêmica; PA: pressão arterial.

Tabela 4. Tratamento da emergência hipertensiva

Droga	Ataque	Manutenção
Hidralazina	5,0 mg IV a cada 30 min ou 0,5-10 mg/h IV até PAD 90-100 mmHg não ultrapassar 20 mg/IV	A cada 6 horas 5,0 mg IV a cada 30 min PAD 90-100 mmHg (metade da dose inicial)
Nifedipina	5,0 mg VO ou sublingual (SL) a cada 30 min até PAD 90-100 mmHg	A cada 6 horas 5,0 mg VO ou SL a cada 30 min até PAD 90-100 mmHg
Nitroprussiato de sódio	0,25-0,50 µg/kg/min IV contínuo até PAD 90-100 mmHg	Gotejamento contínuo para PAD 90-100 mmHg
Labetalol	20,0 mg IV Se necessário 20-80 mg IV a cada 30 min, máximo 300 mg até PAD 90-100 mmHg	1,0 a 2,0 mg/min PAD 90-100 mmHg

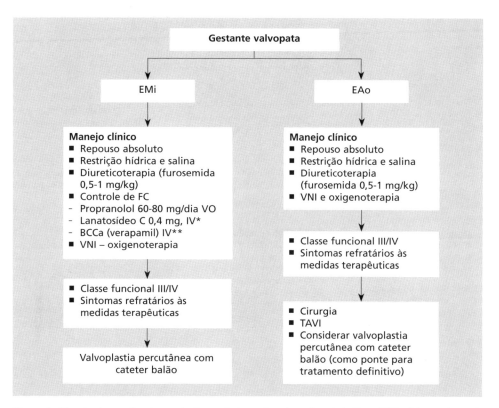

Figura 1. Manejo das cardiopatas gestantes portadoras de valvopatias obstrutivas. BCCa: bloqueadores de canais de cálcio; EAo: estenose aórtica; EMi: estenose mitral; FC: frequência cardíaca; IV: intravenoso; TAVI: implante transcateter da valva aórtica; VNI: ventilação não invasiva; VO: via oral.
* Uso na presença de fibrilação atrial e/ou disfunção ventricular.
** Uso na presença de fibrilação atrial.

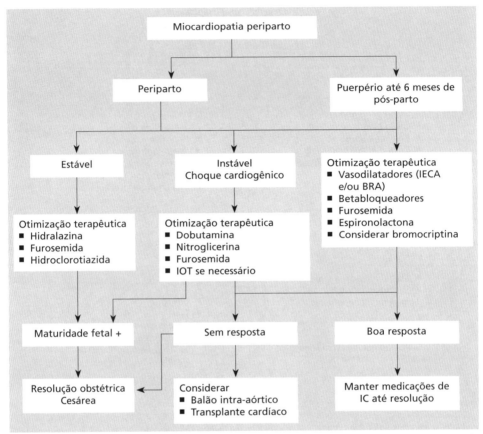

Figura 2. Manejo da paciente portadora de miocardiopatia periparto. BRA: bloqueador do receptor de angiotensina; IC: insuficiência cadíaca; IECA: inibidor da enzima conversora da angiotensiva; IOT: intubação orotraqueal.

11

Infecções de ferida operatória em cirurgias cardiovasculares

Milena Ribeiro Paixão
Rinaldo Focaccia Siciliano

Tabela 1. Classificação das infecções operatórias		
Infecções superficiais	Ocorrem em até 30 dias após o procedimento cirúrgico, acometem apenas pele e subcutâneo e apresentam pelo menos uma das seguintes características	Drenagem purulenta pela incisão superficial
		Organismos isolados em cultura obtida de forma asséptica de fluido ou tecido da ferida
		Ferida superficial intencionalmente aberta por cirurgião ou outro médico; com cultura positiva ou sem cultura colhida; e que apresente pelo menos um dos seguintes sinais ou sintomas: presença de dor ou hipersensibilidade, eritema, edema ou calor na FO
Infecções profundas	Ocorrem em até 30 dias após o procedimento cirúrgico se não houver nenhum implante de prótese ou dispositivo, ou em até um ano se houver implante e a infecção presumidamente estiver relacionada à cirurgia; envolvem tecidos profundos, como fáscia e músculo; e apresentam pelo menos uma das seguintes características	Drenagem purulenta de planos profundos, mas não dos componentes órgão/espaço do sítio cirúrgico
		Deiscência espontânea da ferida ou aberta pelo cirurgião ou outro médico; com cultura positiva ou sem cultura colhida; e que apresente pelo menos um dos seguintes sinais ou sintomas: febre (> 38ºC), dor localizada ou hipersensibilidade
		Abscesso ou outra evidência de infecção profunda detectados no exame clínico, durante procedimento invasivo ou confirmado por exames histopatológicos ou radiológicos
Infecções de órgão/ espaço	Ocorrem em até 30 dias após o procedimento cirúrgico se não houver nenhum implante ou em até um ano se houver implante de prótese ou dispositivo e a infecção presumidamente estiver relacionada à cirurgia; envolvem estruturas anatômicas manipuladas durante a cirurgia além pele, fáscia e músculo; e apresentam pelo menos uma das seguintes características	Drenagem purulenta através de dreno posicionado em um órgão/espaço
		Organismos isolados em cultura obtida de forma asséptica de fluido ou tecido de órgão/espaço
		Abscesso ou outra evidência de infecção envolvendo órgão/espaço detectados no exame clínico, durante procedimento invasivo ou confirmado por exames histopatológicos ou radiológicos

Tabela 2. Critérios diagnósticos de mediastinite

Pelo menos um dos seguintes	Cultura positiva de mediastino colhida de tecido ou secreção durante procedimento invasivo	
	Evidência de mediastinite observada durante ato cirúrgico ou exame histopatológico	
	Pelo menos um dos seguintes sinais ou sintomas: febre (> 38°C), dor torácica* ou instabilidade de esterno* e pelo menos um dos seguintes	Drenagem purulenta do mediastino
		Hemocultura ou cultura de secreção mediastinal positiva
		Alargamento do mediastino em exame de imagem

* Sem outra causa conhecida.

Tabela 3. Critérios diagnósticos de osteomielite

Pelo menos um dos seguintes	Microrganismo isolado em cultura do osso	
	Evidência de osteomielite observada durante ato cirúrgico ou exame histopatológico	
	Pelo menos um dos seguintes sinais ou sintomas: febre (> 38°C), eritema*, hipersensibilidade*, calor* ou drenagem de secreção no sítio suspeito de infecção óssea* e pelo menos um dos seguintes	Hemocultura positiva
		Evidência de infecção em exames de imagem (p.ex., alterações na radiografia, tomografia computadorizada, ressonância magnética ou cintilografia)

* Sem outra causa conhecida.

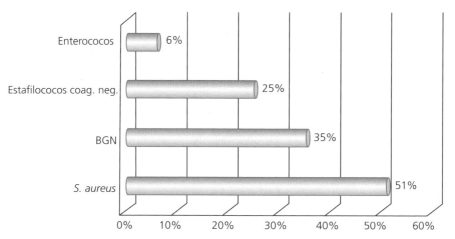

Figura 1. Prevalência dos microrganismos identificados em pacientes com mediastinite atendidos no InCor. BGN: bacilo Gram-negativo; Coag: coagulase; Neg: negativo; S: estafilococos.

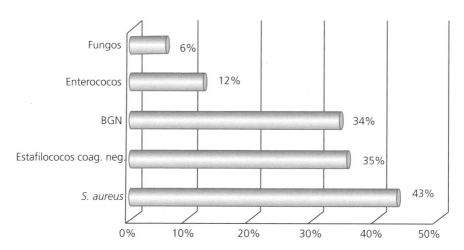

Figura 2. Prevalência dos microrganismos identificados em pacientes com osteomielite atendidos no InCor. BGN: bacilo Gram-negativo; Coag: coagulase; Neg: negativo; S: estafilococos.

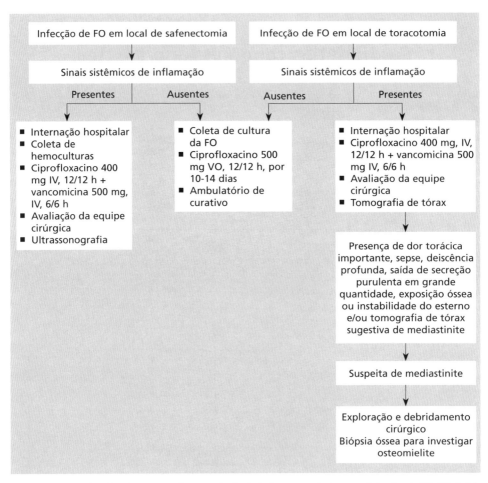

Figura 3. Estratégia adotada no setor de emergência do InCor em pacientes com infecção de FO. FO: ferida operatória; IV: intravenoso.

12

Cardiopatias congênitas no adulto

Ana Cristina Sayuri Tanaka
Leína Zorzanelli
Nana Miura Ikari

Tabela 1. Principais indicações de fechamento de comunicação interatrial
Pacientes com *shunt* significativo (sinais de sobrecarga de câmaras direitas) e resistência vascular pulmonar < 5 UW, independentemente de sintomas
Fechamento percutâneo é o procedimento de escolha quando a anatomia é favorável
Embolia paradoxal (independentemente do tamanho do defeito)
Resistência vascular pulmonar ≥ 5 UW, mas pressão de artéria pulmonar < 2/3 da sistêmica (basal ou com vasodilatador, como o óxido nítrico) ou após terapia para hipertensão arterial pulmonar e evidência de nítido *shunt* E-D em ≥ 1,5
Obs.: contraindicação total em pacientes com síndrome de Eisenmenger
D: direita; E: esquerda; UW: unidades Wood.

Tabela 2. Tipos de comunicação interventricular na fase adulta e seu manejo
Defeitos pequenos sem repercussão: acompanhamento clínico
Defeitos pequenos com antecedente de EI, desenvolvimento de obstrução na VSVD, prolapso de cúspide aórtica: indicação cirúrgica
Defeitos com repercussão, mas sem HAP importante: indicação cirúrgica
Defeitos residuais: avaliar necessidade de reoperação
Defeitos com HAP importante e inversão de *shunt* (D-E): cirurgia contraindicada
D: direita; E: esquerda; EI: endocardite infecciosa; HAP: hipertensão arterial pulmonar; VSVD: via de saída do ventrículo direito.

Tabela 3. Critérios para intervenção na estenose aórtica subvalvar

Sintomas e gradiente médio ao Doppler ≥ 30 mmHg

Sem sintomas:

Gradiente médio ≥ 50 mmHg

FEVE < 50% (gradiente médio < 50 mmHg em razão de baixo fluxo)

IAo importante e diâmetro sistólico do VE ≥ 50 mm

Gradiente médio ≥ 30 mmHg e hipertrofia importante do VE

Gradiente médio ≥ 30 mmHg e resposta anormal da pressão arterial ao teste ergométrico (*plateau*)

Progressão da IAo (para prevenir danos futuros)

FEVE: fração de ejeção do ventrículo esquerdo; IAo: insuficiência aórtica; VE: ventrículo esquerdo.

Tabela 4. Indicações de intervenção na coarctação de aorta

Diferença de pressão > 20 mmHg entre MMSS e MMII, com HAS em MMSS; resposta hipertensiva ao teste ergométrico ou com hipertrofia importante do VE (IC)

Independentemente do gradiente pressórico, pacientes hipertensos (IIa, C) ou não (IIb, C) com estreitamento da aorta ≥ 50% da aorta no nível do diafragma

HAS: hipertensão arterial sistêmica; MMII: membros inferiores; MMSS: membros superiores; VE: ventrículo esquerdo.

Tabela 5. Indicações para reintervenção no pós-operatório de tetralogia de Fallot

CIV residual com *shunt* E-D > 1,5:1

Estenoses na VSVD com pressão do VD > 2/3 em relação ao VE

Dilatação aneurismática da VSVD

Insuficiência aórtica importante

Insuficiência pulmonar importante

Associação de defeitos

CIV: comunicação interventricular; D: direita; E: esquerda; VD: ventrículo direito; VE: ventrículo esquerdo; VSVD: via de saída do ventrículo direito.

Tabela 6. Indicação de implante de prótese em posição pulmonar

A. Um dos fatores abaixo:

– Sintomas, com intolerância a esforços e fadiga

– Arritmias atriais, ventriculares ou síncopes

– Intolerância ao esforço documentada

– Dilatação progressiva e/ou evidência de disfunção do VD

– IT secundária à dilatação do VD

– Duração do QRS $\geq$ 0,18 ms ou aumento progressivo da duração do QRS

B. Dois dos fatores abaixo:

– Volume do VD/volume do VE > 2:1

– VDFVD indexado para SC > 140 ou 150 mL/m² (RM)

– Estenose pulmonar residual associada

– Lesões combinadas que isoladamente não teriam indicação

– Perspectiva de gravidez

IT: insuficiência tricúspide; RM: ressonância magnética; SC: superfície corpórea; VD: ventrículo direito; VE: ventrículo esquerdo; VDFVD: volume diastólico final do ventrículo direito.

Tabela 7. Indicações de tratamento cirúrgico da anomalia de Ebstein

IT moderada com sintomas ou deterioração de classe funcional (IIC)

Cianose com saturação de oxigênio arterial abaixo de 0% (IIB)

Embolia paradoxal (IIC)

Arritmias supraventriculares não controladas (nível de evidência B): ablação cirúrgica para arritmias atriais ou por vias acessórias concomitante com o procedimento cirúrgico da valva tricúspide

Cardiomegalia assintomática progressiva (ICT > 65%), com ou sem diminuição da função sistólica do VD (IIaC)

ICT: índice cardiotorácico; IT: insuficiência tricúspide; VD: ventrículo direito.

Tabela 8. Indicação de tratamento cirúrgico na TCGA

IT importante (valva sistêmica), antes da deterioração da função do VD (FE < 45%) (IIaC)

Correção anatômica (cirurgia de Senning associada a Jatene ou Rastelli) quando o ventrículo esquerdo funciona com pressões sistêmicas (IIbC; não recomendado em adultos)

Correção de defeitos associados

FE: fração de ejeção; IT: insuficiência tricúspide; TCGA: transposição corrigida das grandes artérias; VD: ventrículo direito.

13
Disfunção e choque do ventrículo direito

Caio de Assis Moura Tavares
Daniel Valente Batista
Alexandre de Matos Soeiro

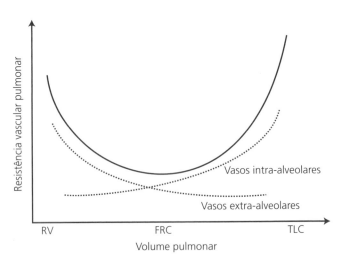

Figura 1. A resistência vascular pulmonar (RVP) total é a soma da resistência intra-alveolar e extra-alveolar com formato em "U". Com o aumento do volume pulmonar, a resistência dos vasos intra-alveolares aumenta enquanto a resistência dos vasos extra-alveolares diminui. Por razões ainda não bem elucidadas, o ventrículo direito (VD) depende muito mais do que do ventrículo esquerdo (VE) da sincronia de contração atrioventricular para seu enchimento diastólico. Fonte: Hamzaoui et al., 2013.

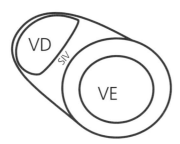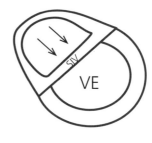

Figura 2. Modelo exemplificando a interpelação entre VD e VE e o desvio possível do septo interventricular com redução da cavidade de VE. VD: ventrículo direito; VE: ventrículo esquerdo; SIV: septo interventricular.

Tabela 1. Resumo das principais diferenças entre VD e VE		
	VD	VE
VDF (mL/m^2)	~75	~65
Massa (g/m^2)	~30	~90
Espessura de parede livre (mm)	2-5	7-11
Pressão (mmHg)	24 × 4	130 × 8
Resposta a sobrecarga	Melhor resposta a sobrecarga volêmica	Melhor resposta a sobrecarga pressórica
Perfusão	Sístole/diástole	Diástole
Contração das fibras	Longitudinal	Circunferencial
VD: ventrículo direito; VE: ventrículo esquerdo; VDF: volume diastólico final.		

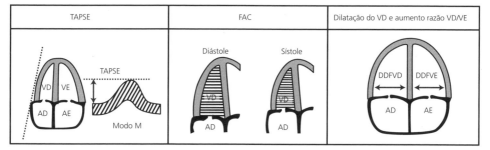

Figura 3. Achados ecocardiográficos que demonstram disfunção do VD. FAC: mudança de fração da área do VD; TAPSE: excursão sistólica do ânulo da valva tricúspide; AD: átrio direito; AE: átrio esquerdo; DDFVD: diâmetro diastólico final do ventrículo direito; DDFVE: diâmetro diastólico final do ventrículo esquerdo; VD: ventrículo direito; VE: ventrículo esquerdo.

Tabela 2. Biomarcadores e seus significados indiretos na disfunção do VD

Biomarcador	Significado
Lactato	Utilização tissular inadequada de oxigênio
BNP/NT-pro-BNP	Aumento das pressões em VD ou VE
Troponina	Injúria miocárdica
Alteração de bioquímica hepática	Congestão e/ou isquemia hepática

VD: ventrículo direito; VE: ventrículo esquerdo.

Tabela 3. Vasodilatadores pulmonares

Nome	Classe	Ação	Via de uso	Meia-vida
Ambrisentana	Antagonista do receptor da endotelina	Bloqueia o receptor A da endotelina	Oral	15 horas
Bosentana	Antagonista do receptor da endotelina	Bloqueia o receptor A e B da endotelina	Oral	5 horas
Macitentan	Antagonista do receptor da endotelina	Bloqueia o receptor A da endotelina	Oral	14-18 horas
Sildenafila	Inibidor da fosfodiesterase 5	Diminui o metabolismo do cGMP intracelular	Oral ou IV	4 horas
Tadalafila	Inibidor da fosfodiesterase 5	Diminui o metabolismo do cGMP intracelular	Oral	17,5 horas
Epoprostenol	Prostaciclina	Aumento o cAMP intracelular	IV ou inalado	< 6 minutos
Treprostinil	Derivado de prostaciclina	Aumento o cAMP intracelular	IV, SC, inalado ou VO	4 horas
Iloprost	Derivado de prostaciclina	Aumento o cAMP intracelular	Inalado	20-30 segundos
Óxido nítrico	Estimulador solúvel da guanilato ciclase	Aumento o cAMP intracelular	Inalado	Segundos
Riociguat	Estimulador solúvel da guanilato ciclase	Aumento o cAMP intracelular	Oral	7-12 horas

IV: endovenoso; SC: subcutâneo; VO: via oral.

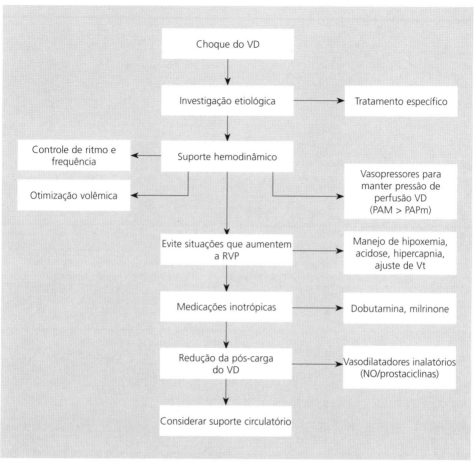

Figura 4. Fluxograma proposto para manejo do choque do VD. NO: óxido nítrico; PAM: pressão arterial média; PAPm: pressão média da artéria pulmonar; RVP: resistência vascular pulmonar; Vt: volume corrente.

Seção IX

Hipertensão arterial sistêmica

A hipertensão arterial sistêmica (HAS) é uma doença crônica de alta prevalência na população geral (cerca de 1/3 da população adulta). Como consequência, a HAS e as complicações geradas pelo mau controle pressórico são motivos frequentes de procura de atendimento em unidades de emergência.

Genericamente, adota-se o termo crise hipertensiva para nomear essas descompensações agudas da pressão arterial (PA). Estima-se que 1 a 2% dos hipertensos apresentarão uma verdadeira crise hipertensiva ao longo da vida. Especificamente, as crises hipertensivas acontecem quando há elevação abrupta e inadequada da PA, geralmente para níveis acima de 180-200 mmHg para a pressão sistólica e 110 mmHg para pressão diastólica, com sintomas que demonstram o risco de deterioração aguda de órgãos-alvo.

Apesar de esses níveis serem tradicionalmente indicados na literatura, as recentes diretrizes brasileiras e internacionais não se comprometem em estabelecer o valor de corte da PA para definição de crise hipertensiva, devendo a avaliação ser guiada pela presença de elevação de níveis pressóricos associada a sintomas.

Cabe ao médico do pronto-socorro ampliar a avaliação clínica para, então, ser capaz de diferenciar as condições com necessidade de intervenção imediata ou apenas otimização terapêutica em curto prazo.

Abordagem do paciente hipertenso na emergência

Fernanda Fatureto Borges
Thiago Midlej Brito
Luciano Ferreira Drager
Luiz Aparecido Bortolotto

Tabela 1. Emergências e urgências hipertensivas	
Emergências hipertensivas	
Neurológicas	Encefalopatia hipertensiva
	Hemorragia intraparenquimatosa/acidente vascular cerebral isquêmico
	Hemorragia subaracnóidea
Cardíacas	Dissecção aguda de aorta
	Edema agudo de pulmão
	Síndrome coronária aguda
Crises adrenérgicas	Crise de feocromocitoma
	Ingestão de cocaína e catecolaminérgicos
Obstétricas	Eclâmpsia
	Pré-eclâmpsia
	Síndrome HELLP
Renais	Glomerulonefrite aguda
	Crises renais em doenças do tecido conectivo
	PO de transplante renal
Hipertensão maligna	
Urgências hipertensivas	
Insuficiência coronariana crônica	
Insuficiência cardíaca	
Aneurisma de aorta	
Hipertensão relacionada ao perioperatório	
HAS relacionada a drogas (corticoide, anti-inflamatório)	

HAS: hipertensão arterial sistêmica; PO: pós-operatório.

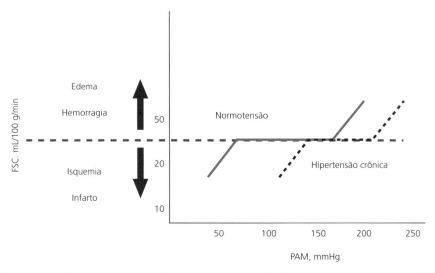

Figura 1. Mecanismo de autorregulação do fluxo sanguíneo cerebral. FSC: fluxo sanguíneo cerebral; PAM: pressão arterial média.

Tabela 2. Principais exames solicitados de acordo com o órgão-alvo acometido			
Órgão-alvo	Sintomas	Exame físico	Exame complementar
Coração	Dispneia, dor precordial, edema, palpitações	Quarta bulha, crepitação pulmonar, edema, estase jugular	ECG – SVE, ARV, sinais de isquemia, arritmias Radiografia: aumento de área cardíaca, congestão pulmonar Ecocardiograma: HVE, disfunção ventricular sistólica e diastólica
Rim	Edema, oligúria, anorexia, perda de peso, náuseas, vômitos	Palidez cutânea, hálito urêmico, edema periorbital	Níveis elevados de ureia e creatinina, proteinúria, hematúria, *clearance* de creatinina diminuído, ultrassom de rins
Cérebro	Cefaleia, confusão mental, agitação psicomotora, déficit motor, parestesias, convulsão, náuseas	Alterações do nível de consciência, paresias ou plegias, anisocoria, alterações de reflexo	Tomografia cerebral: hemorragia, isquemia, edema Ressonância: isquemia, alterações específicas
Retina	Embaçamento visual, fosfenas, escotomas, amaurose	Fundoscopia: exsudatos algodonosos, hemorragias retinianas, papiledema	
Hematológicos	Tontura, fraqueza	Mucosas hipocrômicas	Anemia hemolítica microangiopática/esquizócitos, tontura

ARV: alteração de repolarização ventricular; ECG: eletrocardiograma; SVE: sobrecarga ventricular esquerda.

1 ■ Abordagem do paciente hipertenso na emergência

Tabela 3. Tratamento das emergências hipertensivas

Indicação clínica	Droga de escolha	Drogas que devem ser evitadas
Redução de hipertensão aguda grave	Nitroprussiato de sódio	
Isquemia miocárdica e infarto	Nitroglicerina, betabloqueadores*	Hidralazina, minoxidil, nitroprussiato
Dissecção aórtica	Nitroprussiato de sódio, esmolol/metoprolol	Hidralazina, minoxidil
Edema agudo de pulmão/insuficiência cardíaca	Nitroglicerina e diurético de alça, nitroprussiato de sódio	Hidralazina, betabloqueador
Hipertensão maligna	Nitroprussiato de sódio	
Estados hiperadrenérgicos (feocromocitoma/overdose de cocaína)	Iniciar com fentolamina A seguir metoprolol ou nitroprussiato de sódio	Betabloqueadores (em overdose de cocaína)
Eclâmpsia	Hidralazina	

* Não devem ser usados se houver disfunção ventricular aguda.

Tabela 4. Medicações anti-hipertensivas parenterais usadas no manejo da emergência hipertensiva

Medicamento	Classe	Dose	Início da ação	Duração do efeito	Efeitos adversos
Nitroprussiato de sódio	Vasodilatador direto	0,25-10 µg/kg/min	Imediato	1-2 min	Toxicidade pelo cianeto (rara), náuseas, vômitos, tremor muscular
Nitroglicerina	Vasodilatador direto	5-100 µg/min	3-5 min	3-5 min	Cefaleia, vômito, meta-hemoglobinemia
Metoprolol	Betabloqueador	5-20 mg	5-10 min	3-4 h	Bradicardia, broncoespasmo, BAVT, piora da insuficiência cardíaca
Esmolol	Betabloqueador	0,3 a 0,5 mg/kg em 1-3 min; 50-200 µg/kg/min de manutenção	1-20 min	9 min	Bradicardia, BAVT, broncoespasmo, náusea, vômitos
Hidralazina	Vasodilatador arterial	10-20 mg ou 10-40 mg, IM, 6/6 h	10-30 min	3-12 h	Taquicardia, cefaleia
Furosemida	Diurético de alça	20-60 mg	5-15 min	30-90 min	Hipocalemia, depleção de volume

BAVT: bloqueio atrioventricular total.

Tabela 5. Medicações anti-hipertensivas orais mais usadas no manejo da urgência hipertensiva

Medicamento	Classe	Dose	Início da ação	Duração da ação	Efeitos adversos
Captopril	IECA	6,25-50 mg	15-30 min	6-12 h	Piora função renal
Clonidina	Alfa-agonista central	0,1-0,2 mg inicial 0,1 mg/h até 0,8 mg	30-60 min	2-4 h	Tontura, boca seca, sonolência, rebote com suspensão abrupta
Minoxidil	Vasodilatador direto	5-10 mg	30 min a 2 h	8-24 h	Taquicardia, retenção hídrica
Prazosin	Alfa1-bloqueador	1-2 mg	1-2 h	8-24 h	Síncope, taquicardia

IECA: inibidores da enzima de conversão de angiotensina.

Tabela 6. Diferenças entre UH e EH

Urgência	Emergência
Nível pressórico elevado acentuado (PAD $\geq$ 120 mmHg)	Nível pressórico elevado acentuado (PAD $\geq$ 120 mmHg)
Sem lesão de órgão-alvo	Com lesão de órgão alvo
Tratamento com medicação oral	Tratamento com medicação parenteteral
Sem risco de morte iminente	Com risco de morte iminente
Acompanhamento ambulatorial precoce	Internação em UTI

EH: emergência hipertensiva; PAD: pressão arterial diastólica; UH: urgência hipertensiva.

1 ■ Abordagem do paciente hipertenso na emergência

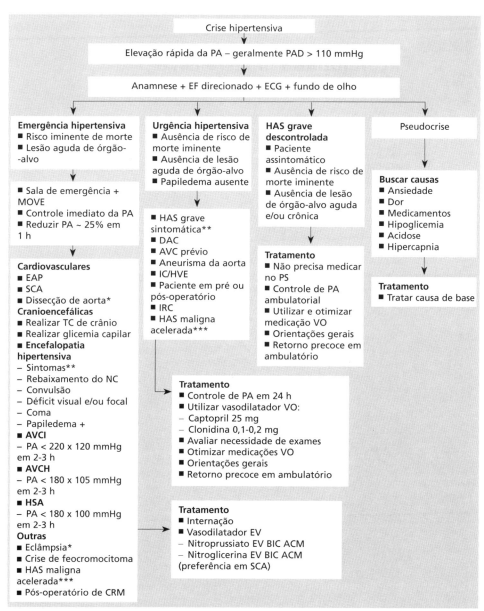

Figura 2. Fluxograma de atendimento e manejo de pacientes com HAS no InCor. ACM: a critério médico; AVC: acidente vascular cerebral; BIC: bomba de infusão contínua; CRM: cirurgia de revascularização miocárdica; EAP: edema agudo de pulmão; ECG: eletrocardiograma; EF: exame físico; EV: endovenoso; HAS: hipertensão arterial sistêmica; HVE: hipertrofia de ventrículo esquerdo; IC: insuficiência cardíaca; IRC: insuficiência renal crônica; MOVE: monitorização, oxigenoterapia e acesso venoso; NC: nível de consciência; PA: pressão arterial; PAD: pressão arterial diastólica; PS: pronto-socorro; SCA: síndrome coronária aguda; TC: tomografia de crânio; VO: via oral. * Em casos de dissecção de aorta e eclâmpsia, a PA deve ser reduzida para 120 x 80 mmHg em 30 minutos. ** Sintomas relacionados à crise hipertensiva: cefaleia, vertigem, vômitos, epistaxe. *** HAS maligna acelerada pode ser considerada emergência ou urgência hipertensiva, dependendo da apresentação do quadro clínico.

2

Encefalopatia hipertensiva

Andrea Cangiani Furlani
Raíza Colodetti
Maria Cristina Cesar
Luciano Ferreira Drager

Tabela 1. Principais drogas endovenosas utilizadas no tratamento de encefalopatia hipertensiva

Droga	Mecanismo de ação	Diluição	Dose	Vantagens	Cuidados especiais
Nitroprussiato de sódio (Nipride®)	Vasodilatador arterial e venoso Início de ação em segundos	SF 0,9% ou SG 5% 250 mL 1 ampola (50 mg)	0,25-10 µg/kg/min	Meia-vida curta Permite manejo rápido de hipotensão	Intoxicação por cianeto limita o uso prolongado. Maior risco de intoxicação em pacientes com disfunção renal Cautela em coronariopatas
Nitroglicerina (Tridil®)	Vasodilatador venoso Início de ação em 2-3 min	SF 0,9% ou SG 5% 250 mL 1 ampola (50 mg)	5-100 µg/min	Preferível em indivíduos com doença coronariana grave	Meta-hemoglobinemia Tolerância com uso prolongado
Hidralazina (Apresolina®, Nepresol®)	Vasodilatador arterial e simpatolítico Início de ação em 20-30 min	*Bolus* a cada 10 minutos	10-20 mg por *bolus*	Pode ser usada na gestação	Cautela em pacientes com doença coronariana
Labetalol (não disponível no Brasil)	Bloqueador alfa e beta-adrenérgico	*Bolus* a cada 10 min	20-80 mg por *bolus*		Bradicardia, bloqueios atrioventriculares, broncoespasmo

SF: soro fisiológico; SG: soro glicosado.

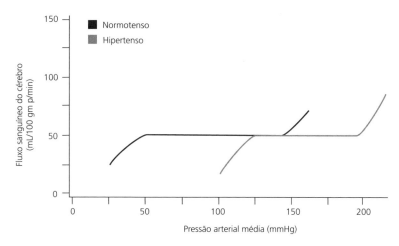

Figura 1. Curvas de autorregulação cerebral em normotensos e hipertensos (adaptada de Bonow; 2009).

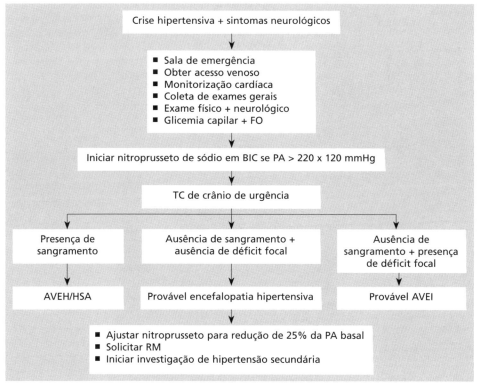

Figura 2. Fluxograma de atendimento de pacientes com sintomas neurológicos e hipertensão arterial na unidade de emergência do InCor. AVEH: acidente vascular encefálico hemorrágico; AVEI: acidente vascular encefálico isquêmico; BIC: bomba de infusão contínua; FO: fundo de olho; HSA: hemorragia subaracnóidea; PA: pressão arterial; RM: ressonância magnética; TC: tomografia computadorizada.

Seção

X

Transplante cardíaco

O transplante cardíaco é reconhecido como o melhor tratamento para a insuficiência cardíaca refratária em pacientes sem contraindicação. Proporciona um significativo aumento na sobrevida, na capacidade de exercício e na qualidade de vida. O número de transplantes no Brasil tem aumentado nos últimos anos, tendo sido registrados 357 no ano de 2016. Dados da Associação Brasileira de Transplantes de Órgãos (ABTO) demonstram uma sobrevida de 68% em 4 anos.

Os principais motivos para um paciente transplantado cardíaco procurar o serviço de emergência são sintomas relacionados à disfunção do enxerto, complicações infecciosas e outras complicações relacionadas ao uso de imunossupressores.

A disfunção do enxerto, que ocorre após a fase inicial do transplante, pode ser secundária a rejeição, doença vascular do enxerto ou infecções, com destaque para reativação da doença de Chagas.

O manejo correto desses pacientes pode auxiliar no diagnóstico precoce da situação envolvida e aprimorar o tratamento definitivo. Dessa forma, novamente a orientação por fluxogramas pode ajudar.

Indicações e avaliação do paciente para transplante

Fabiana Goulart Marcondes-Braga
Fernando Bacal
Edimar Alcides Bocchi

Tabela 1. Indicações de transplante cardíaco

Classe	Recomendação
Classe I	IC refratária na dependência de drogas inotrópicas e/ou de suporte circulatório e/ou ventilação mecânica
	Classe funcional NYHA III/IV persistente
	Arritmia ventricular sintomática refratária ao tratamento farmacológico, dispositivos elétricos e/ou ablação
	IC refratária com VO_2 pico $\leq$ 12 mL/kg/min em uso de betabloqueadores
	IC refratária com VO_2 pico $\leq$ 14 mL/kg/min intolerante ao uso de betabloqueadores
Classe IIa	Doença isquêmica com angina refratária sem possibilidade de revascularização, com qualidade instável
Classe IIb	Relação VE/VCO_2 (*slope*) > 35 se teste cardiopulmonar submáximo (RER < 1,05) e/ou VO_2 pico $\leq$ 14 mL/kg/min
Classe III	Presença de disfunção sistólica isolada
	Avaliação baseada apenas no VO_2 pico de forma isolada
	Classe funcional NYHA III ou IV sem otimização terapêutica

IC: insuficiência cardíaca; VO_2: consumo de oxigênio; VE/VCO_2: *slope*; NYHA: New York Heart Association.

Tabela 2. Classificação INTERMACS

INTERMACS 1	Paciente crítico em choque cardiogênico (*"crashing and burning"*) hipotensão ameaçadora da vida necessitando de inotrópicos em doses progressivamente mais altas (NYHA IV)
INTERMACS 2	Paciente dependente de inotrópicos em doses crescentes, porém sem apresentar sinais de deterioração contínua (NYHA IV)
INTERMACS 3	Paciente dependente de inotrópico, porém estável com doses baixa a intermediária de inotrópicos (NYHA IV)
INTERMACS 4	Pacientes com sintomas de repouso podendo ser admitidos no hospital por sintomas de congestão, porém que permanecem estáveis sem precisar de inotrópicos (NYHA IV)
INTERMACS 5	Pacientes com sintomas aos mínimos esforços em casa (NYHA IV ambulatorial)
INTERMACS 6	Pacientes com sintomas aos esforços sem sinais de hipervolemia que são capazes de exercer alguma atividade limitada (NYHA III B)
INTERMACS 7	Pacientes em classe funcional NYHA III avançada, clinicamente estáveis capazes de realizar atividade, porém com história prévia de congestão (NYHA III)

NYHA: classificação da New York Heart Association; INTERMACS: Interagency Registry for Mechanically Assisted Circulatory Support.

Tabela 3. Abordagem de acordo com a classificação INTERMACS

Indicações de transplante cardíaco (baseado na classificação INTERMACS)

INTERMACS 1	Pacientes muito graves para serem submetidos ao transplante cardíaco. Considerar dispositivos de curta permanência como ponte para transplante ou para decisão.
INTERMACS 2 e 3	Pacientes com indicação de transplante cardíaco como prioridade; considerar dispositivos de assistência ventricular de longa permanência em pacientes com contraindicação ao transplante cardíaco quando disponível
INTERMACS 4	Pacientes com potencial indicação de transplante cardíaco
INTERMACS 5 e 7	Pacientes com potencial indicação de transplante cardíaco, devendo-se levar em conta outros fatores preditivos de prognóstico para decisão

INTERMACS: Interagency Registry for Mechanically Assisted Circulatory Support.

1 ■ Indicações e avaliação do paciente para transplante

Tabela 4. Contraindicações ao transplante cardíaco

Contraindicações

Incompatibilidade ABO na prova cruzada entre receptor e doador

Doenças cerebrovascular e/ou vascular periférica sintomáticas graves

Doença psiquiátrica grave, dependência química e inabilidade de compreender/aderir ao tratamento medicamentoso

Comorbidades com baixa expectativa de vida

Infecção sistêmica ativa

Insuficiência hepática irreversível e doença pulmonar grave*

Hipertensão pulmonar fixa: RVP (resistência vascular pulmonar) > 5 uW e/ou GTP (gradiente transpulmonar = pressão arterial pulmonar média menos pressão capilar pulmonar) > 15 mesmo após provas farmacológicas e/ou uso de dispositivos de assistência ventricular*

Idade maior que 70 anos*

Diabetes insulino-dependente com lesões graves de órgãos-alvo e/ou controle glicêmico inadequado*

Insuficiência renal com TFG abaixo de 30 mL/min/1,73 m² irreversível apesar do tratamento clínico otimizado*

Embolia pulmonar com menos de 3 semanas principalmente se infarto pulmonar e/ou hipertensão pulmonar

Neoplasia com risco de recorrência elevado (colaboração com oncologista)

* Situações que devem ser individualizadas – vide texto.

Tabela 5. Exames em candidatos ao transplante cardíaco

Avaliação pré-transplante

Imunocompatibilidade

- Tipagem sanguínea – ABO
- Painel imunológico
- Tipagem HLA tecidual

Avaliação de gravidade da insuficiência cardíaca

- Eletrocardiograma
- Ecodopplercardiograma
- Teste cardiopulmonar
- Avaliação da hemodinâmica pulmonar

Avaliação da função de múltiplos órgãos

- Bioquímica (perfil renal, perfil hepático, função tireoidiana, hemograma)
- Coagulograma (periódico para pacientes em uso de anticoagulante)
- Urina tipo 1/proteinúria de 24 horas/taxa de filtração glomerular
- Teste de função pulmonar e gasometria arterial (se doença pulmonar)
- Radiografia de tórax posteroanterior (PA) e perfil
- Ultrassom de abdome total
- Doppler de carótidas (se > 50 anos ou evidência de aterosclerose)
- Doppler de membros inferiores (se evidência de aterosclerose)
- Avaliação odontológica
- Avaliação oftalmológica (se diabético)

Sorologias

- Hepatite B (HBsAG, anti HBs, anti HBc)
- Hepatite C (anti HCV)
- HIV, HTLV, VDRL
- Citomegalovírus (CMV)/toxoplasmose/EBV/varicela (IgG)
- Chagas

Investigação de malignidades

- Sangue oculto nas fezes
- Colonoscopia (se história familiar de neoplasia ou > 50 anos)
- Mamografia (se história familiar de neoplasia ou > 50 anos)
- Avaliação ginecológica (mulheres > 18 anos sexualmente ativa)
- PSA e toque retal (homens > 40 anos)

2

Avaliação inicial do paciente transplantado cardíaco na emergência

Luis Fernando Bernal da Costa Seguro
Sandrigo Mangini

Tabela 1. Imunossupressores utilizados em pacientes transplantados cardíacos		
Droga	Dose	Nível sérico
Prednisona	Dose inicial (após uso de corticoesteroide endovenoso): 1 mg/kg Redução progressiva. Possível suspensão após 6 meses.	NA
Ciclosporina	3-8 mg/kg/dia	275-375 (inicial) 200-350 (3-6 meses) 150-300 (6-12 meses) 150-250 (> 1 ano)
Tacrolimus	0,05-0,1 mg/kg/dia	10-15 (inicial) 5-10 (> 6 meses)
Micofenolato sódico	360-1.080 mg de 12/12h	MPA: 2,5-5,0
Azatioprina	1,5-2,5 mg/kg/dia	Manter leucócitos acima de 4.000
Sirolimus	2 mg/dia (ajuste por nível sérico)	5-15
Everolimus	0,5-1,5 mg/dia	3-8

Tabela 2. Rejeição celular aguda – classificação ISHLT (revisada em 2005)

Nomenclatura	Achados histopatológicos
Grau 0R	Ausência de infiltrado inflamatório no miocárdio
Grau 1R (leve, baixo grau)	Infiltrado inflamatório linfo-histiocitário perivascular ou intersticial, sem agressão aos miócitos ou apenas um foco de agressão
Grau 2R (moderada, grau intermediário)	Presença de dois ou mais focos de agressão aos miócitos (multifocal)
Grau 3R (grave, alto grau)	Inflamação de padrão difuso, associada a múltiplas áreas de agressão celular, apresentando caráter muitas vezes polimórfico de infiltrado inflamatório, incluindo neutrófilos e eosinófilos, além disso, podem ocorrer hemorragia, vasculite e necrose dos miócitos

ISHLT: International Society for Heart and Lung Transplantation; PO: pós-operatório.

Tabela 3. Tratamento de rejeição celular aguda

Biópsia (ISHLT)	Disfunção ventricular	
	Ausente	Presente
Grau 1R	Sem tratamento adicional, rever esquema imunossupressor	Pesquisar rejeição humoral e DVE
Grau 2R	PO recente: metilprednisolona 0,5-1,0 g, EV, por 3-5 dias PO tardio: prednisona 1 mg/kg/dia por 3-5 dias	Metilprednisolona 0,5-1,0 g, EV, por 3-5 dias + ATS 1,5 mg/kg/dia por 5-7 dias (Pesquisar rejeição humoral)
Grau 3R	Metilprednisolona 0,5-1,0 g, EV, por 3-5 dias + ATS 1,5 mg/kg/dia por 5-7 dias	Metilprednisolona 0,5-1,0 g, EV, por 3-5 dias + ATS 1,5 mg/kg/dia por 5-7 dias (pesquisar rejeição humoral)

DVE: doença vascular do enxerto; EV: endovenoso; ISHLT: International Society for Heart and Lung Transplantation; PO: pós-operatório.

2 ■ Avaliação inicial do paciente transplantado cardíaco na emergência

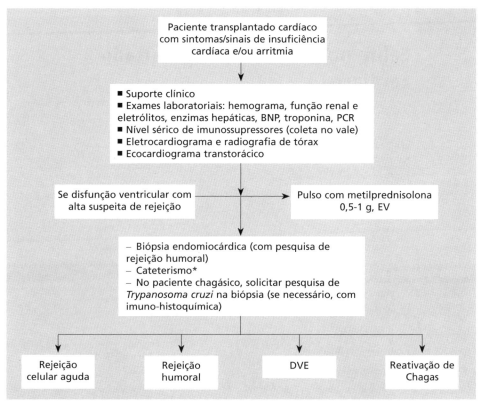

Figura 1 Fluxograma de atendimento do paciente com quadro clínico sugestivo de disfunção do enxerto da Unidade Clínica do InCor. * Pacientes em pós-operatório tardio (> 1 ano) de transplante cardíaco. DVE: doença vascular do enxerto; EV: endovenoso; PCR: proteína C-reativa.

3

Febre no paciente transplantado cardíaco

Bruno Biselli
Fernando Bacal
Tania M. Varejão Strabelli

Tabela 1. Fatores de risco para infecção em pacientes transplantados

Imunossupressão importante

Esquema com mais de dois imunossupressores

Tempo de transplante menor que 1 ano

Episódios prévios de rejeição do enxerto

Hospitalização prévia prolongada

Colonização por microrganismos resistentes a antibióticos

Terapia antibiótica ou profilaxias prévias

Neutropenia, linfopenia ou hipogamaglobulinemia

Tabela 2. Efeitos diretos e indiretos de infecção por citomegalovírus (CMV) em transplantados cardíacos

Efeitos diretos	Efeitos indiretos
Síndrome CMV (síndrome mononucleose-*like*, neutropenia)	Aumento de incidência de rejeição aguda e crônica de enxerto
Mielossupressão	Infecções secundárias
Pneumonia	Aumento de risco de doenças linfoproliferativas
Invasão gastrointestinal	Aumento de risco de neoplasias
Miocardite	Diminuição de sobrevida
Hepatite/pancreatite	
Coriorretinite	

3 ■ Febre no paciente transplantado cardíaco

Tabela 3. Perfil dos microrganismos em relação ao tempo de transplante

Período pós-transplante	Precoce (0 a 30 dias)	Recente (0 a 100 dias)	Até 1 ano	Tardio (após 1 ano)
Fatores de risco para infecção	Neutropenia, CVC	Imunossupressão, CVC	Imunossupressão	Imunossupressão
Tipo de infecção	Nosocomial	Oportunistas	Oportunistas e comunitárias	Comunitárias
Bactérias	Gram-	Cocos Gram+		
			Bactérias encapsuladas Listeria/salmonela/nocárdia	
Vírus		Herpes simples		
		Vírus respiratórios (influenza, parainfluenza) e entéricos (rotavírus)		
		Citomegalovírus		
			Varicela-zóster/Epstein-Barr	
Fungos		Candida		
	Aspergillus		Aspergillus	
		Pneumocystis jirovecii		
Parasitas	Strongyloides			
		Reativação toxoplasmose		
		Reativação de Chagas		
Alto risco		Risco moderado	Baixo risco	Alto risco, porém com profilaxias

CVC: cateter venoso central. Adaptada de O'Shea et al., 2013.

Tabela 4. Indicações de profilaxia e tratamento para citomegalovírus (CMV)

Profilaxia	Receptor IgG CMV negativo e doador IgG CMV positivo
Tratamento pré-emptivo	Antigenemia para CMV > 10 células/campo
Tratamento de doença	Evidência de replicação e lesão de órgão ou identificação de vírus em tecido

Tabela 5. Doses e tempo de terapia antiviral em infecção por CMV		
Antiviral	Dose	Tempo
Profilaxia		
▪ Ganciclovir (endovenoso)	5 mg/kg/dose única diária	90-180 dias
▪ Valganciclovir (oral)	900 mg 1 x/dia	90-180 dias
Tratamento preemptivo		
▪ Ganciclovir (endovenoso)	5 mg/kg/dose a cada 12 h	14 dias*
▪ Valganciclovir (oral)	900 mg 2 x/dia	14 dias*
Tratamento de doença por CMV		
▪ Ganciclovir (endovenoso)	5 mg/kg/dose, a cada 12 h	21 dias
▪ Valganciclovir (oral)	900 mg 2 x/dia	21 dias

* Ou até a negativação de antigenemia e/ou PCR para citomegalovírus (CMV).

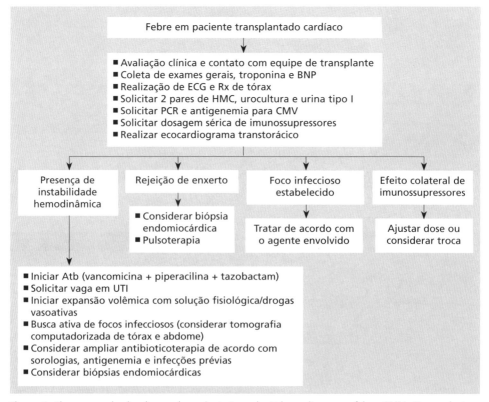

Figura 1. Fluxograma de abordagem do paciente transplantado cardíaco com febre. CMV: citomegalovírus; ECG: eletrocardiograma; HMC: hemocultura; Rx: radiografia; UTI: unidade de terapia intensiva.

4

Rejeição aguda de transplante cardíaco

Gabriel Barros Aulicino
Mônica Samuel Avila
Fernando Bacal

Tabela 1. Acompanhamento no pós-operatório para controle de rejeição até 1 ano do transplante cardíaco

Exame	POI	2 PO	4 PO	6 PO	7 PO	9 PO	12 PO	14 PO	30 d	60 d	90 d	120 d	180 d	240 d	360 d
BEM					X		X	X				X			X
ECO	X	X	X	X		X	X			X		X		X	X
Cintilografia com gálio										X		X		X	

BEM: biópsia endomiocárdica; d: dias após o transplante cardíaco; ECO: ecocardiograma; PO: pós-operatório; POI: pós-operatório imediato.

Tabela 2. Classificação histológica da rejeição celular aguda

Nomenclatura	Achados histológicos
Grau 0R	Ausência de infiltrado
Grau 1R	Focal leve - Infiltrado linfocitário focal sem necrose de fibra
Grau 2R	Difusa leve - Infiltrado linfocitário difuso sem necrose de fibra Moderada focal - 1 foco com agressão de fibra Moderada multifocal - Mais de um foco com agressão de fibra
Grau 3R	Difusa grave *borderline* - Infiltrado difuso com agressão de fibra Difusa grave - Infiltrado difuso com necrose, hemorragia, neutrófilos e vasculite

214 Seção X ■ Cardiologia de emergência em fluxogramas

Tabela 3. Tratamento de rejeição aguda celular

Biópsia	Comprometimento hemodinâmico/disfunção ventricular significativa	
	Ausente	Presente
1R	Sem tratamento adicional, rever esquema imunossupressor	Pesquisar rejeição humoral e doença vascular do enxerto
2R	PO recente: metilprednisolona 10 a 15 mg/kg, EV, de 3 a 5 dias PO tardio: prednisona 1 mg/kg/dia VO, por 3 a 5 dias	Metilprednisolona 10 a 15 mg/kg, EV, por 3 a 5 dias + ATS 1,5 mg/kg/dia, EV, por 3 a 5 dias*
3R	Metilprednisolona 10 a 15 mg/kg, EV, de 3 a 5 dias + ATS 1,5 mg/kg/dia por 5 a 7 dias	Metilprednisolona 10 a 15 mg/kg EV por 3 a 5 dias + ATS 1,5 mg/kg/dia, EV, por 5 a 7 dias*

ATS: imunoglobulina de coelho antitimócitos humanos. * Pesquisar rejeição humoral.

Tabela 4. Classificação da rejeição aguda humoral

Graduação	Definição	Achado
pAMR 0	Negativa para rejeição mediada por anticorpos	Estudos histopatológicos e imunopatológicos negativos
pAMR 1 (H+)	Rejeição mediada por anticorpos apenas histológica	Presença de achados histológicos e ausência de achados imunopatológicos
pAMR 1 (I+)	Rejeição mediada por anticorpos apenas imunopatológica	Presença de achados imunopatológicos e ausência de achados histológicos
pAMR 2	Alterações histopatológicas sugestivas de rejeição mediada por anticorpos	Presença de achados histológicos e imunopatológicos para rejeição mediada por anticorpos
pAMR 3	Rejeição grave mediada por anticorpos	Hemorragia, fragmentação capilar, inflamação polimórfica, edema intersticial e presença de marcadores imunopatológicos

Tabela 5. Tratamento de rejeição aguda humoral

Corticosteroides (pulsoterapia)	Metilprednisolona 10-15 mg/kg por 3 a 5 dias
Terapia citolítica	Imunoglobulina de coelho antitimócitos humanos (timoglobulina) ,1,5 mg/kg, por 3 a 7 dias
Plasmaférese	Diária, por 3 a 5 dias, para retirada de anticorpos pré-formados
Imunoglobulina	2 g/kg ao final da última sessão de plasmaférese
Metotrexato	1-5 mg de 12/12h, 3 vezes por semana, por 3 a 12 semanas (em alguns casos)
Ciclofosfamida	0,5-1mg/kg/dia
Rituximabe (anti-CD20)	375 mg/m^2

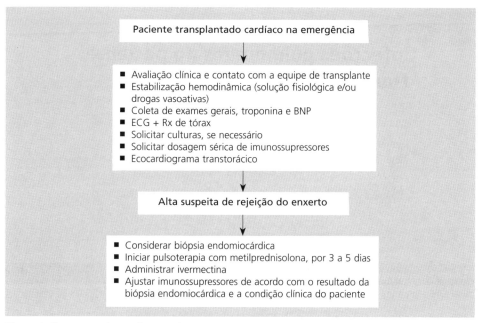

Figura 1. Fluxograma de atendimento de suspeita de rejeição de transplante no InCor. ECG: eletrocardiograma; Rx: radiografia.

5

Infecções pulmonares no paciente transplantado cardíaco

Danilo Bora Moleta
Tania M. Varejão Strabelli

Tabela 1. Etiologia de infecção pulmonar em imunossuprimidos	
Infecção comunitária bacteriana: pneumococo, hemófilos, agentes atípicos	37%
Fungos	14%
Vírus	15%
Pneumocystis jirovecii	8%
Nocardia asteroides	7%
Mycobacterium tuberculosis	1%
Infecções mistas	20%

Tabela 2. Agentes oportunistas responsáveis por infecções pulmonares
Pneumocystis jirovecii (previamente *P. carinii*)
Nocardia asteroides
Aspergillus spp.
Cryptococcus neoformans
Citomegalovírus
Vírus varicela-zóster
Influenza
Vírus sincicial respiratório
Rhodococcus equi
Legionella spp.

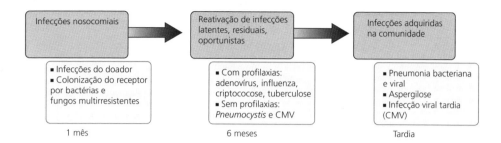

Figura 1. Evolução temporal da etiologia das infecções pulmonares no paciente transplantado. CMV: citomegalovírus.

Tabela 3. Infecções relacionadas a imunossupressores específicos
Globulinas antilinfócitos
Reativação de vírus latentes; febre e liberação de citocinas sem infecção
Glicocorticoides
Infecções bacterianas e fúngicas, principalmente *Pneumocystis*
Azatioprina
Neutropenia, infecções bacterianas e fúngicas
Micofenolato
Infecções bacterianas, possível papel em CMV tardio
Ciclosporina e tacrolimus
Aumento de replicação viral, infecções por patógenos intracelulares
Rapamicina (sirolimus)
Aumento de infecções em combinação com outros agentes
Diferencial de infecção com síndrome pulmonar idiossincrática
CMV: citomegalovírus.

Tabela 4. Padrões radiológicos e etiologia

Padrão de infiltrado	Agudo	Subagudo / crônico
Consolidação	Qualquer causa, especialmente bactérias	Fungos *Nocardia* spp. *Actinomyces* spp. Micobactérias Pneumonia necrotizante (BOOP)
Intersticial difuso	*P. jirovecii* Bactérias (especialmente *H. influenzae*) Vírus (influenza, CMV) Edema pulmonar Síndrome da angústia respiratória aguda	Micobactérias Toxicidade por drogas Pneumonia linfocítica intersticial Metástase pulmonar Proteinose alveolar
Nodular	Bactérias	*Nocardia* spp., *Actinomyces* spp. Fungos
Cavitação	Bactérias Gram-negativas e anaeróbios	Fungos *Nocardia* spp. Micobactérias
Linfadenopatia	Infecção viral aguda (CMV)	*Cryptococcus* Micobactérias Reação a medicação
Derrame pleural	Parapneumônico Tuberculose Empiema	Linfoma
Pneumotórax	*P. jirovecii*	

P: *Pneumocystis*; CMV: citomegalovírus; H: *Haemophilus*.

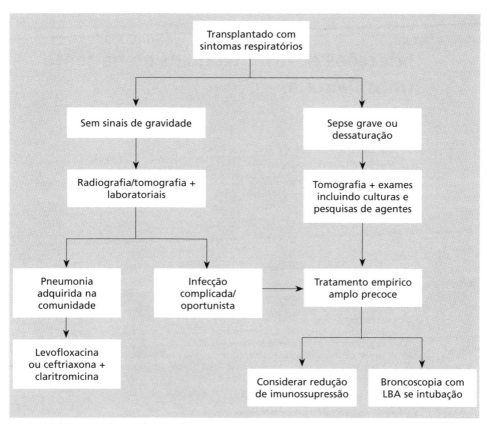

Figura 2. Fluxograma de atendimento do paciente transplantado com infecção pulmonar. LBA: lavado broncoalveolar.

6
Infecções gastrointestinais no paciente transplantado

Ewandro Luiz Rey Moura
Iascara Wozniak de Campos
Fabiana Goulart Marcondes-Braga

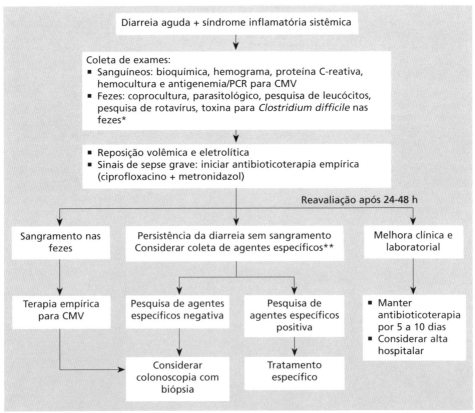

Figura 1. Algoritmo para guiar a investigação clínica e para abordagem terapêutica do paciente transplantado com suspeita de infecção do trato gastrointestinal. *Se uso recente de antibiótico. **Cryptosporidium, Isospora, Cyclospora, Microsporidium.

6 ▪ Infecções gastrointestinais no paciente transplantado

Tabela 1. Dose recomendada de ganciclovir e valganciclovir para tratamento de infecção por citomegalovírus em pacientes transplantados adultos

Função renal (*clearance* em mL/min)	Ganciclovir	Função renal (*clearance* em mL/min)	Valganciclovir
≥ 70	5 mg/kg, 12/12 h	≥ 60	900 mg, 12/12 h
50-69	2,5 mg/kg, 12/12 h	40-59	450 mg, 12/12 h
25-49	2,5 mg/kg, 1x/dia	25-39	450 mg, 1 x/dia
10-24	1,25 mg/kg, 1x/dia	10-24	450 mg, a cada 2 dias
< 10	1,25 mg/kg, 3x por semana após diálise	< 10	200 mg, 3x por semana após diálise

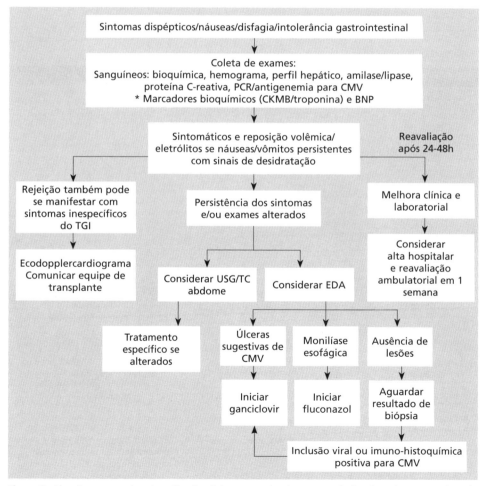

Figura 2. Algoritmo para guiar a investigação clínica e para abordagem terapêutica do paciente transplantado com sintomas dispépticos. *Para afastar rejeição como diagnóstico diferencial colher marcadores e realizar ECO.

7
Manejo de imunossupressores em emergência

Thiago Marques Mendes
Fernando Arturo Effio Solis
Mônica Samuel Avila

Tabela 1. Drogas que interagem com inibidores da calcineurina

Indutores enzimáticos	Inibidores enzimáticos
Drogas que diminuem o nível sérico dos inibidores de calcineurina	Drogas que aumentam o nível sérico dos inibidores de calcineurina
Rifampicina	Diltiazem
Isoniazida	Verapamil
Fenobarbital	Eritromicina
Fenitoína	Cetoconazol
Carbamazepina	Itraconazol
	Nifedipina
	Metilprednisolona

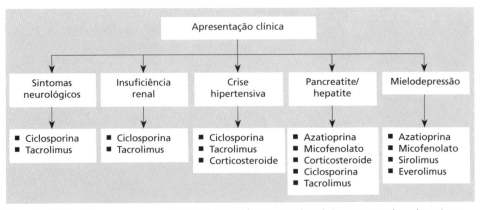

Figura 1. Principais imunossupressores relacionados aos diferentes quadros clínicos apresentados pelo paciente.

7 ■ Manejo de imunossupressores em emergência

Tabela 2. Principais imunossupressores utilizados em transplante cardíaco

Imunossupressor	Nível sérico	Efeitos colaterais
Corticosteroides	Reduzido gradualmente nos primeiros 6 meses Não ajustado	Sinais de hipercortisolismo, diabetes, hipertensão, dislipidemia, ganho de peso, obesidade central, úlcera péptica, sangramento gastrointestinal, pancreatite, distúrbios de comportamento, catarata, osteoporose
Ciclosporina	(Vale-ng/mL): 1°-3° meses: 350-450 3°-6° meses: 250-350 6°-12° meses: 200-300 > 12° mês: 100-200	Insuficiência renal, hipertensão arterial, intolerância à glicose, neurotoxicidade, hepatotoxicidade, efeitos tróficos (pelos, gengiva), neoplasias (linfoma e pele), hiperuricemia, HVE
Tacrolimus	< 6 meses: 10-15 ng/mL > 6 meses: 5-10 ng/mL	Semelhantes aos da ciclosporina, porém maior tendência à hiperglicemia. Efeitos tróficos menos intensos (interessante para mulheres e crianças)
Azatioprina	Manter leucócitos > 4.000/mm³ Não ajustado	Leucopenia, mielossupressão, hepatite, pancreatite. A associação com alopurinol é extremamente mielotóxica, devendo ser evitada ou utilizada com a redução da dose de ambas as drogas para 30% da dose preconizada
Micofenolato	MPA: 2,5-5,0	Principalmente trato gastrointestinal e que podem ser minimizados com redução da dose ou dando preferência para a utilização do micofenolato sódico (Myfortic®). Baixa toxicidade para medula óssea, rins e fígado, entretanto em casos de leucopenia a dose pode ser reduzida
Sirolimus	Vale: 5 a 15 ng/mL	Hipertrigliceridemia, plaquetopenia, anemia e leucopenia, retardo da cicatrização de ferida operatória
Everolimus	Vale: 3 a 8 ng/mL	Idem sirolimus

Seção XI

Exames complementares

No ambiente da sala de emergência, a realização de exames complementares é primordial para o auxílio diagnóstico, proporcionando a diferenciação entre condições de grande morbidade e mortalidade e aquelas de mais simples resolução.

Entre esses exames, destacam-se o eletrocardiograma, cuja realização deve ser priorizada no momento da admissão do paciente, assim como nas mudanças do quadro clínico e laboratorial. É um exame simples, de baixo custo e que proporciona informações inerentes às condições estruturais, isquêmicas, e relacionadas ao ritmo cardíaco e às situações toxicometabólicas.

O ecocardiograma é o único exame cardíaco aplicável à beira-leito. A realização precoce também permite melhor elucidação diagnóstica, assim como facilita o manejo hemodinâmico e clínico.

O teste ergométrico, por sua vez, pode ser considerado em pacientes que chegam ao pronto-socorro para auxílio no diagnóstico de dor torácica. Dessa forma, permite reduzir a chance de alta inadvertida e também reduzir as admissões de pacientes cuja hospitalização seria desnecessária.

Outro exame complementar essencial é o cateterismo cardíaco que, além da vantagem diagnóstica e da avaliação da anatomia coronária, permite a estratificação de risco e a possibilidade de tratamento percutâneo em casos selecionados.

A angiotomografia computadorizada de artérias coronárias, a ressonância magnética cardíaca e a cintilografia miocárdica são também exames de grande importância na avaliação do cardiopata na sala de emergência.

Eletrocardiograma na emergência

Horacio Gomes Pereira Filho
Carlos Alberto Pastore

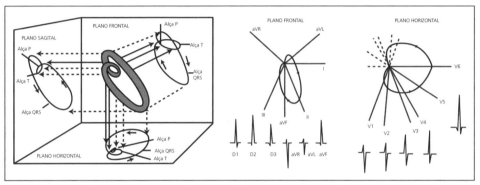

Figura 1. A atividade elétrica cardíaca pode ser estudada por meio do vetocardiograma, com sua projeção em planos: frontal, horizontal e sagital. O eletrocardiograma (ECG) de 12 derivações é constituído por derivações que fazem parte dos planos frontal e horizontal do VCG.

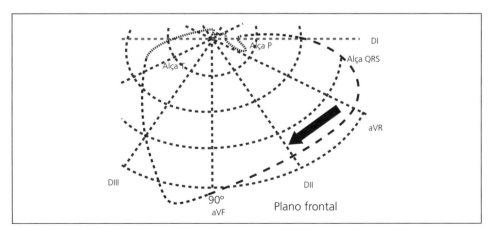

Figura 2. Aspecto vetocardiográfico no plano frontal, com as respectivas alças de P, QRS e T, bem como o posicionamento de respectivas derivações neste plano. Nota-se a orientação dos cometas da alça do QRS, com a alça em rotação horária e terminando à direita.

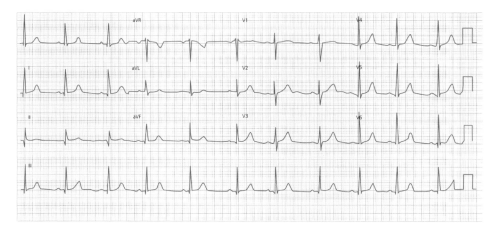

Figura 3. Eletrocardiograma de mulher de 30 anos, considerado dentro dos limites da normalidade para idade e sexo.

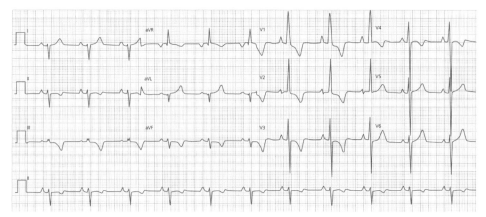

Figura 4. Eletrocardiograma de portador de hipertensão pulmonar primária, com achados de sobrecarga das câmaras direitas.

1 ■ Eletrocardiograma na emergência

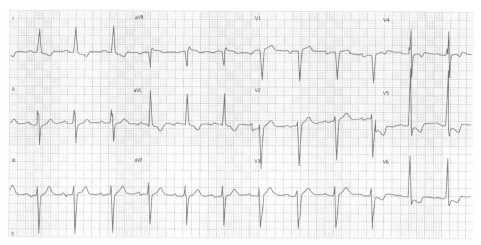

Figura 5. Paciente de 75 anos, portador de estenose aórtica grave, com achado de sobrecarga das câmaras esquerdas ao ECG.

Tabela 1. Critérios de Romhilt-Estes para sobrecarga ventricular esquerda	
Aumento de voltagem do QRS se: ■ Onda R ou S em derivações inferiores ≥ 20 mm, ou ■ Onda S V1 ou V2 ≥ 30 mm, ou ■ Onda R V5 ou V6 ≥ 30 mm	3 pontos
Alterações do segmento ST e onda T (padrão *sTrain*): infradesnível do segmento ST e inversão de onda T ■ Sem uso de digitálico ■ Em uso de digitálico	3 pontos 1 ponto
Sobrecarga atrial esquerda (índice de Morris)	3 pontos
Desvio do eixo do QRS (≥ -30°)	2 pontos
Aumento da duração do complexo QRS (≥ 90 ms)	1 ponto
Aumento do tempo de ativação ventricular (> 50 ms em V5 e V6)	1 ponto

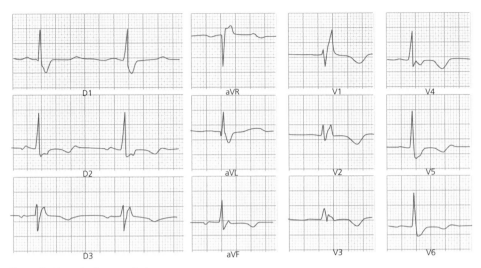

Figura 6. Bloqueio de ramo direito.

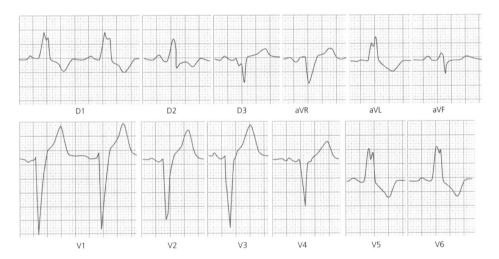

Figura 7. Bloqueio de ramo esquerdo (BRE).

1 ■ Eletrocardiograma na emergência

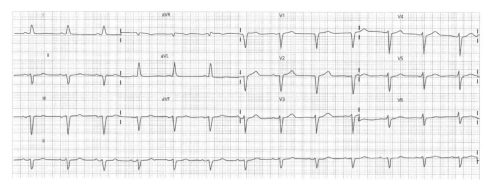

Figura 8. Bloqueio da divisão anterossuperior (BDAS).

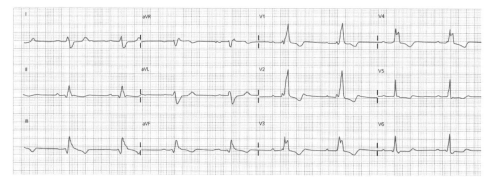

Figura 9. Eletrocardiograma de mulher portadora de doença de Chagas, evidenciando associação de bloqueio divisional posteroinferior esquerdo (BDPI) e bloqueio de ramo direito (BRD).

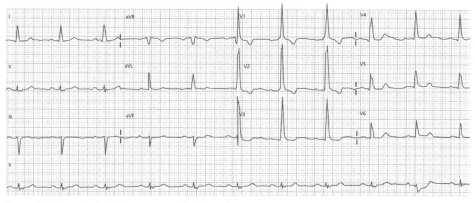

Figura 10. Bloqueio da divisão anteromedial (BDAM).

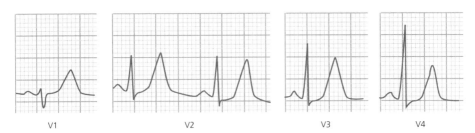

Figura 11. Isquemia subendocárdica anterior (onda T positiva de grande amplitude e simétrica).

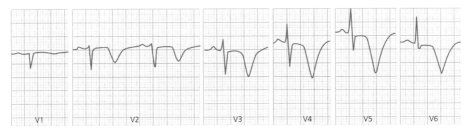

Figura 12. Eletrocardiograma evidenciando isquemia subepicárdica (ondas T negativas, apiculadas e simétricas) em parede anterior.

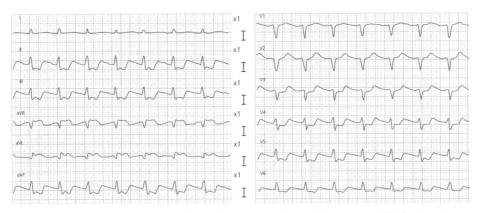

Figura 13. Corrente de lesão subendocárdica (infarto sem supradesnível do segmento ST) inferolateral.

1 ■ Eletrocardiograma na emergência

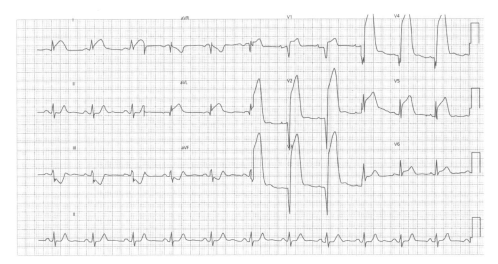

Figura 14. Corrente de lesão subepicárdica (infarto agudo do miocárdio com supradesnível do segmento ST) em parede anterior extensa.

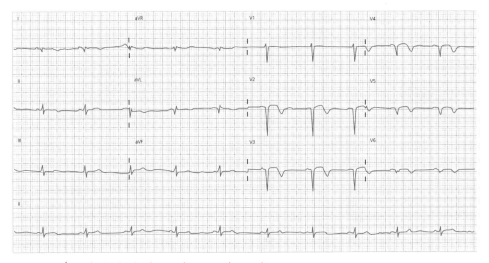

Figura 15. Área elétrica inativa (necrose) em parede anterior extensa.

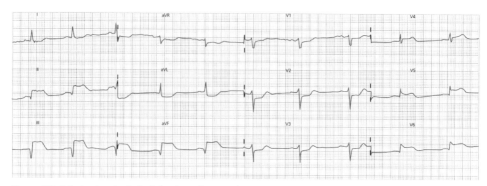

Figura 16. Infarto do miocárdio inferolateral em evolução.

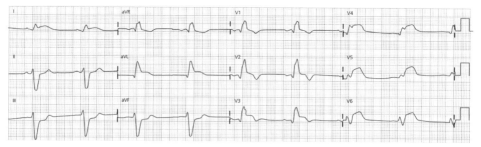

Figura 17. Infarto agudo do miocárdio de parede anterior extensa, em paciente portador de associação de bloqueio da divisão anterossuperior (BDAS) + bloqueio de ramo direito (BRD).

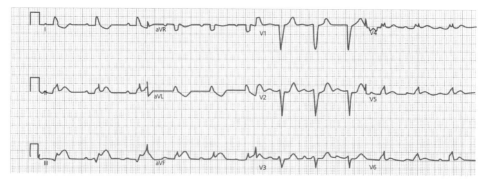

Figura 18. Infarto com supradesnível do segmento ST em portador de bloqueio de ramo esquerdo (BRE), com supradesnível do segmento ST discordante em II, III, aVF, V4 a V6 (5 pontos) e infradesnível do segmento em V2 e V3 (3 pontos), segundo critérios de Sgarbossa.

1 ▪ Eletrocardiograma na emergência **235**

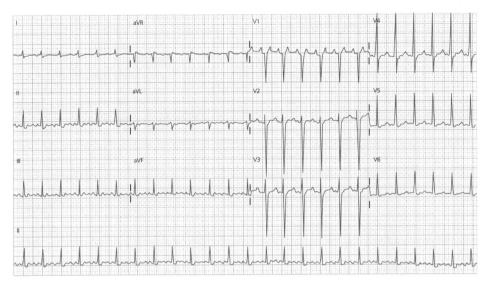

Figura 19. Taquicardia atrial (TA).

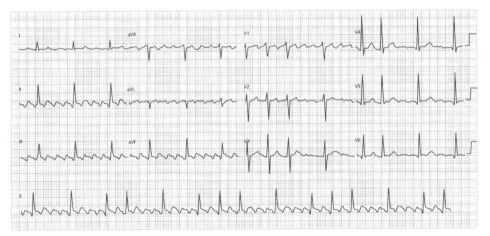

Figura 20. *Flutter* atrial tipo I (FLA I), com condução atrioventricular variável.

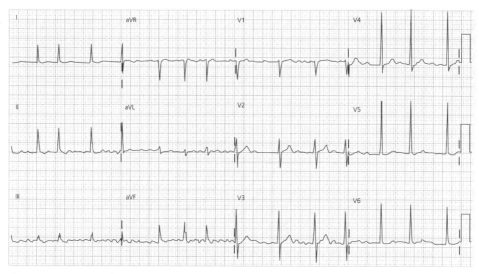

Figura 21. Exemplo de fibrilação atrial.

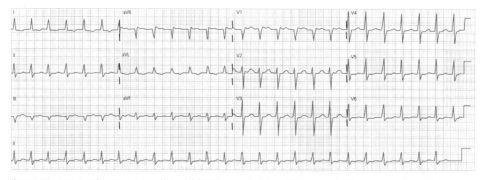

Figura 22. Taquicardia por reentrada nodal (TRN): pseudo R' em V1 e pseudo S' nas derivações inferiores.

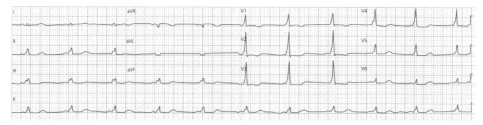

Figura 23. Eletrocardiograma demonstrando pré-excitação ventricular, com as características eletrocardiográficas clássicas.

1 ■ Eletrocardiograma na emergência 237

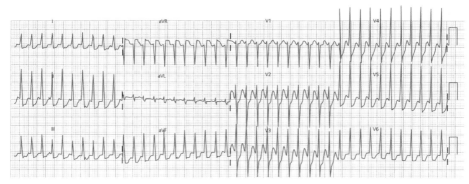

Figura 24. Taquicardia atrioventricular ortodrômica.

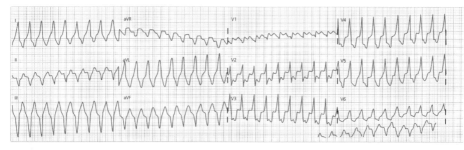

Figura 25. Taquicardia atrioventricular antidrômica.

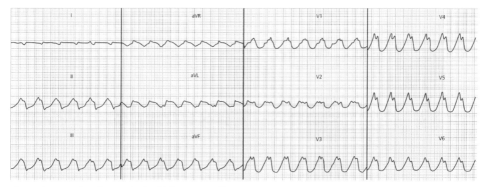

Figura 26. Taquicardia ventricular (TV) monomórfica.

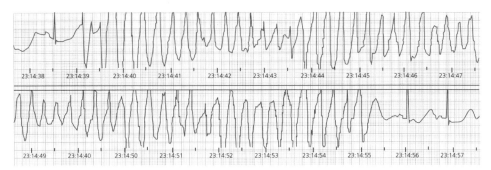

Figura 27. Taquicardia ventricular polimórfica ou *torsades de pointes*.

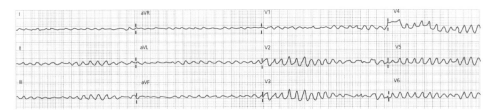

Figura 28. Fibrilação ventricular.

Tabela 2. Critérios de Brugada		
Critérios	Sim	Não
1. Ausência de complexos RS nas derivações precordiais	TV	Avaliar critério 2
2. Intervalo RS > 100 ms em 1 ou mais precordiais	TV	Avaliar critério 3
3. Dissociação AV	TV	Avaliar critério 4
4. Critérios morfológicos	TV	TSV c/aberrância
AV: atrioventricular; TSV: taquicardia supraventricular; TV: taquicardia ventricular.		

Tabela 3. Critérios de Vereckei		
Critérios	Sim	Não
1. Onda R inicial presente	TV	Avaliar critério 2
2. Onda R ou Q inicial > 40 ms	TV	Avaliar critério 3
3. Entalhe descendente do QRS	TV	Avaliar critério 4
4. Relação voltagem inicial/voltagem final* ≤ 1	TV	TSV com aberrância
* Voltagem inicial dos 40 ms do complexo QRS em qualquer derivação e os 40 ms finais, na mesma derivação. TSV: taquicardia supraventricular; TV: taquicardia ventricular.		

1 ■ Eletrocardiograma na emergência

Tabela 4. Critérios morfológicos de Brugada para TV na presença de padrões BRD e BRE		
Morfologia de BRD		
V1	R Monofásico	TV
	QR ou RS	TV
	R trifásico	TSV com aberrância
V6	R/S < 1	TV
	QS ou QR	TV
	R trifásico	TSV com aberrância
Morfologia de BRE		
V1/V2	R > 30 ms	TV
	Duração > 60 s até nadir S	TV
V6	QR ou QS	TV
	R monofásico	TV
BRD: bloqueio do ramo direito; BRE: bloqueio do ramo esquerdo; TSV: taquicardia supraventricular; TV: taquicardia ventricular.		

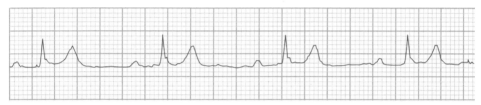

Figura 29. Bloqueio atrioventricular de primeiro grau, PR fixo de 280 ms.

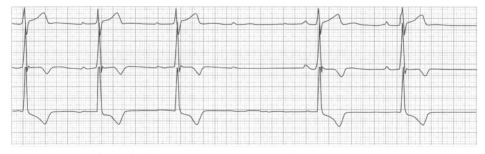

Figura 30. Série evidenciando bloqueio atrioventricular de segundo grau tipo I (Mobitz I).

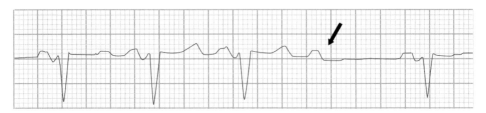

Figura 31. Bloqueio atrioventricular de segundo grau tipo II (Mobitz II).

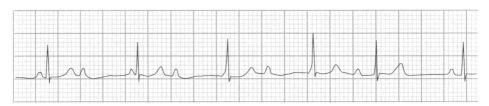

Figura 32. Registro em DII longo evidenciando bloqueio atrioventricular total (BAVT), com escape ventricular alto.

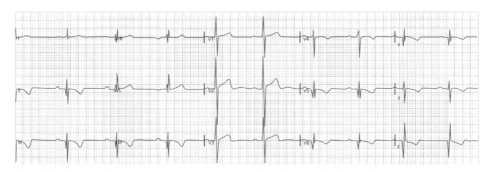

Figura 33. Eletrocardiograma encontrado em portador de cardiomiopatia hipertrófica.

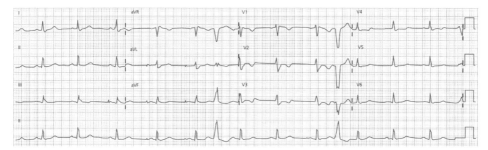

Figura 34. Paciente portador de displasia arritmogênica do ventrículo direito (VD) e com implante de marca-passo AAI (espículas atriais), observando-se onda épsilon ao final do QRS em V1, inversão de onda T em precordiais direitas e extrassístoles de via de saída do VD.

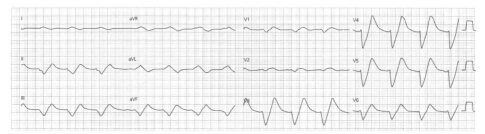

Figura 35. Ritmo sinoventricular encontrado em hipercalemia grave.

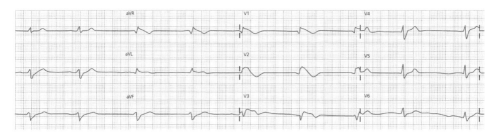

Figura 36. Eletrocardiograma evidenciando padrão Brugada tipo 1.

2

Ecocardiograma na emergência

Maria Carolina Feres de Almeida Soeiro
Viviane Tiemi Hotta
Marcelo Luiz Campos Vieira
Wilson Mathias Jr.

Tabela 1. Indicações de ecocardiograma transtorácico na emergência
Avaliação da função ventricular global
Suspeita de complicações mecânicas do infarto agudo do miocárdio
Análise da contratilidade segmentar
Detecção de derrame pericárdico e tamponamento cardíaco
Avaliação do volume intravascular
Orientação de pericardiocentese
Avaliação de valvopatias em paciente instável
Suspeita de disfunção de prótese valvar em paciente instável
Trauma cardíaco
Choque de etiologia indefinida
Dispneia ou dor torácica de causa não determinada em paciente grave
Suspeita de rejeição em transplante cardíaco
Identificação de causas potencialmente reversíveis de parada cardiorrespiratória (particularmente nos pacientes com ritmo de AESP e assistolia)
AESP: atividade elétrica sem pulso.

Tabela 2. Indicações de ecocardiograma transesofágico na emergência
Suspeita de dissecção de aorta (principalmente em paciente instável)
Pesquisa de trombos intracavitários para realização de cardioversão
Suspeita de endocardite (especialmente quando há desconfiança de complicações associadas, como abscesso ou fístula)
Avaliação de valva nativa ou prótese valvar em paciente instável quando ecocardiograma transtorácico não for diagnóstico

Tabela 3. Objetivos do estudo ecocardiográfico direcionado ao paciente sintomático no departamento de emergência
Avaliação da presença de derrame pericárdico
Avaliação da função cardíaca sistólica global
Identificação do aumento importante dos ventrículos
Avaliação do volume intravascular
Orientação de pericardiocentese
Confirmação do posicionamento correto do eletrodo de marca-passo transvenoso

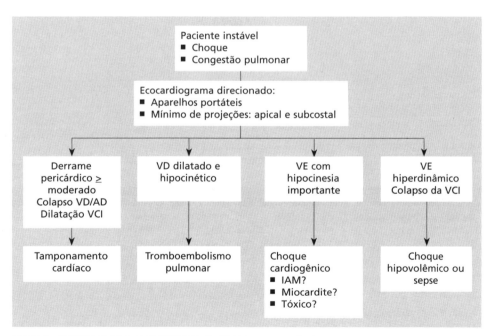

Figura 1. Algoritmo para o ecocardiograma direcionado na emergência.

3
Teste ergométrico

Marta Vidigal Reis Lara
Laís Vissotto Garchet Santos Reis
Augusto Hiroshi Uchida

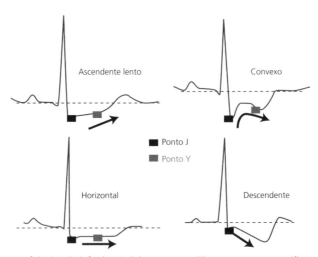

Figura 1. As diferentes morfologias do infradesnível do segmento ST e pontos para a análise.

Tabela 1. Principais indicações de teste ergométrico em DAC
Pacientes com probabilidade pré-teste intermediária para DAC, baseada em idade, sexo e sintomas, incluindo aqueles com bloqueio de ramo direito ou depressão < 1 mm do segmento ST no ECG de repouso
Pacientes com SCA de baixo risco, após completa estabilização clínica e hemodinâmica, sem sinais de isquemia eletrocardiográfica ativa, sem sinais de disfunção ventricular ou arritmias complexas e com marcadores de necrose miocárdica normais
Pacientes com DAC antes da alta, para avaliar o risco e prescrever atividade física
No diagnóstico diferencial de pacientes admitidos em unidades de dor torácica com sintomas atípicos e com possibilidade de DAC
DAC: doença arterial coronária; ECG: eletrocardiograma; SCA: síndrome coronária aguda.

3 ■ Teste ergométrico

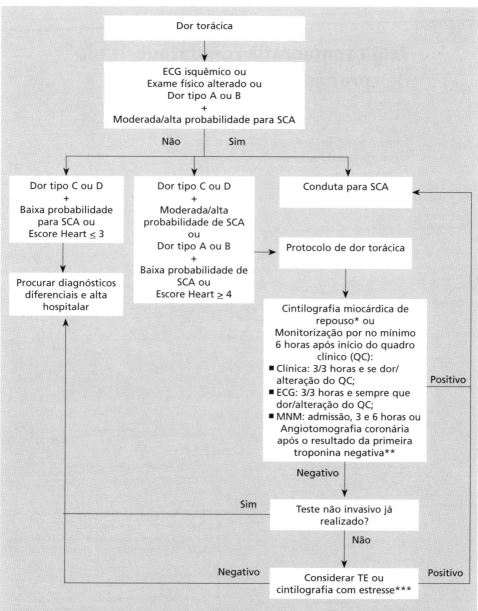

* Pacientes com dor prolongada na hora da avaliação ou dor de duração > 20 minutos nas últimas 6 horas.
** Pacientes sem aterosclerose conhecida de risco baixo ou intermediário de doença coronária.
*** Pacientes com contraindicação ao teste ergométrico (ECG não interpretável, limitação física).

Figura 2. Fluxograma para indicação de testes não invasivos na avaliação de dor torácica na Unidade de Emergência do InCor. ECG: eletrocardiograma; DAC: doença arterial coronária; MNM: marcadores de necrose miocárdica; QC: quadro clínico; SCA: síndrome coronária aguda; TE: teste ergométrico.

4
Angiotomografia computadorizada de coronárias

Antonildes Nascimento Assunção Jr.
José Rodrigues Parga Filho
César Higa Nomura

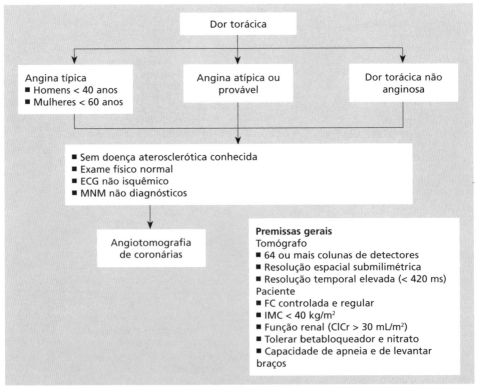

Figura 1. Situações clínicas apropriadas para o uso da tomografia computadorizada de coronárias na emergência e premissas gerais do método (segundo recomendações de associações lideradas pelo American College of Cardiology; 2010). ClCr: *clearance* de creatinina; ECG: eletrocardiograma; FC: frequência cardíaca; IMC: índice de massa corpórea; MNM: marcadores de necrose miocárdica.

5
Ressonância magnética cardíaca

Debora Yuri Moura Nakamura
Antonildes Nascimento Assunção Jr.
Carlos Eduardo Rochitte

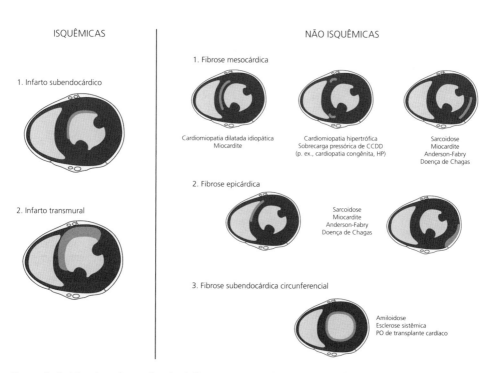

Figura 1. Padrões de realce tardio miocárdico por ressonância magnética cardíaca (RMC) nas cardiomiopatias isquêmicas e não isquêmicas. CCDD: câmaras cardíacas direitas; HP: hipertensão pulmonar.

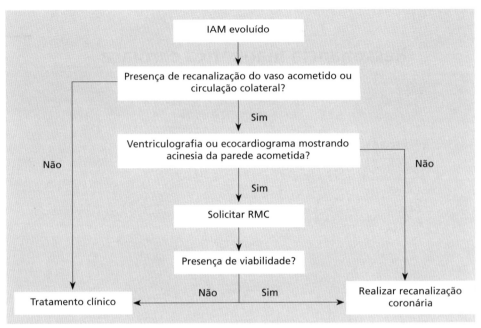

Figura 2. Fluxograma para indicação de RMC para pesquisa de viabilidade miocárdica em pacientes com IAM evoluído. IAM: infarto agudo do miocárdio; RMC: ressonância magnética cardíaca.

6

Cintilografia miocárdica

Pedro Vieira Linhares
Jaime Paula Pessoa Linhares Filho
Wallyson Pereira Fonseca
Maria Clementina Pinto Giorgi
William Azem Chalela

Tabela 1. Probabilidade dos sinais e sintomas serem devidos a síndromes isquêmicas miocárdicas instáveis secundárias à doença obstrutiva coronariana

Variáveis	Probabilidade alta	Probabilidade intermediária	Probabilidade baixa
História	Sintomas sugestivos de isquemia miocárdica prolongada (> 20 min), em repouso, ou dor similar a quadro anginoso prévio. História de DAC, incluindo IAM	Sintomas sugestivos de isquemia miocárdica como principal manifestação. Idade > 70 anos. Diabetes melito. Doença vascular periférica	Sintomas não sugestivos de isquemia miocárdica. Uso recente de cocaína
Exame físico	IM transitória, hipotensão, sudorese, edema pulmonar ou estertores		Desconforto torácico, reproduzido pela palpação
ECG	Infradesnível do segmento ST (> 0,5 mm) novo ou presumidamente novo, ou inversão onda T > 2 mm com sintomas	Presença de ondas Q. Segmento ST ou ondas T anormais antigas	Achatamento ou inversão de onda T em derivações com ondas R predominantes. ECG normal
Marcadores bioquímicos	TnT, TnI ou CK-MB elevados	Marcadores normais	Marcadores normais

DAC: doença arterial coronária; ECG: eletrocardiograma; IAM: infarto agudo do miocárdio; IM: insuficiência mitral; TnT: troponina T; TnI: troponina I.

Tabela 2. Indicadores de alto risco na cintilografia miocárdica

1	Múltiplas áreas de defeitos de perfusão
2	Área extensa de isquemia
3	Isquemia em parede anterior
4	Dilatação ventricular durante estresse
5	Captação pulmonar do radiotraçador

7

Cateterismo cardíaco e cinecoronariografia

Leonardo Jorge Cordeiro de Paula
Caroline Ferraz de Paula
Fábio Augusto Pinton
Pedro Alves Lemos Neto

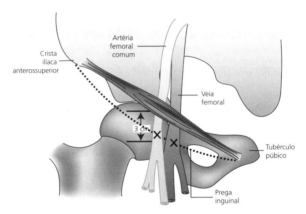

Figura 1. Acesso femoral: canulação da artéria femoral comum ao nível da cabeça do fêmur, 3 cm abaixo do ligamento inguinal.

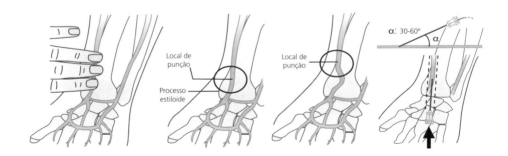

Figura 2. Acesso radial: anatomia e via de acesso.

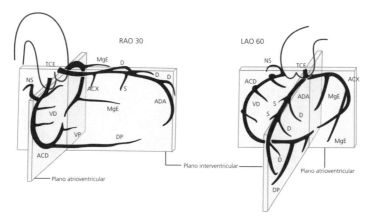

Figura 3. Visão espacial da circulação coronariana. ACD: artéria coronária direita; ACX: artéria circunflexa; ADA: artéria descendente anterior; DP: descendente posterior; MgE: marginal esquerda; NS: nó sinusal; TCE: tronco de coronária esquerda; VD: ventrículo direito; VP: ventricular posterior.

Tabela 1. Indicações de cinecoronariografia
Angina estável com sintomas limitantes mesmo com terapia otimizada
Teste isquêmico não invasivo com achados de alto risco para eventos
Morte súbita abortada
Pacientes com taquicardia ventricular monomórfica sustentada ou taquicardia polimórfica não sustentada
Angina instável de alto risco
Suspeita clínica de angina de Prinzmetal
Suspeita de oclusão aguda ou subaguda pós-implante de *stent* coronariano
Angina recorrente nos primeiros 9 meses após intervenção coronariana percutânea
Nas primeiras horas após infarto agudo do miocárdio, quando há intenção de recanalizar artéria culpada
Infarto agudo do miocárdio recente com sintomas anginosos recorrentes ou limitantes
Infarto agudo do miocárdio recente com choque cardiogênico, nas primeiras 36 h após início da dor, em pacientes até 75 anos de idade, nos quais a intervenção percutânea possa ser realizada nas primeiras 18 h do choque
Infarto agudo do miocárdio com complicação mecânica e programação de cirurgia corretiva
Antes de cirurgia cardíaca valvar ou valvoplastia percutânea em adultos com dor torácica ou evidências de isquemia coronariana em testes não invasivos
Antes de cirurgia cardíaca valvar ou valvoplastia percutânea em adultos com múltiplos fatores de risco para doença coronariana
Endocardite bacteriana com evidência de embolia coronariana
Antes de cirurgia para correção de cardiopatias congênitas em adultos com dor torácica ou evidência de isquemia em testes não invasivos
Em portadores de cardiopatia congênita frequentemente associadas a anomalias coronarianas cujo diagnóstico possa mudar o plano cirúrgico
Pacientes com disfunção sistólica com evidência de causa isquêmica ou com aneurisma de ventrículo esquerdo pós-infarto
Antes da realização de transplante cardíaco
Doenças da aorta cuja presença de coronariopatia possa mudar o plano terapêutico

Tabela 2. Contraindicações relativas à realização de cinecoronariografia

Diátese hemorrágica (INR ≥ 1,6) ou sangramento ativo

Anemia importante, principalmente com Hb < 8,0 g/dL

Plaquetopenia < 50.000/mm³

Febre de origem indeterminada, possivelmente infecciosa

Infecção ativa não tratada

Distúrbio eletrolítico grave não corrigido (K < 3,3 ou > 6,0 mEq/L; Na < 125 ou > 155 mEq/L)

Distúrbio psiquiátrico grave não compensado

Intoxicação digitálica grave

Endocardite ativa, principalmente de valva aórtica

Hipertensão arterial sistêmica grave não compensada

Acidente vascular encefálico recente

Taquiarritmia não controlada

Insuficiência renal aguda

Insuficiência cardíaca descompensada

Hb: hemoglobina.

Tabela 3. Complicações graves em coronariografia

Complicação	Frequência (%)
Óbito	0,1-0,14
Infarto agudo do miocárdio	0,05-0,07
Acidente vascular encefálico	0,07-0,4
Arritmias	0,31-1,17
Complicações vasculares	0,5-1
Reação ao contraste	0,25-0,5
Complicações hemodinâmicas	0,1-0,5
Outras complicações	0,2-0,5

Tabela 4. Fatores de risco relacionados a nefropatia por contraste

Insuficiência renal crônica (TFG < 60 mL/min/m²)

Diabetes melito

Hipovolemia

Hipotensão, choque, uso de balão intra-aórtico

Idade avançada

Procedimentos de urgência/emergência

FEVE < 40% ou insuficiência cardíaca congestiva

Contraste de alta osmolaridade/iônicos

Volume de contraste (> 3 mL/kg ou > 5 mL/kg /Cr)

Cr: creatinina sérica; FEVE: fração de ejeção do ventrículo esquerdo; TFG: taxa de filtração glomerular.

8

Biomarcadores de risco cardiovascular

Célia Maria Cássaro Strunz
Vanessa Monteiro da Silva
Alessandra Rogério
Adriana de Andrade Ramos Nogueira

Tabela 1. Potenciais biomarcadores	
Marcador de isquemia	
Heart-type fatty acid-binding protein (H-FABP)	A H-FABP corresponde de 4 a 8% da proteína citoplasmática das células miocárdicas, cuja função fisiológica é transportar ácidos graxos a partir da membrana celular para as mitocôndrias. Uma vez lesado o miocárdio, esta proteína é liberada na corrente sanguínea, aumentando sua concentração plasmática em até 3 horas após o início da lesão e retornando ao normal em 24 horas
Marcadores de inflamação e aterosclerose	
IL-6	É uma citocina pró-inflamatória, mediadora celular, produzida pelos macrófagos e linfócitos T. Participa da instabilidade coronariana e está envolvida na ruptura e erosão da placa de aterosclerose
Mieloperoxidase	É uma enzima derivada de leucócitos. Modifica o estado normal de vasodilatação, quase sempre por uma diminuição na biodisponibilidade de óxido nítrico (NO), potencializando a ocorrência dos fatores de risco cardiovascular, como a formação da placa de aterosclerose
Metaloproteinases de matriz	As metaloproteinases (MMP-9, MMP-11) são proteases produzidas por fibroblastos, osteoblastos e células do músculo liso vascular. São altamente expressas em placas de ateroma instáveis
Fator de necrose tumoral-alfa (TNF-alfa)	É uma citocina secretada por macrófagos, linfócitos e monócitos, e seu principal efeito fisiológico é promover a resposta imune e inflamatória. O TNF-alfa está associado à placa ateromatosa, com deposição e ativação de elementos celulares na parede dos vasos e, possivelmente, à progressão da aterosclerose
Marcadores de função endotelial	
E-selectina	É uma molécula de adesão celular, que após ativação de citocinas inflamatórias é expressa em células endoteliais. Desempenha um papel importante na inflamação, recrutamento de leucócitos para o local da lesão. Sua concentração aumenta em associação com fatores de risco cardiovascular e está associada com medidas funcionais e estruturais da doença aterosclerótica, assim como com prognóstico cardiovascular

(continua)

8 ▪ Biomarcadores de risco cardiovascular 255

Tabela 1. Potenciais biomarcadores *(continuação)*

Molécula de adesão vascular-1 (VCAM-1)	É uma molécula importante na adesão de células sanguíneas ao endotélio vascular. Durante exposição a agentes pró-inflamatórios, a VCAM-1 torna-se proeminentemente expressa pelas células endoteliais. Exerce o recrutamento e captura dos leucócitos e pode estar associada com a ativação endotelial ou com dano na síndrome coronariana aguda. A concentração elevada de VCAM-1, juntamente com a presença de angina instável ou infarto do miocárdio, é um preditor de eventos isquêmicos futuros
Molécula de adesão intracelular-1 (ICAM-1)	É uma molécula de adesão expressa na superfície de vários tipos celulares, incluindo leucócitos e células endoteliais. No endotélio, tem um importante papel na migração dos leucócitos para os sítios de inflamação, permitindo a adesão e a diapedese dos leucócitos via interação com seus ligantes. Os níveis de ICAM-1 estão elevados na inflamação e no início do processo aterotrombótico

Marcadores de trombose

Fator de von Willebrand (FvW)	É uma glicoproteína sintetizada nos megacariócitos e células endoteliais (corpúsculos de Weibel-Palade) e encontrada no plasma, subendotélio e grânulos das plaquetas. O FvW desempenha papel fundamental na adesão e agregação plaquetária em locais de altas taxas de cisalhamento em pacientes com doença vascular
Fator tecidual (FT)	É um receptor de superfície celular, que forma um complexo com o fator VII (complexo FT-VIIa), ativando a via extrínseca da coagulação. A ruptura da placa aterosclerótica resulta na exposição do FT, o qual inicia a cascata de coagulação e leva à geração de trombina e à formação de trombos
Ligante solúvel do CD40 (sCD40L)	É um marcador de ativação plaquetária encontrado nos grânulos plaquetários. Está associado ao início das respostas inflamatórias, incluindo a expressão de receptores de adesão e FT, assim como a liberação de citocinas e quimiocinas. O sCD40L também desempenha um papel importante na trombose por meio da indução da expressão de FT em células endoteliais e monócitos, operando como um ativador plaquetário e estabilizador do trombo arterial

Marcadores de estresse hemodinâmico

Copeptina	É um peptídeo que compõe a região C-terminal do peptídeo precursor da vasopressina. Alguns estudos mostram que a copeptina é um eficaz marcador de insuficiência cardíaca severa, especialmente na doença cardíaca isquêmica
Adrenomedulina	É um peptídeo sintetizado principalmente na medula adrenal, em células endoteliais vasculares e no coração. É um potente vasodilatador, com propriedades natriurética e inotrópica. Altas concentrações de pró-adrenomedulina, que é a forma mensurável, estão associadas com o aumento da incidência de eventos cardiovasculares em pacientes com doença cardíaca isquêmica estável
Arginina vasopressina	É um hormônio antidiurético e vasoconstritor, sintetizado pelo hipotálamo e secretado pela glândula pituitária posterior em resposta à desidratação e às mudanças hemodinâmicas ocorridas na insuficiência cardíaca crônica
Endotelina-1	É um importante vasoconstritor e hormônio pró-fibrótico, secretado pelas células endoteliais. Apresenta um importante papel na homeostase vascular. Altos níveis de endotelina foram associados com aumento da insuficiência cardíaca em pacientes com doença cardíaca isquêmica estável e com morte

Marcadores de mortalidade na insuficiência cardíaca

Galectina-3	A galectina-3 está associada com o desenvolvimento da fibrose cardíaca, que contribui para a fisiopatologia da disfunção sistólica e diastólica do ventrículo esquerdo. A galectina-3 está associada ao aumento da incidência de insuficiência cardíaca e se correlaciona ao aumento da mortalidade

(continua)

Tabela 1. Potenciais biomarcadores *(continuação)*

ST-2	É membro da família dos receptores celulares interleucina-1. Desempenha um importante papel no remodelamento miocárdico e é considerado um marcador de prognóstico em pacientes com insuficiência cardíaca
Marcadores metabólicos	
Adiponectina	É uma proteína secretada pelo tecido adiposo e está envolvida em inúmeros processos metabólicos. Baixas concentrações de adiponectina são um fator de risco independente para o desenvolvimento da síndrome metabólica e diabetes melito. Também está associada à doença cardiovascular, incluindo doença cardíaca isquêmica e doença arterial periférica
Cistatina C	É um marcador de função renal, da família dos inibidores de proteases da cisteína, secretado por todas as células funcionantes a uma taxa constante. É mais sensível que a creatinina na disfunção renal leve a moderada e não é influenciada por idade, sexo ou massa muscular. Níveis elevados de cistatina C estão associados a aumento de eventos cardiovasculares, incidência de insuficiência cardíaca e risco de mortalidade
Neutrophil gelatinase--associated lipocalin (NGAL)	É um marcador precoce de lesão renal e pode ser detectado rapidamente na urina. É secretado pelo endotélio, por hepatócitos, cardiomiócitos e células renais. Alguns estudos demonstram que o NGAL desempenha um papel importante no processo imunológico/inflamatório da insuficiência cardíaca

Tabela 2. Causas de elevação de troponina cardíaca na ausência de doença isquêmica

Causas cardíacas

Contusão cardíaca ou traumas, incluindo cirurgia e ablação

Insuficiência cardíaca congestiva – aguda e crônica

Doenças inflamatórias: miocardite ou extensão miocárdica de endo/pericardite

Cardiomiopatia hipertrófica

Taqui ou bradiarritmia ou bloqueio cardíaco

Síndrome do balonismo apical

Rabdomiólises com injúria cardíaca

Causas não cardíacas

Dissecção aórtica

Doença da valva aórtica

Embolia pulmonar e hipertensão pulmonar severa

Insuficiência renal

Doenças neurológicas agudas: acidente vascular cerebral ou hemorragia subaracnoide

Doenças infiltrativas: amiloidose, hemocromatose, sarcoidose e escleroderma

Sepse

Toxicidade por drogas ou toxinas

Insuficiência respiratória

Queimaduras que afetaram mais de 30% da superfície corpórea

Esforço extremo

XII

Seção

Pneumopatias

A presença de exacerbações de doenças pulmonares em prontos-socorros é frequente. Como fator complicador, geralmente estão afecções de altíssima gravidade e parte significativa dos pacientes também apresenta cardiopatias em conjunto.

O diagnóstico correto associado à terapêutica adequada e rápida pode fazer a diferença no prognóstico dos pacientes atendidos. Algumas recomendações específicas podem ser rapidamente consultadas em fluxogramas e facilitar o tratamento no setor de emergência.

DPOC exacerbada

Samia Zahi Rached
Guilherme Eler de Almeida
Carlos Roberto Ribeiro de Carvalho

Tabela 1. Principais fatores de risco para exacerbação de DPOC

Idade avançada

Gravidade da DPOC baseada em função pulmonar (volume expiratório forçado no primeiro segundo – VEF1)

Presença de tosse produtiva crônica

Número de exacerbações no ano anterior

Número de internações no ano anterior

Uso prévio de ventilação mecânica

Comorbidades

Tabela 2. Associação entre risco de exacerbação e fatores clínicos

Risco de exacerbação	GOLD (VEF1 % predito)	Exacerbações no ano anterior
Baixo risco	GOLD 1 e 2 (VEF1 $\geq$ 50%)	0-1
Alto risco	GOLD 3 e 4 (VEF1 < 50%)	$\geq$ 2

Tabela 3. Marcadores de gravidade da exacerbação

Uso de musculatura acessória

Respiração paradoxal

Piora ou início de cianose

Surgimento de edema periférico

Alteração de nível de consciência

Tabela 4. Doses das medicações para exacerbação de DPOC

Salbutamol *spray* (100 µg/jato)	4-8 jatos/uso
Fenoterol gotas (solução para nebulização) (5 mg/mL)	2,5-5 mg/uso
Fenoterol *spray* (100 µg/jato)	4-8 jatos/uso – na apresentação de 200 µg/jato, as doses devem ser 50% menores
Brometo de ipratrópio (solução para nebulização) (0,25 mg/mL)	0,5 mg/uso
Brometo de ipratrópio *spray* (0,02 mg/jato)	4-8 jatos/uso
Prednisona ou prednisolona (suspensão oral ou comprimidos)	30-40 mg/dia
Metilprednisolona (solução injetável) (ou outro corticosteroide em dose equivalente)	60-125 mg; 2-4 x/dia
Aminofilina (solução injetável)	*Bolus*: 5-6 mg/kg – infusão: 0,6-0,9 mg/kg/h Infusão: 0,4 mg/kg/h em idosos, ICC, hepatopatia‡

‡ Diluição: 1 mg/mL (máximo: 25 mg/mL); taxa de infusão máxima: 25 mg/min; nível plasmático desejável: 8-15 µg/mL (coletado 12-24 h após o início da infusão).

Tabela 5. Principais efeitos colaterais das medicações

Beta-2-agonistas	Tremores, taquicardia, palpitações, arritmias cardíacas, hipocalemia
Anticolinérgicos	Xerostomia, retenção urinária, taquicardia supraventricular, aumento da pressão intraocular, aumento questionável do risco cardiovascular
Corticosteroides sistêmicos	Hiperglicemia, hipertensão, além de inúmeros efeitos em caso de uso crônico
Aminofilina	Taquicardia, *flutter*, cefaleia, irritabilidade, convulsões, diarreia, náuseas e vômitos

Tabela 6. Indicações de antibióticos em DPOC exacerbada

Presença de três sintomas cardinais: aumento de dispneia e volume de escarro e escarro purulento

Presença de dois sintomas cardinais, se escarro purulento estiver presente

Necessidade de ventilação mecânica (invasiva ou não invasiva)

Tabela 7. Principais antibióticos usados na DPOC exacerbada

Não internados	Amoxicilina
	Amoxicilina – clavulonato
	Macrolídeos
	Cefuroxima
	Fluoroquinolonas
	Ciprofloxacina (em risco de *Pseudomonas*)
Internados sem risco de *Pseudomonas*	Levofloxacina/moxifloxacina
	Ceftriaxona/cefotaxima
Internados com risco de *Pseudomonas*	Levofloxacina
	Piperacilina-tazobactam
	Cefepima
	Ceftazidima

1 ▪ DPOC exacerbada

Tabela 8. Indicações para internação hospitalar

Aumento importante de sintomas, como dispneia em repouso

DPOC grave

Surgimento de cianose ou edema periférico

Falência do tratamento inicial

Comorbidades graves, como insuficiência cardíaca ou arritmias

Exacerbações frequentes

Idade avançada

Suporte domiciliar insuficiente

Tabela 9. Indicações para uso de ventilação não invasiva

Pelo menos um dos sinais clínicos a seguir

Acidose respiratória (pH arterial $\leq$ 7,35 e/ou PCO_2 arterial $\geq$ 45 mmHg)

Dispneia intensa com sinais sugestivos de fadiga muscular e/ou aumento de trabalho respiratório: uso de musculatura acessória, respiração paradoxal

Tabela 10. Indicações para uso de ventilação invasiva

Intolerância ou falência de VNI

Parada respiratória ou cardíaca

Pausas respiratórias com perda de consciência ou *gasping*

Rebaixamento do nível de consciência com falha de proteção de vias aéreas

Agitação psicomotora que não consegue ser controlada

Aspiração maciça

Dificuldade persistente de manejo ou remoção de secreções respiratórias

Frequência cardíaca inferior a 50 bpm com rebaixamento de nível de consciência

Instabilidade hemodinâmica grave com ausência de resposta a volume ou drogas vasoativas

Arritmias ventriculares graves

Hipoxemia com risco de morte em pacientes com intolerância à VNI

Tabela 11. Indicações de transferência para unidade de terapia intensiva

Dispneia grave sem resposta adequada ao tratamento inicial na unidade de emergência

Alteração de nível de consciência (confusão, letargia, coma)

Hipoxemia persistente ou em piora (PaO_2 < 40 mmHg) apesar de suplementação de oxigênio adequada

Acidose respiratória grave ou em piora (pH < 7,25) apesar de uso de VNI

Necessidade de ventilação invasiva

Instabilidade hemodinâmica com necessidade de uso de drogas vasoativas

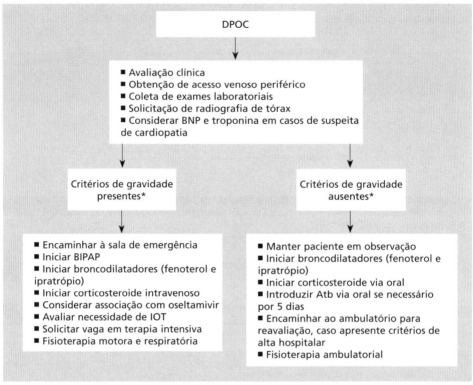

Figura 1. Fluxograma de atendimento de pacientes com doença pulmonar obstrutiva crônica (DPOC) na emergência do InCor. Atb: antibiótico; BNP: peptídeo natriurético cerebral; IOT: entubação orotraqueal. *Critérios de gravidade: uso de musculatura acessória, respiração paradoxal, piora ou início de cianose, alteração de nível de consciência e hipotensão arterial.

2

Tromboembolismo pulmonar agudo

Fábio Eiji Arimura
Frederico Leon Arrabal Fernandes
Alexandre Moreto Trindade
Thiago Lins Fagundes de Sousa
Guilherme Eler de Almeida

Tabela 1. Índice PESI de prognóstico para embolia de pulmão	
Idade	+ 1 ponto por ano
Sexo masculino	+ 10 pontos
Câncer	+ 30 pontos
Insuficiência cardíaca	+ 10 pontos
Doença pulmonar crônica	+ 10 pontos
FC > 110 bpm	+ 20 pontos
Pressão sistólica < 100 mmHg	+ 30 pontos
FR > 30 irpm	+ 20 pontos
Temperatura < 36°C	+ 20 pontos
Alteração do estado mental	+ 60 pontos
Pressão sistólica < 100 mmHg	+ 30 pontos
$SatO_2$ < 90%	+ 20 pontos
Risco de morte em 20 dias	
Classe I: < 66	Muito baixo (0-1,6%)
Classe II: 66-85	Baixo (1,7-3,5%)
Classe III: 86-105	Moderado (3,2-7,1%)
Classe IV: 106-125	Alto (4-11,4%)
Classe V: > 125	Muito alto (10-24,5%)
FC: frequência cardíaca; FR: frequência respiratória; PESI: *Pulmonary Embolism Severity Index*; $SatO_2$: saturação arterial de oxigênio.	

Tabela 2. Índice PESI simplificado de prognóstico para embolia de pulmão

	Versão original	Versão simplificada
Idade	+ 1 ponto por ano	1 ponto se idade > 80 anos
Sexo masculino	+ 10 pontos	–
Câncer	+ 30 pontos	1 ponto
Insuficiência cardíaca	+ 10 pontos	1 ponto
Doença pulmonar crônica	+ 10 pontos	
FC > 110 bpm	+ 20 pontos	1 ponto
Pressão sistólica < 100 mmHg	+ 30 pontos	1 ponto
FR > 30 irpm	+ 20 pontos	
Temperatura < 36°C	+ 20 pontos	
Alteração do estado mental	+ 60 pontos	
SatO$_2$ < 90%	+ 20 pontos	1 ponto
Risco de morte em 20 dias		
Classe I: < 66	Muito baixo (0-1,6%)	0 pontos: mortalidade em 30 dias de 1%
Classe II: 66-85	Baixo (1,7-3,5%)	≥1 ponto(s): mortalidade em 30 dias de 10,9%
Classe III: 86-105	Moderado (3,2-7,1%)	
Classe IV: 106-125	Alto (4-11,4%)	
Classe V: > 125	Muito alto (10-24,5%)	

FC: frequência cardíaca; FR: frequência respiratória; SatO$_2$: saturação arterial de oxigênio.

2 ■ Tromboembolismo pulmonar agudo

Tabela 3. Principais fatores de risco para TEP
Alto risco (*odds ratio* > 10)
Fratura (quadril ou pernas)
Cirurgia de quadril ou joelho
Cirurgia de grande porte
Traumatismo extenso
Lesão raquimedular
Moderado risco (*odds ratio* 2-9)
Cirurgia artroscópica de joelho
Cateter venoso central
Quimioterapia
Insuficiência cardíaca ou respiratória
Reposição hormonal
Neoplasia
Contraceptivos orais
AVE acamado
Gestação/pós-parto
Tromboembolismo venoso prévio
Trombofilia
Baixo risco (*odds ratio* < 2)
Acamado < 3 dias
Viagem longa
Idade avançada
Cirurgia laparoscópica
Obesidade
Veias varicosas
AVE: acidente vascular encefálico. É importante salientar que quanto menor o fator de risco que desencadeou o evento, maior o risco de recorrência. Isso se explica, pois um TEP provocado por fatores de baixo risco pode estar associado a trombofilia ou causa de estase venosa mecânica oculta.

Tabela 4. Escore de Wells	
Sinais e sintomas de TVP	+ 3 pontos
TEP como principal hipótese diagnóstica	+ 3 pontos
FC > 100 bpm	+ 1,5 pontos
Imobilização > 3 dias ou cirurgia nas últimas 4 semanas	+ 1,5 pontos
TVP / TEP anterior	+ 1,5 pontos
Hemoptise	+ 1 ponto
Doença maligna (tratada nos últimos 6 meses, em tratamento ou paliação)	+ 1 ponto
TEP provável > 4 pontos; TEP improvável < 4 pontos; TV: trombose venosa profunda; TE:tromboembolismo pulmonar; FC: frequência cardíaca.	

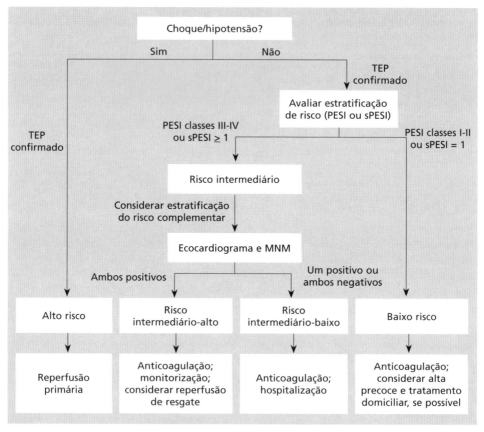

Figura 1. Estratégias de acordo com o risco em tromboembolismo pulmonar (TEP) agudo. MNM: marcadores de necrose miocárdica (troponina e CKMB).

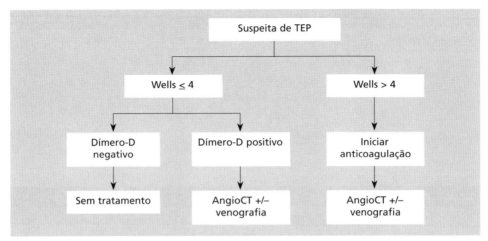

Figura 2. Algoritmo para diagnóstico de TEP em pacientes estáveis hemodinamicamente. A primeira fase é separar os pacientes em alta e baixa probabilidade de TEP. Em pacientes com baixa probabilidade clínica, uma dosagem de dímero-D normal permite excluir o diagnóstico. Pacientes com alta probabilidade não se beneficiam da dosagem desse marcador. AngioCT: angiotomografia.

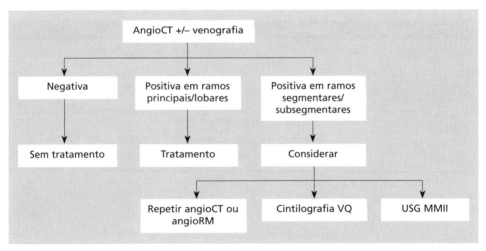

Figura 3. Após a realização do exame de imagem, o diagnóstico é excluído ou confirmado. Em pacientes com embolia subsegmentar em que exista dúvida diagnóstica, pode se complementar com métodos auxiliares. AngioCT: angiotomografia; AngioRM: angiorressonância; VQ: ventilação/perfusão; USG: ultrassonografia; MMII: membros inferiores.

Tabela 5. Recomendações quanto ao tempo de anticoagulação

Risco de sangramento	Fator de risco	Tempo de anticoagulação
Alto risco	–	3 meses
Baixo/moderado risco	Provocado – pós-cirúrgico	3 meses
	Provocado – não cirúrgico	3 a 6 meses
	Não provocado	Perene
	Recorrência	Perene

Tabela 6. Principais agentes trombolíticos e sua forma de uso

Estreptoquinase	250.000 UI, em 30 min, seguido de 100.000 UI/h em 12-24 h. Estratégia rápida: 1,5 milhões UI em 2 h
Uroquinase	4.400 UI/kg, em 10 min, seguido de 4.400 UI/kg em 12-24 h. Estratégia rápida: 3 milhões UI em 2 h
Alteplase*	100 mg em 2 h. Estratégia rápida: 0,6 mg/kg, em 15 min (máximo de 50 mg)

* HNF não deve ser infundida juntamente a estreptoquinase ou uroquinase, podendo ser administrada com alteplase.

Tabela 7. Contraindicações aos trombolíticos

Absolutas	AVC hemorrágico ou AVC de origem desconhecida prévio
	AVC isquêmico nos últimos 6 meses
	Neoplasia em SNC
	TCE ou cirurgia em cabeça nas últimas 3 semanas
Relativas	Ataque isquêmico transitório nos últimos 6 meses
	Anticoagulação oral
	Gravidez ou primeira semana de puerpério
	Punção venosa em sítio não compressível
	RCP traumática
	PA sistólica > 180 mmHg refratária
	Insuficiência hepática avançada
	Endocardite infecciosa
	Úlcera péptica ativa

AVC: acidente vascular cerebral; PA: pressão arterial; RCP: reanimação cardiopulmonar; SNC: sistema nervoso central; TCE: trauma cranioencefálico.

3

Asma

Rodrigo Athanazio
Guilherme Eler de Almeida
Alberto Cukier

Tabela 1. Classificação da crise asmática

	Leve	Moderada	Grave	Falência respiratória iminente
Dispneia	Com atividade	Com fala	Em repouso	
Discurso	Sentenças	Frases	Palavras	Incapaz de falar
Posição do corpo	Consegue reclinar	Prefere sentar	Incapaz de deitar	
Frequência respiratória (ipm)	↑	↑	> 30	
Musculatura acessória	Não ou leve	Frequente ou acentuada	Sim	Movimentação abdominal paradoxal
Ausculta	Sibilos moderados do meio para o final da expiração	Sibilos altos durante toda a expiração	Sibilos altos na inspiração e na expiração	Pouco fluxo aéreo – sibilos ausentes
Frequência cardíaca (bpm)	< 100	100-120	> 120	Bradicardia relativa
Pulso Paradoxal (mmHg)	< 10	10-25	Frequentemente > 25	Frequentemente ausente
PFE (L/min)	> 80	60-80	< 60 ou resposta à terapia dura < 2 h	< 60
$SatO_2$	> 95%	91-95%	< 91%	
PaO_2 (mmHg)	Normal	> 60	< 60	
$PaCO_2$ (mmHg)	< 45	< 45	≥ 45	

ipm: incursões por minuto; PFE: pico de fluxo expiratório; $SatO_2$: saturação de oxigênio.

Tabela 2. Fatores de risco associados ao mau prognóstico em pacientes com crise de asma

História de exacerbações graves súbitas	Má percepção dos sintomas
Exacerbação prévia com necessidade de intubação	Presença de comorbidades cardiovasculares ou DPOC
Exacerbação prévia com necessidade de internação em UTI	Baixo nível socioeconômico
	Doenças psiquiátricas
Duas ou mais internações no último ano por exacerbação de asma	Uso de drogas ilícitas
	Não uso atual de corticosteroide inalatório
Internação ou ida ao pronto-socorro por exacerbação no último mês	Uso atual ou recente de corticosteroide sistêmico
Três ou mais idas ao pronto-socorro por exacerbação no último ano	
Uso de mais de uma "bombinha" por mês de beta-2-agonista de curta duração	

DPOC: doença pulmonar obstrutiva crônica; UTI: unidade de terapia intensiva.

Tabela 3. Doses das medicações usadas na crise de asma

Salbutamol *spray* (100 µg/jato)	4-8 jatos/uso
Salbutamol injetável (0,5 mg/mL)	200 µg em 10 min, seguido de infusão de 3-12 µg/min
Fenoterol gotas – solução para nebulização (5 mg/mL)	2,5-5 mg/ uso
Fenoterol *spray* (100 µg/jato)	4-8 jatos/uso – na apresentação de 200 µg/jato, as doses devem ser 50% menores
Brometo de ipratrópio – solução para nebulização (0,25 mg/mL)	0,5 mg/ uso
Brometo de ipratrópio *spray* – (0,02 mg/jato)	4-8 jatos/uso
Prednisona ou prednisolona – suspensão oral ou comprimidos	1 mg/kg
Hidrocortisona – solução injetável	2-3 mg/kg; 4/4 h – No geral, 200-400 mg/dia são suficientes na maioria dos casos
Metilprednisolona – solução injetável	60-125 mg; 6/6 h – No geral, 40-80 mg/dia são suficientes na maioria dos casos
Aminofilina – solução injetável	*Bolus*: 5-6 mg/kg – Infusão: 0,6-0,9 mg/kg/h — Infusão: 0,4 mg/kg/h em idosos, ICC, hepatopatia ‡
Sulfato de magnésio	2 g – diluir em 50 mL soro fisiológico – infusão lenta (superior a 20 min) – pode repetir em 20 min

‡ Diluição: 1 mg/mL (máximo, 25 mg/mL); taxa de infusão máxima: 25 mg/min; nível plasmático desejável: 8-15 µg/mL (coletado 12-24 h após o início da infusão). ICC: insuficiência cardíaca congestiva.

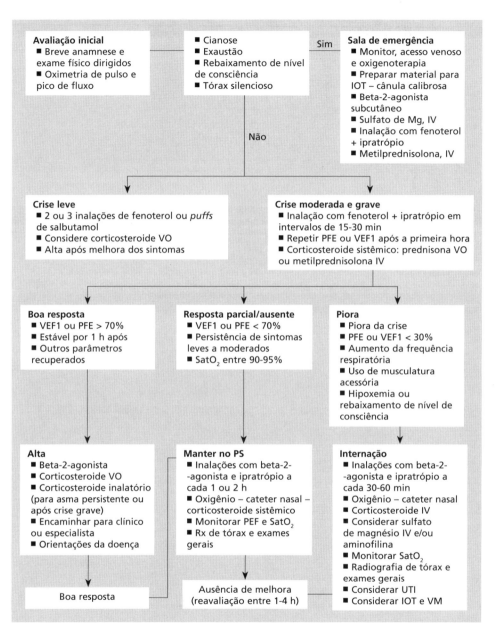

Figura 1. Algoritmo de abordagem inicial e acompanhamento da crise asmática na unidade de emergência. IOT: intubação orotraqueal; IV: via intravenosa; PFE: pico de fluxo expiratório; UTI: unidade de terapia intensiva; VEF1: volume expiratório final no primeiro minuto; VO: via oral. Adaptada de SBPT/GINA.

Tabela 4. Recomendações para alta

Corticoide oral por 7 dias

Broncodilatador inalatório sob demanda – até atingir padrão de uso prévio

Corticoide inalatório

Buscar unidade de saúde se houver piora clínica

Buscar fatores de risco desencadeantes – evitá-los no futuro

Revisar uso de terapia de manutenção e uso dos dispositivos inalatórios

Considerar acompanhamento com especialista

Tabela 5. Ajustes iniciais da ventilação mecânica em paciente com asma aguda refratária

Parâmetro do ventilador	Ajuste inicial recomendado
Modo	Volume controlado
Volume-minuto	< 10 L/min
Volume corrente	6 mL/kg do peso ideal
Frequência respiratória	8-12 ciclos/min
Pressão de platô	< 35 cmH_2O
Fluxo inspiratório	60-80 L/min
Tempo expiratório	4 s
PEEP	0-5 cmH_2O
FiO_2	Necessária para manter uma $SatO_2$ > 92%

4

Transplantado pulmonar

Rafael Medeiros Carraro

Tabela 1. Diagnóstico diferencial dos principais acometimentos pulmonares em pacientes transplantados na emergência

Diagnóstico diferencial	Dados clínicos	Padrão tomográfico	Métodos diagnósticos
Rejeição aguda celular	Pós-opetarório recente Má adesão à medicação	Infiltrado vidro fosco bilateral + espessamento septal	Biópsia transbrônquica
Disfunção crônica do enxerto	Pós-operatório tardio Duração de sintomas > 3 meses	Infiltrado intersticial em lobos superiores ou represamento aéreo	Biópsia transbrônquica ou a céu aberto
Infecções bacterianas	Febre ou sepse associada Início agudo de sintomas Leucocitose com neutrofilia e desvio à esquerda	Infiltrado alveolar ou micronódulos centrilobulares localizados	Culturas de escarro, sangue periférico e lavado broncoalveolar
Infecções vírus respiratórios	Sintomas de infecção de vias aéreas superiores Febre Contato domiciliar	Infiltrado intersticial difuso	Pesquisa viral em *swab* de vias aéreas superiores ou lavado broncoalveolar
Citomegalovírus	Sintomas gripais Diarreia, vômitos Leucopenia e/ou plaquetopenia	Infiltrado intersticial localizado ou bilateral	Biópsia pulmonar transbrônquica Detecção de viremia por antigenemia ou PCR em tempo real
Infecções fúngicas	Tosse produtiva subaguda Pouca dispneia ou sinais de sepse Exposição domiciliar (mofo ou ambientes em reforma)	Infiltrado em vidro fosco localizado ou micronódulos centrilobulares	Culturas de escarro e lavado broncoalveolar Pesquisa de antígeno fúngico no lavado broncoalveolar Biópsia transbrônquica
Micobactérias	Sintomas crônicos Reativação após o 3º mês de pós-operatório Histórico de tuberculose prévia	Cavitações ou micronódulos centrilobulares mais em lobos superiores	Pesquisa direta e cultura de escarro e lavado broncoalveolar Biópsia transbrônquica
Estenose de anastomose	3º ao 12º mês de pós-operatório Dispneia e chiado subagudo ou crônico Estridor alto	Estreitamento brônquico visto na região da anastomose	Tomografia com reconstrução brônquica e broncoscopia

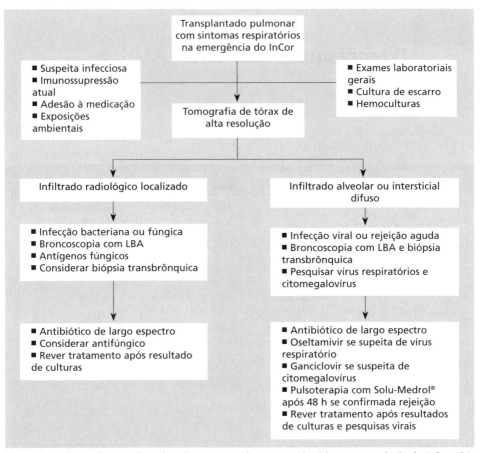

Figura 1. Avaliação do transplantado pulmonar com sintomas respiratórios na emergência do InCor. LBA: lavado broncoalveolar.

Doenças pulmonares intersticiais

Bruno Guedes Baldi
Ricardo Mingarini Terra

Tabela 1. Tratamento farmacológico da exacerbação aguda em portadores de doenças pulmonares intersticiais

Medida	Observações
Corticosteroide	Início: metilprednisolona 1 g/dia, EV, por 3 dias
	A partir do quarto dia: metilprednisolona EV ou prednisona, VO, 1-2 mg/kg/dia
Antimicrobianos	Ceftriaxone 2 g, EV, ao dia, por 7-10 dias
	Azitromicina 500 mg, ao dia, VO, ou EV, por 7-10 dias; ou claritromicina 500 mg, a cada 12 h, VO ou EV, por 7-10 dias
	Sulfametoxazol + trimetoprima 15-20 mg/kg/dia de trimetoprima, VO ou EV, por 21 dias (em doses a cada 6 ou 8 h) – somente em casos selecionados
	Oseltamivir 75 mg, a cada 12 h, VO, por 5 dias (se os sintomas ocorrerem antes de 48 h)

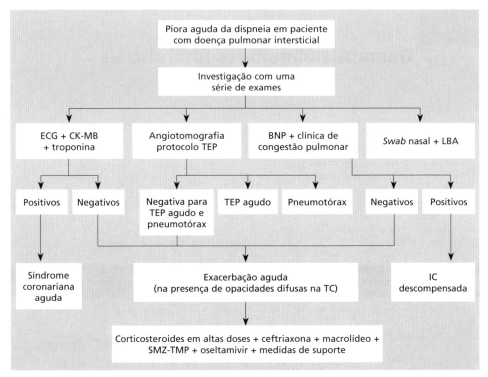

Figura 1. Abordagem diagnóstica dos pacientes com doença pulmonar intersticial que apresentam piora aguda da dispneia e tratamento da exacerbação aguda. (Obs.: a pesquisa microbiológica deve ser realizada de rotina, mas até a obtenção dos resultados sugere-se tratar como exacerbação aguda – mesmo que posteriormente ocorra positividade para algum microrganismo –, com corticosteroide em altas doses e antimicrobianos). BNP: peptídeo natriurético cerebral; CK-MB: fração MB da creatinofosfoquinase; ECG: eletrocardiograma; IC: insuficiência cardíaca; LBA: lavado broncoalveolar; SMZ-TMP: sulfametoxazol + trimetoprima; TC: tomografia computadorizada; TEP: tromboembolismo pulmonar.

6

Hemoptises

Olívia Meira Dias
Bruno Guedes Baldi
Carlos Roberto Ribeiro de Carvalho

Tabela 1. Causas de hemoptise
Bronquiectasias
Tuberculose
Infecções (abscessos pulmonares, outras infecções fúngicas)
Neoplasias (carcinomas broncogênicos, metástases)
Hemorragia alveolar difusa (granulomatose com poliangeíte, síndrome de Goodpasture, poliangeíte microscópica, lúpus eritematoso sistêmico)
Coagulopatias (plaquetopenia, coagulação intravascular disseminada, intoxicação cumarínica, disfunção plaquetária)
Malformações arteriovenosas pulmonares (p. ex., Osler-Rendu-Weber)
Cardiopatias (estenose mitral, insuficiência cardíaca esquerda grave, cardiopatias congênitas)
Tromboembolismo pulmonar
Hipertensão pulmonar grave
Traumas
Iatrogênicas (perfuração da artéria pulmonar por cateter de Swan-Ganz, broncoscopia, fístula traqueoinominada após traqueostomia etc.)
Diversas (hemorragia pulmonar por cocaína, hemoptise catamenial, linfangioleiomiomatose)
Criptogênicas

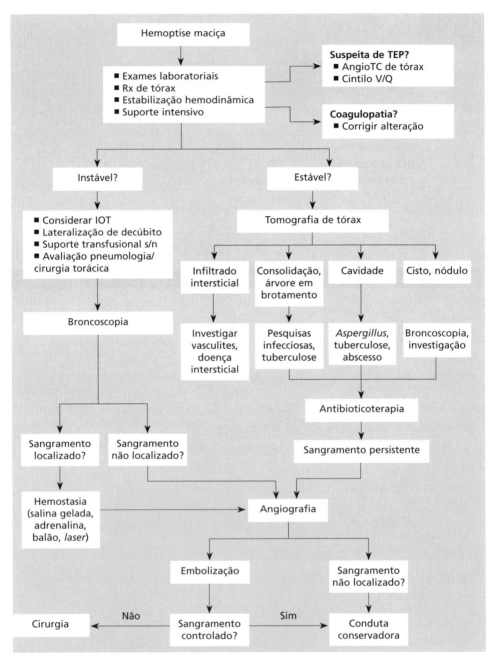

Figura 1. Algoritmo para tratamento das hemoptises maciças. ATB: antibiótico; IOT: intubação orotraqueal; Rx: radiografia; Tb: tuberculose.

7

Abordagem do derrame pleural e toracocentese

Olívia Meira Dias
Alessandro Mariani
Bruno Garcia Tavares
Paulo Manuel Pêgo-Fernandes

Tabela 1. Diagnóstico diferencial dos derrames pleurais	
Transudato	Exsudato
Insuficiência cardíaca	Neoplasias: doenças metastáticas, mesotelioma, linfoma
Cirrose hepática	Infecciosas: tuberculose, infecções fúngicas, bacterianas, virais, parasitárias
Síndrome nefrótica	Embolia pulmonar
Obstrução de veia cava superior	Doença gastrointestinal: doença pancreática, abscessos (subfrênico, intra-hepático, intraesplênico), pós-operatório de cirurgia abdominal, perfuração esofágica, hérnia diafragmática, escleroterapia de varizes esofágicas, pós-transplante hepático
Urinotórax	Doenças cardiovasculares: pós-cirurgia de revascularização miocárdica, síndrome de injúria pós-cardíaca (Dressler), doença pericárdica, estenose de artéria pulmonar após ablação de fibrilação atrial por radiofrequência
Hipoalbuminemia	Doenças ginecológicas e obstétricas: síndrome de hiperestimulação ovariana, endometriose, derrame pleural pós-parto, síndrome de Meigs
Diálise peritoneal	Colagenoses: lúpus eritematoso sistêmico, pleurite reumatoide, síndrome de Sjögren, febre do Mediterrâneo, síndrome de Churg-Strauss, granulomatose de Wegener
Glomerulonefrites	Drogas: minoxidil, betabloqueadores, nitrofurantoína, dantrolene, derivados da ergotamina, metotrexato, amiodarona, clozapina, bleomicina, isotretinoína, ácido valproico, interferon
Mixedema	Hemotórax
Miscelânea: liquor com extravasamento para pleura	Quilotórax
	Pseudoquilotórax
	Miscelânea: exposição a asbesto, pós-transplante de pulmão, pós-transplante de medula óssea, síndrome da unha amarela, sarcoidose, uremia, pulmão encarcerado, exposição a radiação ionizante, afogamento, ruptura de cistos mediastinais, síndrome do desconforto respiratório do adulto (SDRA), derrames pleurais iatrogênicos

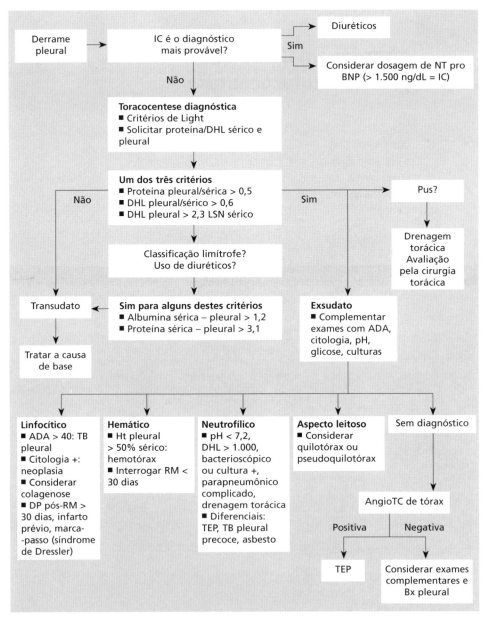

Figura 1. Algoritmo para abordagem dos derrames pleurais na Unidade de Emergência do InCor. ADA: adenosina deaminase; Bx: biópsia; DHL: desidrogenase láctica; IC: insuficiência cardíaca; NT pro BNP: porção N-terminal do peptídeo natriurético tipo B; RM: revascularização miocárdica; TEP: tromboembolismo pulmonar; TB: tuberculose; TC: tomografia computadorizada.